南开马克思主义研究丛书

刘景泉　总主编

成年仪式的德育功能研究

平章起　著

南开大学出版社

天　津

图书在版编目(CIP)数据

成年仪式的德育功能研究 / 平章起著. — 天津：南开
大学出版社，2012.8

（南开马克思主义研究丛书）

ISBN 978-7-310-03970-8

Ⅰ.①成…　Ⅱ.①平…　Ⅲ.①成丁礼－研究－世界
Ⅳ.①K891

中国版本图书馆 CIP 数据核字(2012)第 170108 号

南开大学出版社出版发行

出版人：孙克强

地址：天津市南开区卫津路 94 号　　邮政编码：300071

营销部电话：(022)23508339　23500755

营销部传真：(022)23508542　　邮购部电话：(022)23502200

*

天津午阳印刷有限公司印刷

全国各地新华书店经销

*

2012 年 8 月第 1 版　　2012 年 8 月第 1 次印刷

240×170 毫米　16 开本　14.125 印张　2 插页　225 千字

定价：30.00 元

如遇图书印装质量问题，请与本社营销部联系调换，电话：(022)23507125

前　言

　　成年仪式是由原始社会生殖崇拜、图腾崇拜发展而来,相沿成习并普遍存在于今天各民族中的一种仪式活动。成年仪式是在青春期和青年期阶段,在青年成长过程中举行的,具有宗教信仰、社会教育、文化认同等多种功能的仪式活动。成年仪式的德育功能研究是运用跨学科的方法,从历史与逻辑统一的角度研究成年仪式的思想道德教育功能。

　　成年仪式的德育功能研究主要涉及三个方面的内容,即成年仪式的基础理论研究、成年仪式的历史理论研究和成年仪式与青年教育研究。成年仪式基础理论研究包括成年仪式概念的确定,成年仪式与青年的本质,成年仪式的结构与功能分析,成年仪式标志的意义等等。成年仪式历史理论研究是历史和逻辑相统一的研究,是结构与功能相统一的研究,包括原始社会青春礼与宗教信仰功能的研究,奴隶和封建社会成人礼与宗法教育功能的研究和现代社会成年礼与文化认同功能的研究。成年仪式与青年教育研究主要是结合现代社会的青年问题,从成年仪式的理论研究中寻求青年思想道德教育的规律。

　　成年仪式的德育功能研究主要有三个方面的理论创新:第一,在国内外有关成年仪式研究的基础上,总结概括出古今中外成年仪式所具有的五个共同特征。成年仪式在不同的民族文化、区域文化、阶级文化、阶层文化中有不同的表现形式,本书虽然没有对古今中外、东西文化成年仪式的不同形式做出分类研究,但却从不同文化的诸多差异中寻求成年仪式的共性东西,这也是在这一研究领域里的一个创新。成年仪式的这些共同特征在一定意义上就是这些仪式活动的本质,本书在其他学科研究的基础上将成年仪式的共同特征概括为五个方面并赋予了许多新的内涵:(1)成年仪式的过渡性特征(transience)。无论是青春礼、成人礼还是成年礼都要经过一定的时空条件转化,参加仪式的主体都会发生本质变化。(2)成年仪式的隔离性特征(separation)。成年仪式对举行礼仪个体的隔离包括三个方面的内容,一是与过去环境的隔离,二是与世俗事物的隔离,三是与过去自我的隔离。(3)成年仪式的阈限性特征(liminality)。阈限状态的人是一种模糊不清的状态,受礼者没有身份、地位、等级,但也并非一无所有,只是这种状态是一种过渡状态,是一种良好的受教育的状态。(4)成年仪式的交融性特征(communitas)。所谓交融状态就是不同的身份、地位、等级的交融,是神圣与世俗的交融,是社会与自我的交融。(5)成年仪式的接纳性特征(reintegration)。隔离执行净化的功能,过渡实现提升的功能,阈限和交融实现身份、地位不同的人交往互动的功能,最终都要达到个体被宗教、族群、社区、团体的接纳。

　　第二,从逻辑和历史统一的角度研究成年仪式的三种基本形式以及主要功能。本书从人类历史发展的不同时期将成年仪式划分为原始社会的青春礼、封建社会的成人礼和现代社会的成年礼。与此相适应,按成年仪式的各种仪式标志不同又将其划分为身体标志、衣着佩饰和象征性标志等不同的类型,并提出原始青春礼是以身体标志为主的仪式性活动,宗法成人礼是以衣着佩饰标志为主的成年仪式,现代成年礼是以象征符号标志为主的成年仪式。本书还从结构、非结构和反结构的三维结构角度,研究了成年仪式的基本结构及其人格净化功能、地位逆转与平衡功能和文化认同功能。本书的基本框架就是从成年仪式的结构功能分析入手,分别研究了原始青春礼的宗教信仰功能;奴隶和封建社会成人礼及其宗法教育功能;现代社会的成年礼及其思想道德文化的认同功能。原始社会最早出现的青春礼主要是确立宗教信仰功能的成年仪式,当然,青春礼也有考验人的意志品质,进行宗教教育、道德教育的功能,但其主要的功能仍表现为强化图腾同体化等宗教信仰的功能。宗法成人礼是具有社会教育功能的成年仪式,宗法成人礼不仅可以使成年的人受到宗法道德的教育,还会受到具有怎样权利义务的宗法规范的教育。现代社会的许多成年礼越来越强调一种文化的认同功能,它不是通过神秘的形式强化某种宗教信仰的功能,也不是通过各种教育内容、教育手段进行道德教育,而是利用各种丰富多彩的,具有象征特点的仪式活动,寻求某种文化上的认同,进而实现人们社会适应的功能。在学术界关于成年仪式的研究中,青春礼、青春祭礼、青年礼、入社礼、入会礼、成人礼、成年礼等概念是不加区分，混乱使用的，本书是第一次在严格意义使用这些概念，并将这些概念置于历史发展过程中进行考察，因此，对成年仪式三种形式结构及其社会功能的历史分析应是原创性研究。

第三，本书通过成年仪式社会功能研究论证了关于青年本质的认识发展过程和对青年教育的意义。对青年本质的多学科研究反映了这样一个事实：即依照心理学、社会心理学、文化人类学、社会学等学科研究的过程，不断深化了对青年本质的认识，而这一认识深化的过程与原始青春礼、宗法成人礼、现代成年礼对青年本质的历史确认是一致的。关于青年本质的认识起源于心理学。青年心理学将青年个体作为研究的对象，研究不同年龄段的青年个体的认知、情感、意志等生理问题，这种研究首先是以青年的生理特点为根据的，这与成年仪式起源于自然生理的生殖崇拜的内在逻辑是一致的。文化人类学发展了生理学、心理学的研究成果，从一个全新的角度探讨青年的本质和他们的文化特质。文化人类学已不满足于心理学将青年视为特定年龄阶段发展的个体，文化人类学认为应当从"代"的发展意义上，从社会文化的规定性去认识青年。换句话来说，文化人类学从青年一代组成的多样性和复杂性（包括生理的、心理的、文化的各种属性）上去考察青年。不同学科对青年本质的认识与原始青春礼到宗法成人礼和现代成年礼对青年本质认识的深化是一致的，原始青春礼只有成人和非成人的区别，不存在我们现代意义的青年；宗法成人礼只承认年龄群体，不承认阶层和阶级的群体；只有工业社会以来的现代成年礼才将青年视为一个独立的社会力量被普遍的认可。社会学对青年本质的分析与现代成年礼对青年的本质界定是一致的。社会学认为青年的本质是社会实现再生产的一个因素，研究青年实现社会化过程和实现社会自立的方式是青年社会学的任务，而成年仪式的功能说到底就是实现社会文化、社会关系和社会人再生产的一种形式。

成年仪式的德育功能研究的最终目的就是解决现代社会存在的青年问题，对青年进行各种仪式活动的思想道德教育。本书分析了现代教育中的文化不连续性所造成的青年文化适应上的问题，青年边缘化地位造成的青年亚文化问题以及由于青年期的延长造成的青年教育的困难等等，针对这些问题，笔者提出可以充分发挥成年仪式的思想道德教育功能给以解决。成年仪式与现代学校教育不同,它可以通过对教育目标的独特定位,对教育理念、教育制度规范、教育方法等教育的特殊表现形式,以及仪式活动的作用机理实现其思想道德教育功能。通过挖掘成年仪式的信仰功能、教育功能与文化认同功能,丰富我们现代社会对青年的理想信念教育、伦理道德教育和文化素质教育。

目 录

第一章 引 论

在一个人青春期前后,举行成年仪式是许多民族从古至今一直存在的一种文化习俗,是青年教育的一个有效方式。民族学、民俗学、人种学、考古学、历史学、宗教学、文化人类学等学科对这一文化习俗进行过大量研究,掌握了许多成年仪式的资料,并从不同研究视角出发进行了成年仪式的多学科分析,这对于我们认识和借鉴成年仪式的理论,发现青年教育的一些规律,深刻地揭示青年的本质,做好现代社会的青年教育工作是十分有益的。

成年仪式的多学科研究虽然积累了大量的研究资料,不同视角的学科分析也深化了对青年教育的认识,但从社会学意义上进行成年仪式的思想道德教育功能分析还很缺乏。本书将从社会学视角对成年仪式进行德育功能研究,以求更进一步深化对成年仪式的理解和认识,以期丰富思想道德教育的理论和方法。

第一节 成年仪式的概念界定与年龄边界

成年仪式是一种宗教仪典,还是青年教育的古老方式?成年仪式是一种生殖崇拜,还是一种图腾崇拜?成年仪式是一种民俗活动,还是一种巫术活动?或者说,成年仪式是上述活动的综合。成年仪式是世界上所有民族都曾经有过的一种社会活动,还是一些民族特有的活动?成年仪式是人的一生中都在进行的活动,还是某一特定年龄段进行的活动?或者说,我们应当对成年仪式做普遍性的分析,还是做特殊性的研究?成年仪式是对青年的本质的确认,还是对人的本质的确认?成年仪式是青春祭礼,还是过渡礼仪、接纳礼仪?或者说,成年仪式兼具上述各种功能和特征。这些问题的解决都需要对成年仪式做出科学的界定和分析。

一、成年仪式的多学科研究

成年仪式是在原始社会产生,历经社会变迁、文化交流和碰撞的影响,至今仍然在现实生活中存在的礼仪形式。对成年仪式的理论研究涉及宗教、历史、文化、民族等社会因素,还涉及思想、观念、生理、心理等个人因素。无论对成年仪式的理论研究有多么复杂,但要对成年仪式德育功能进行社会学分析,都需要对相关资料进行梳理,对成年仪式的概念做出界定。

在宗教学、民俗学、民族学、文化人类学、社会学等学术著作和文献资料中,对成年仪式的介绍并不少见,但对成年仪式理论的专门研究并不多,特别是对成年仪式的理论界定则更少。从散见的文献资料中,我们所看到的对成年仪式的研究有这样一些内容。

从宗教的意义上研究成年仪式应该说是学术界的最多选择。许多人认为成年仪式是原始宗教活动的一种形式,从原始部落举行成年仪式的许多神秘形式上看,成年仪式带有明显的宗教特征。然而,认为成年仪式是一种宗教活动则需要对宗教做非常宽泛的理解。法国社会学家爱弥尔·涂尔干在他的《宗教生活的基本形式》的论著中专门研究了宗教的仪式问题,他认为:"宗教远远超出了神或者精灵的观念,我们不能凭这些因素断然定义宗教。"[①]涂尔干还认为:"无神的仪式是存在的,甚至神反而有可能会从仪式中派生出来。" 涂尔干给宗教下的定义是:"宗教是一种既与众不同,又不可冒犯的神圣事物有关的信仰与仪轨所组成的统一体系,这些信仰与仪轨将所信奉它们的人结合在一个被称为'教会'的道德共同体。"[②]按照涂尔干对宗教的理解,成年仪式应该是一种宗教活动。成年仪式有图腾的崇拜,也有生殖的崇拜;成年仪式有自然崇拜,也有灵物崇拜;成年仪式有对神的敬奉,也有无神的礼仪。成年仪式是有神的信仰和活动的仪式,而"宗教现象可以自然地分为两个基本范畴:信仰和仪式。信仰是舆论的状态,是由各种表现构成的;仪式则是某些明确的行为方式。这两类事实之间的差别,就是思想和行为之间的差别"[③]。从涂尔干对宗教定义中研究成年仪式,可以把复杂的成年仪式,简单划分为信仰和仪式两个方面,进而从这两个方面入手研究人们思想和行为之间的关系。通过外显行为的仪式活动揭示思想和信仰的

---

① 爱弥尔·涂尔干著.宗教生活的基本形式.渠东,汲喆译.上海人民出版社,2006 年,第 32 页.
② 爱弥尔·涂尔干著.宗教生活的基本形式.渠东,汲喆译.上海人民出版社,2006 年,第 42 页.
③ 爱弥尔·涂尔干著.宗教生活的基本形式.渠东,汲喆译.上海人民出版社,2006 年,第 33 页.

内在本质是成年仪式宗教研究的意义所在,涂尔干在这方面的工作是卓有成效的。涂尔干对成年仪式的研究虽然散见在他的《宗教的基本生活》著作中,但如果认真梳理可以看到,他的消极膜拜、仪式禁忌和成年礼的苦行仪式,积极膜拜的模仿仪式及因果原则,积极膜拜的表现仪式、纪念仪式、禳解仪式等都比较深刻地揭示了成年仪式的本质。

从宗教意义上界定成年仪式的内涵虽然具有历史的厚重感,也接近成年仪式的原始意义,但却不能反映丰富多彩成年仪式的所有特征,也不能反映成年仪式的古今变化。古今中外许多成年礼并非都是宗教仪式,许多相沿成习的成年仪式发生了许多形式上的变化,与原始的青春礼已经大相径庭。因此我们还应从更宽泛意义上理解成年仪式。

民俗学对成年仪式的理论界定是最简单也是最宽泛的。罗马尼亚学者F.马赫列尔在《青年问题与青年学》一书中将成年仪式看成是一个古老的传习仪式,他认为:"在这种老年统治的社会中,青年实际上并不存在,因为人们通过传习仪式,从价值得不到承认的甚至被否认的童年迅速过渡到以老人为楷模的成年。"[①]马赫列尔在人类学异常丰富材料的基础上,研究了各种成年仪式,他发现:"这些仪式通过一系列活动和典礼,标志着同一系列变化相联系的生命转折时刻:人的发展中所产生的生理变化(青春期),经济地位的改变(被吸收进成年猎手的行列),个人在群体中的地位变化(结婚),以及社会状态的改变受到承认(例如,获得成人的资格)。"[②]马赫列尔认为,成年仪式的主要内容是"传习","不成熟的人通过一系列典礼形式进行考验,转变为得到群体承认的成员,或者说,从'童稚时代'过渡到'成人时代'"[③]。马赫列尔从人类学上研究成年仪式也是卓有成效的,他将成年仪式的传习研究作为青年学的历史—本体论基础。

民俗学对成年仪式的理论界定拓展了人们对成年仪式的理解范围。民俗学把成年仪式看成人一生中在许多关键时刻都进行的一系列仪式过程,在青春期、青年期、成年期以至社会职位的改变,仪式对人的社会活动都有价值。但是,民俗学对成年仪式的理解只限定在传习仪式的层面上,很难揭示成年仪式的内在机制和功能。

① 马赫列尔著.青年问题与青年学.陆象淦译.社会科学文献出版社,1986年,第9页.
② 马赫列尔著.青年问题与青年学.陆象淦译.社会科学文献出版社,1986年,第9页.
③ 马赫列尔著.青年问题与青年学.陆象淦译.社会科学文献出版社,1986年,第9页.

　　人类学对成年仪式的理论研究是最全面，也是最深刻的。阿诺德·范·杰内普早在 1908 年在他的《过渡仪式》中指出："在任何一个社会中，每个人的生活都意味着从某一个年龄向另一个年龄、从某一种职业向另一种职业的一系列过渡。……从一个群体向另一个群体过渡，从一种社会状态向另一种社会状态过渡，被看成是存在的本质中所固有的过程，因此人的生活成为各个阶段不断交替的过程：诞生、青春期、结婚、作父亲、上升到高等阶级、职业的专门化、死亡。每逢这些事件发生，都举行某种典礼，主要目的是使个人能够从某种明确规定的地位过渡到另一种同样明确规定的地位。"①范·杰内普上述认识与民俗学的认识没有差别，但是他把不同文化和不同时代的过渡仪式归纳为三类：即同日常生活环境的隔离（separation）阶段、进入圣洁环境的阈限（margin）阶段，以及重新获得新状态的接纳（aggregation）阶段。范·杰内普提出仪式的阈限阶段，应该说揭示了仪式活动的本质。阈限或阈限人（拉丁文有"门槛之处的人"的意思）的特征是不明晰的，进行成年仪式的个体既不是儿童也不是成年，他们的社会地位、职业、标志都是含糊不清，这种神秘状态是仪式活动所需要的。阈限仪式揭示了青年的社会本质，也揭示了仪式活动的价值。

　　人类学对成年仪式的理论界定继承并超越了民俗学传习仪式的描述性理解，从仪式发生的机制、仪式活动不同阶段上揭示个体成年的过程具有理论研究的意义，但是，人类学感兴趣的不是成年仪式的研究，而是通过仪式过程的研究进而揭示人类生物和社会的本质，因此人类学对成年仪式的研究没能深入下去。

　　教育学从教育起源和教育史的角度研究成年仪式。许多教育学家认为，"成年礼是人类社会发展早期氏族公社时期的教育形式，是年轻人被接纳为正式氏族成年男女的人类教育的萌芽"②。中国青年学者、西南师范大学教育学院吴晓蓉博士，在她的博士论文《仪式中的教育》中将成年仪式作为一种教育形式进行研究。她通过调查研究认为，"摩梭人成年礼仪式的实施过程就是一个全环节的教育过程，是一个教育者、教育影响与受教育者交互作用的互动过程，是仪式中的教育发生。成年礼仪式具有多样的教育功

---

①　阿诺德·范·杰内普.过渡仪式.芝加哥，1960 年.

②　吴晓蓉著.仪式中的教育.中国博士学位论文全文数据库，2003 年，第 14 页.

能,不同的教育功能体现了教育内涵的文化性与民族性,它能证明教育内涵的文化性与民族性"。由摩梭人成年仪式的实证研究出发,他对成年仪式做了更具普遍意义的教育学界定。①

教育学对成年仪式的理论界定强化了仪式教育的功能,这无疑对今天的教育具有理论和实践的借鉴意义,但成年仪式的教育学界定可能具有以偏概全、本末倒置之嫌。成年仪式不仅有教育功能,还有宗教、政治、经济、文化的功能。从历史和理论逻辑统一的角度上来说,教育功能也是在宗教、政治、经济、文化功能基础上演化出来的一种功能,不能孤立地夸大成年仪式的教育功能。

二、成年仪式的概念界定

综合宗教学、民俗学、人类学、教育学等学科的研究,对成年仪式的理论界定各有建树,也各有偏颇。笔者力图发掘宗教学对成年仪式界定的原始意义,吸收民俗学对成年仪式的丰富素材,分析人类学对成年仪式机制的探究,借鉴教育学对成年仪式功能的解析,在避免他们各自偏颇的基础上,形成对成年仪式概念的理论界定,即:成年仪式是由原始社会生殖崇拜、图腾崇拜发展而来,相沿成习并普遍存在于今天各民族中,在青年成长过程中举行的,具有宗教信仰、社会教育、文化认同等多种功能的仪式活动。对成年仪式的这一理论界定回答了本书开篇时提出的一些问题。

(1) 成年仪式起源于原始人的宗教活动,逐步发展成今天社会中普遍存在的教育形式。我们不能从现代成年仪式的教育功能上推论成年仪式就是原始的教育方式,也不能从成年仪式的原始宗教的神秘形式上,否定成年仪式的现实教育意义。成年仪式起源于原始人的宗教信仰,逐步形成了各民族不同的宗教仪式,这些仪式活动具有道德教育功能,并且不断得到强化,从而成为今天社会普遍存在的教育形式。

(2) 成年仪式最初是一种生殖崇拜的原始宗教信仰,后来逐步发展成为图腾崇拜的宗教仪式。原始人的认识能力很有限,因而最初表现出对神秘自然力的崇拜,而对人的自然生殖力的崇拜是自然崇拜的必然反应。成年仪式最初形式是青春祭礼,生殖与种族繁衍是人类存在的基本条件,因此,原始人给以顶礼膜拜,随着人类认识能力的提高,人们对种族繁衍寄予

---

① 吴晓蓉著.仪式中的教育.中国博士学位论文全文数据库,2003年,第10页.

更高的希望,以寻求宗族保护神的保护,因而成年仪式就发展成为图腾崇拜等典型的宗教仪式。

（3）成年仪式作为一种宗教活动必然伴随着许多巫术和禁忌,并在长期发展过程中相沿成习,成为不同民族的一些民风和民俗。成年仪式的神秘形式和巫术、禁忌最初一定有原始信仰的意义,但是随着历史的发展,这些原始形式的神秘意义则被人们遗忘,而仪式活动依然留存,从而成为一种民风、民俗。

（4）成年仪式是世界所有民族都曾经有过的社会活动,并非某些民族特有的活动,只是不同民族的成年仪式是多种多样的。但我们不能因为成年仪式的多样性而否定成年仪式有共同的特征,甚至有共同的功能;也不能因为成年仪式的普遍性,而用一种成年礼的形式、阶段乃至规律去解释所有民族的成年仪式,从而放弃成年仪式在不同文化环境下仪式意义、内涵的揭示。

（5）成年仪式是在人的一生成长过程中都可能进行的社会活动,但主要是在青年期阶段进行的活动。从广义上说,在人的一生成长过程中的重大转折时期都可能有各种仪式活动,这些仪式活动都与原始青春礼有着历史渊源,因此,成年仪式研究的本质是人的社会化。但是,由于成年仪式主要是在青年期阶段进行的活动,因此,研究青年阶段的各种仪式活动,研究青年思想道德的社会化又是成年仪式研究的重点。

三、成年仪式的年龄的边界

根据已经掌握的成年仪式的有关资料,一般来说成年仪式举行的年龄是随着历史的发展而有逐步增长的趋势。原始社会青春礼大都在十三四岁的时候举行,有的还要早。封建社会的宗法成人礼大都发生在 20 岁上下。在有些民族和地区,未举行成年仪式的人无论其年龄多大都不认为已经成年。文身是成年仪式的早期形式,在非洲西南部的丛林和卡拉哈迪沙漠中的布须曼人,是一个令人向往和困惑的特殊人群,也是世界上最古老的部族之一。布须曼人女孩子一到 8 岁就施行刺纹,用尖锐的刀锋或者用穿过皮下的线,在身上刺纹或穿线。我国云南省的独龙族人有成年绣面的礼俗。一般女孩进入了青春期阶段,在年满十二三岁时都有文面的习俗。原始成年仪式是青春祭祀礼仪,大都发生在青春期前后。云南省的傣族人、基诺人都是中国非常古老的少数民族,过去傣族男子十五至二十岁,基诺族男子十五岁举行成年仪式。在中国几千年的封建宗法社会里,仍然保留了成年礼的古老习俗,但与原始青春祭礼相比成年礼举行的时间要晚一些。《礼记·典礼上》曰:"男子二十,冠而字。"即是说,男子到了 20 岁,谓之成年,要行加冠之礼。

现代社会成年仪式的年龄边界有继续延长的趋势,这是因为青年期和社会化过程的延长造成的。信息社会的到来,一方面使青年人的生理和心理过早地成熟,另一方面一个青年要成长为一个合格的社会成员又需要学习更多的社会知识和科学技术。这些都使他们拥有更长时间的青年期,更长时间的亚文化生活。联合国教科文组织在 1982 年墨西哥圆桌会议上提出,青年是包括 14—34 岁年龄组的人口,后来联合国教科文组织又一次把青年的年龄上限延至 44 岁。当代青年有一种不希望成为成人或拖延完全成为成人的亚文化心理。这种现象被日本学者小柴木启吾称为"莫拉特里姆"现象(是指在经济不稳定时期,法定的暂缓债务支付的经济用语)。从青年心理学意义上来说,"莫拉特里姆"在这一过渡暂缓期内,青年们享受着自己所处的舒适环境和从价值观中解放出来的自由。

人生的历史就是礼仪人生的历史,特别是在人成长的关键时期都有各种礼仪形式相伴,如诞生礼、命名礼、青春礼、成年礼、婚礼、寿礼等等,这些礼仪形式对一个人的成长都具有社会文化的意义。在一个生物的个体变成一个社会人的社会化的过程中,会有许多不同的礼仪形式。在人的社会化不同阶段成年仪式会有不同的社会功能,因此不同年龄段的仪式活动也是成年仪式应该研究的对象。

一般来说,人的社会化过程大体可分割为三个阶段。社会化的第一个阶段是婴儿期、儿童期和少年期。在这个阶段,人们通过学习会形成人格的生理习惯和社会习惯。伴随这一阶段社会化过程的人生礼仪,有断乳的礼仪,古代文明的童蒙礼,现代文明的入学礼,各种各样的命名礼等等。

人的社会化的第二阶段是青春期和青年期,是各种社会角色的准备、训练和接纳时期。它与前一阶段社会化相比,其礼仪活动的形式不仅更加丰富,而且更为严格。加入年龄集团或各种社团组织,进入企业集团或工作单位的入会礼;要举行冠礼、笄礼、割礼、文身等不同形式的成人礼;纷繁复杂、丰富多彩的婚礼等。通过这些礼仪形式,个人被家族、社会集团乃至国家接纳为正式成员,获得家庭、社会的多重角色,树立起一定的人生观、价值观、伦理观。这一阶段的成年仪式是社会化研究的重要课题,也是年龄集团、秘密结社和社团组织的结构和功能研究的重要课题。

　　社会化的第三个阶段就是指成年后的生活、工作和学习对社会化结果的强化。在传统社会里,人的社会化基本上是由前两个阶段完成的,第三个阶段的社会化并不明显,也并不那么重要。但是在传统社会如果要获得更多的权力也必须经过补充的成年礼。在现代社会,人们成年以后的社会化和再社会化显得更为重要,需要通过一些必要的仪式活动强化社会化的结果,甚至要进行终身社会化的过程。

　　在以上三个阶段的社会化过程中,青春期和青年期的成年仪式占据着重要的地位,它是人生礼仪史上的重要驿站,但其他年龄段的成年仪式也有着重要研究价值。成年仪式举行的年龄时限不仅向青年期以后延伸,而且还在青春期前延展,不同的年龄段举行成年仪式的问题也日趋复杂。如非洲的一些国家吉布提、索马里、苏丹,还有埃塞俄比亚等国的某些地区还保留着一些古老的"割礼"仪式。在传统习俗中,切割女性生殖器被认为是女性成为社区内一名完整的、成熟的成员的标志,而这些地区国家中的父母在女孩青春期或更小的时候就让她们接受生殖器切割。① 现代社会公众文明意识的提高及其带来的变化,使这种传统成年仪式的年龄边界的确定更加困难。

　　总之,从成年仪式的年龄边界可以看到,成年仪式虽然更多是在青年期前后(12、13 岁至 27、28 岁)举行,但从更广泛的社会学意义上分析,成年仪式则是在人的一生中都可能出现的社会礼仪活动。

---

　　① 由于切割生殖器对人的身心伤害都比较大,联合国人口基金组织(UNFPA)发表声明,敦促各国采取有力措施制止切割女性生殖器的陋习,并定于每年 2 月 6 日为"反对切割女性生殖器国际日"(International Day Against Female Genital Mutilation)。人口基金组织曾调查,全球估计有 1 亿 2 千万到 1 亿 4 千万女性被切割了生殖器,每年还有 300 万女孩面临着生殖器被切割的危险。人口基金组织说,无论出于何种传统或信仰,这种切割女性生殖器的习俗构成了对女性基本人权的侵犯,使她们的健康受到威胁,给她们造成终身的生理和心理创伤。人口基金组织指出,与传统观念的看法相反,事实上并没有任何宗教要求切割女性生殖器。相反,全世界许多宗教界领袖和学者都呼吁禁止这种做法。人口基金组织说,十多个盛行切割女性生殖器的国家已经颁布了禁止这一习俗的法律,而且越来越多的民众开始意识到这种做法的危害。在肯尼亚、厄立特里亚、埃塞俄比亚、马里和尼日利亚,切割女性生殖器的事例正在减少。但是一些地方出现了一种令人忧虑的新趋势,那就是:父母在女孩年纪更小的时候就让她们接受生殖器切割,以减少她们反抗或抱怨的可能性。

第二节 成年仪式德育功能研究的内容

成年仪式德育功能研究的内容很多,但本书将其主要内容置于这样的框架结构中进行研究,即基础理论研究、历史理论研究和成年仪式教育中的青年问题研究三个部分。成年仪式基础理论研究包括成年仪式概念的确定,成年仪式与青年的本质,成年仪式的结构与功能分析,成年仪式标志的意义等等。成年仪式历史理论研究是历史和逻辑相统一的研究,是结构与功能相统一的研究,包括原始社会青春礼与宗教信仰功能的研究,奴隶和封建社会成人礼与宗法教育功能的研究和现代社会成年礼与文化认同功能的研究。成年仪式教育中青年问题研究是结合现代社会的青年问题,从成年仪式的理论研究中寻求青年思想道德教育规律的相关研究。

一、成年仪式的基础理论研究

成年仪式的概念和年龄边界的确定是成年仪式基础理论研究的首要问题,这一问题研究的实质是对青年本质的界定。从现有的成年仪式资料来看,青春礼大都在十三四岁的时候举行,有的还要早。而成人礼和成年礼大都发生在 20 岁上下。在有些民族和地区,未经过成年仪式的人无论其年龄多大都不认为已经成年。笔者从成年仪式的不同形式和类型中试图揭示出社会对青年本质的认识。

成年仪式类型的划分也是一个非常有意义的研究,从人类历史发展的不同时期可以将成年仪式划分为原始社会的青春祭祀礼仪(以下简称青春礼),奴隶、封建社会的宗法过渡成人礼仪(以下简称成人礼)和现代社会的成年接纳礼仪(以下简称成年礼),这一划分既反映了历史与逻辑的统一,也反映了时间和空间的统一。成年仪式是在世界范围内,不同民族和地区出现的社会现象,但从历史发展的过程上看具有惊人的一致性,他们既有共同的普遍发展规律,也有自身的特殊发展规律。对成年仪式普遍规律和特殊规律的把握可以指导我们进行不同历史条件下的成年仪式的社会学分析。

成年仪式也可以按举行仪式的各种标志不同将其划分为身体标记、衣着佩饰和象征性标志等不同的类型。从符号学的观点来看,任何一种社会文化的意义都会试图通过某种物理现象和有机体的结合,来隐含某种社会的功能和历史、宗教的意义。从这一基本观点出发,我们应该努力揭示在古老的成年仪式标志背后所隐含的社会意义。

按照历史发展过程划分成年仪式的不同类型,能够揭示成年仪式的社会历史意义,按照仪式标志划分成年仪式的不同类型,也能分清不同仪式标志的社会性内涵,但真正对成年仪式进行社会历史分析还应从不同成年仪式的社会功能的分类入手,才可能做出最具价值研究。按照仪式的社会功能可以将成年仪式分为具有信仰功能的成年仪式、具有教育功能的成年仪式和具有文化认同功能的成年仪式三种基本类型。原始社会最早出现的青春礼主要是确立宗教信仰功能的成年仪式,当然,青春礼也有考验人的意志品质,进行宗教教育、道德教育的功能,但其主要的功能仍表现为强化图腾同体化等宗教信仰的功能。封建社会的成人礼是具有宗法社会教育功能的成年仪式,成人礼不仅可以使成年的人受到宗法道德的教育,还会受到具有怎样权利义务的宗法规范的教育。现代社会的成年礼越来越强调一种文化的认同的功能,它不是通过神秘的形式强化某种宗教信仰的功能,也不是通过各种教育内容、教育手段进行道德教育,而是利用各种丰富多彩的,具有象征特点的仪式活动,寻求某种文化上的认同,进而实现社会适应的功能。

成年仪式标志的社会功能分析也是成年仪式基础理论研究的问题之一。成年仪式标志有的表现为人的身体上和肉体上的一种标记,有的表现为人体上的一种衣着佩饰,有的纯粹表现为某种象征性的仪式标识。在人成年的时候,在人的身体的某一部位做以标记,这是青春礼时才产生的现象,它具有巫法和宗教的意义。最初的人体标记是非常严酷的、痛苦的,而且有许多神秘的形式,如文身、穿耳、穿鼻、凿牙、装唇等等。这些强制在人的身体上做出成年标记的仪式活动,具有图腾同体化宗教信仰的社会特征。在原始社会,先民们常常认为自己的氏族社会与某种动物、植物、无生物有亲属或某种特殊的关系。由此他们认为某种图腾是自己氏族的始祖或保护神。人们经常将自己装饰成图腾的模样,表示自己是所属图腾的后裔,以为与图腾同体化就可以得到图腾的保护。这种原始文化在世界许多民族中都经历过,由此可见,文身与原始先民的宗教活动有关。另外,文身这一原始现象不仅是一种图腾同体化的标记,也是一种青春礼的标记。从原始民族文身的年龄来看大都在人的青春期的前后。许多原始民族都是通过文身这一仪式使一个由生物个体变为具有某种宗法和宗教特征的成人,进而取得婚姻和性生活权利,所以文身是一种青春礼。

如果说身体标记是与青春礼相适应的成年仪式，那么，衣着佩饰的标记的出现主要是与成人礼相适应的成年仪式形式。中国封建社会的"冠礼"就是一种成年仪式，它有许多的礼制和礼仪，长期以来这种礼制和礼仪对中国各民族服饰文化也造成了很大影响。中国古人重视冠礼，是有其深刻的道理的。《礼记·冠义》中讲："凡人之所以为人者，礼义也。礼义之始，在于正容体，齐颜色，顺辞令。容体正，颜色齐，辞令顺，而后礼义备。以正君臣、亲父子、和长幼。君臣正，父子亲，长幼和，而后礼义立。故冠而后服备，服备而后容体正、颜色齐、辞令顺。故曰：冠者礼之始也。"在封建社会君君、臣臣、父父、子子都有不同的等级地位，都要有一定的礼仪规范，而行冠礼是履行一切礼仪规范的最基本的条件，也是遵守其他一些礼仪规范的基础，所以称"冠者礼之始也"。

成年仪式标记由身体标记向衣着佩饰标记的转变是历史文明的一大进步，它摆脱了身体标记的神秘性、严酷性，但也表现了宗法性、等级性的特点。现代社会各种各样的成年礼已经摆脱了原始的、严酷的、神秘的身体标记，也逐渐去除了成年仪式外在表现的各种物理形态，而留下了只具有象征意义的各种礼仪形式。如不同时代的成年称谓就是作为一种无形的标志，但又具有一个人成年后的社会意义。成年称谓在成年仪式前后的变化就反映了不同社会、不同群体人们对青年人的不同看法和不同要求。现代社会的成年礼注重各种徽标、旗帜、象征物的精神意义，突出文化认同和思想教育的意义。

二、成年仪式的历史发展研究

从历史发展的过程来看，成年仪式包括着三种典型的形态，即原始时期的青春礼、奴隶和封建社会的成人礼和现代社会的成年礼。在原始社会，人们的认识能力十分有限，社会生产力水平极其低下，在原始部落中，人们只有通过群居生活和宗教仪式，才能抵御恶劣自然界对人的生命的伤害。原始人通过献祭式的青春礼，寻求图腾和神灵的保佑；通过辟邪式的青春礼，保证生命的安全；通过巫术的青春礼，获得部落中的权利和地位。原始社会的青春礼是人类教育活动的原生形态，其教育方式具有神秘性、神圣性。青春礼的成年仪式所承担的社会教育功能具有巨大的控制性。青春礼的成年仪式形式上承担着人和被人神化的对象物所形成的宗教关系再生产的任务。

在奴隶和封建社会,绝大部分社会成员都在从事农业生产,而生产和生活技能主要体现在宗法家庭和家族文化传承的范围内,社会对一个人的成年要求的主要任务就是能够继承祖业,学习农业生产技能,维系血缘家族的生命。农业社会中,人们通过家庭式的成人礼获得在家庭中成人的资格,通过宗族式的成人礼使青年获得在宗族中的权利,通过村社中的成人礼获得在乡土社会中的社会地位,不同国家、不同民族所看到的宗法成年仪式都有很长时间的历史传承,尽管风格各异,但在维系家族、家庭血缘生命延续,进行封建生产关系再生产方面的意义则是相同的。宗法成人礼作为教育次生形态,具有规范性的教育功能。宗法成人礼形式上承担着被人类模式化的宗法关系的再生产任务。

在现代工业社会,绝大部分社会成员都从事工业化生产,主要的生产和生活的技能已经体现在家庭之外的社会化的生产和生活之中,人们对一个人成年的要求就是学习更多的工业生产的技术和技能,继承来自于社会中人类文明的成果,实现人类现代文明生活的扩大和生产。工业社会人们通过行业成年礼传授人类文明的成果,通过学校的成年礼学习人类文明的成果,通过社会化的成年礼传播人类文明的成果。工业社会的成年礼作为原始教育的再生形态,其主要教育功能是协调性的。工业社会的成年礼形式上承担着被人类异化了的资本主义社会关系的再生产的任务。

后工业社会的到来,经济全球化、政治多极化、文化多元化的挑战,使现代人的生活处在一个信息高度发达、社会急剧变化的社会情境中。现代社会对一个人成年的要求已经不是简单地学习现成的社会文明成果,而是要不断学习,终身学习,创造性学习,以适应多变的世界。现代社会通过标志性成年礼使青年人获得在社会中立足的信心,通过多样化的成年礼使人获得各种生存、发展、创造的机会,通过各种休闲娱乐性的成年礼缓解生存的压力。现代社会的成年礼作为原始教育的全新形态,其主要教育功能既不是强制性的、规范性的,也不是协调性的,而是适应性的。后工业社会的成年礼形式上承担着不同阶级、不同阶层、不同人群、不同个体所形成的复杂社会关系再生产的任务。

三、成年仪式的德育功能与青年教育

成年仪式德育功能分析的最终目的就是解决现代社会的青年教育问题,对青年进行各种仪式活动的思想道德教育。现代社会的青年问题很多,

但从青年的文化适应上看,主要是由于教育的文化不连续性所造成的青年文化适应上的问题,由于青年边缘化地位造成的青年亚文化问题,由于青年期的延长造成的青年教育的困难以及青年的社会化和社会的青年化等等,对于这些问题我们可以充分发挥成年仪式的文化教育功能给以解决。成年仪式与现代学校教育不同,它可以通过对教育目标的独特定位,对教育理念、教育制度规范、教育方法等教育特殊表现形式,以及仪式活动的作用机理实现其文化教育功能。我们对成年仪式进行社会功能分析实质上就是通过挖掘成年仪式的信仰功能、教育功能与文化认同功能,丰富现代社会对青年的理想信念教育、伦理道德教育和文化素质教育。

首先,原始青春礼是确立宗教信仰的礼仪活动,其象征信仰活动对于我们今天青年的理想信仰教育很有启发。从宗教的观点来看,所有人类的生活都充满了象征的体系,它使我们心灵的感觉信号条理化。我们的感觉、意识等心理活动从幼年开始都被塑造成各种模式。任何人都不可避免地受到象征化作用,它把生活体验组织成有意义的认识,在仪式活动中赋予某种具体的事物以终极的价值,即使人们崇拜某种事物。图腾崇拜是人类最早的信仰,这种信仰是一种原始氏族或部落群体感到自己与某种动植物神秘同一的互渗意识,这种最原始的信仰观念表现出人类对自然社会的一种认真的思考。在文明发展的历史上,人们对自然和社会的不断探索,形成了许多信仰。无论这些信仰是科学的还是愚昧的,它们都是通过某种仪式而确立的,因为信仰毕竟缺乏现实的根据,所以,就必须通过某种象征的形式,以弥补教育内容的不足。信仰是人类特有的一种精神现象,它是指人们对某种物质、精神、思想、主义、学说的信服和仰慕,并且以此作为自己的精神寄托和行动指南。信仰是一个人的精神支柱,是维系一个民族和社会的稳定性、统一性与持续性的基本要素之一,也是构成国风、民风和民族性格的重要因素。在人类历史上信仰是一个社会文明状态的重要标志。人的成年仪式对确立一个人的人生信仰有着重要意义,我们不能放弃成年仪式这一对青年进行信仰教育的阵地,也不能放任宗教信仰对青年的影响,帮助青年人树立科学的信仰是我们青年教育工作者的重要职责之一。

其次,成人礼是一种宗法形式的礼仪活动,发挥成人礼的教育功能对于我们今天的青年道德教育有许多启示。经过隔离、过渡、接纳的成年仪式,青年人不仅权利地位发生了变化,相应也习得了风俗、道德和习惯。成年仪式一般过程表现为地位提升,获得某些权利与义务,但有些成年仪式过程具有地位颠倒的意义,地位较高的人在特定的仪式中地位颠倒,而青年地位的颠倒也就意味着地位的提升。青年在成年仪式中地位获得提升,也就意味要按照更高的道德要求去规范自己的行为。成年仪式中不同权利地位人们之间交往互动有很复杂的仪式活动的规范,并且仪式活动中的人际互动是以神秘、神圣的形式出现,是以偶像崇拜形式、象征信仰形式、圣物膜拜形式来表现。如宗教成年仪式的灵肉互动、巫术成年仪式的禁忌互动、婚姻成年仪式的象征互动等等,在仪式活动中青年人通过各种形式的互动,学习了很多仪式活动规范,并自觉或不自觉地将这些规范运用到日常生活中去,从而规范了自己的思想道德行为。因此,成年仪式对我们今天的青年道德教育有很多启发。

一般来说,我们今天的道德素质教育不应是美德袋式的教育①,人们的良好的道德素质应是一个不断养成的过程,成年仪式从礼仪规范入手,通过人们之间的交往互动,不断培养、反复强化,可以不断提升人们的道德素质。道德素质的养成是以人的自然伦理关系为基础,并且在此基础上不断养成良好的道德素质,进而由小到大、由内到外、由家庭到社会推而广之,不断发扬光大,成就美好的道德理想,最终实现个人理想和社会理想。伦理道德素质教育通过仪式化禁忌的形式来进行可以收到非常好的教育效果。禁忌虽然不是法律,但却具有巨大的强制力,遵守仪式性禁忌,可以养成一个人的良好道德素质。

另外,成年仪式是一种民俗文化形式,发挥成年仪式的文化认同功能,可以提高青年人的文化素质。成年仪式对青年的教育不是一种知识教育,而是一种文化教育。成年仪式并不是以某一文化类型实现其教育功能,而是综合运用成年仪式的物质文化、制度文化和观念文化的不同内容,实现其文化认同功能。成年仪式作为一种文化形式体现了历史和逻辑的一致性。成年仪式是一种物质文化、制度文化和观念文化相互协调发展的统一体,成年仪式在使受礼者实现文化认同功能的过程中,三种文化形态承担着不同的作用,弄清它们的相互关系及其作用,对我们今天进行的青年文化素质教

---

① 美德袋式的教育是指忽视了学生的主体性,忽视了学生的情感体验,把学生的头脑作为一个容器来灌输式的教育。

育有很大的意义。

第三节 成年仪式德育功能研究的意义

古今中外成年仪式的研究对民族学、民俗学、人种学、考古学、历史学、宗教学、文化人类学等有广泛的价值和意义,那么成年仪式的社会学研究和德育功能分析还会具有什么独特的意义呢? 笔者认为,成年仪式德育功能的分析最重要的意义就是提高对青年本质的认识,而这一点我们在本研究论述后会得出结论性意见,除此之外还有以下几方面的意义应引起我们的重视。

一、有助于了解青年教育方式与社会变迁的关系

从历史发展的过程来看,成年仪式存在着三种典型的形式,即原始时期的青春祭祀仪式、传统社会的青年宗法礼仪和现代社会的成年社会礼仪。成年仪式的变化代表文明的进步,人类教育方式的发展。这些成年仪式方式的变化与社会变迁有关。按照社会学的理论,人类社会的变迁是由渐变到突变的过程,由量变到质变的过程。人类社会由原始社会到阶级社会,由农业社会到工业社会,由现代工业社会到后工业社会的变化,都反映了这种社会变迁由渐变到突变的过程,以及由量变到质变的过程。当社会处于相对稳定渐变发展时期,成年仪式形式相对规范,仪式标志明确,仪式内容清楚,仪式功能强大。而在社会突变时期,成年仪式形式相对多变,仪式标志遭到怀疑、破坏,仪式内容失范,仪式功能低效。

在我国,"原始社会、奴隶社会、封建社会及半殖民地、半封建社会的整体特质相对稳定期在各自相应的全部社会历史进程中所占时间比重分别高达 100％、81.8％、88.3％、78％"①。也就是说,在已经过去的社会历史时期,相对稳定和渐变的时期还是比较长的,所以我们看到的最具有历史文化积淀的成年仪式的青春祭礼和宗法礼仪形式相对规范,仪式标志明确,仪式内容清楚,仪式功能强大,而在由农业社会到工业社会,由现代工业社会到后工业社会的突变时期,作为社会青年教育方式集中体现的成年仪式则表现出仪式形式多变,仪式标志遭到怀疑、破坏,仪式内容失范,仪式功能低效

---

① 吴康宁.教育社会学.人民教育出版社,2005 年,第 157 页.

的特点。揭示不同的社会结构特征与成年仪式形式的内在关系,弄清青年
阶层与整个社会制度体系的关系对于我们认识成年仪式是十分重要的。

二、有助于帮助青年树立科学信仰

成人仪式作为古老的教育手段和模式,在帮助青年树立宗教信仰上起
着重要的作用。在现代社会我们并没有很好地解决青年人的信仰问题,反
而出现了各种各样的信仰危机,这同我们失去了许多行之有效的仪式教育
的手段,又没有很好地解决现代社会宗教对人的影响问题是有关系的。

举行成年仪式的原始方法是通过一种幻觉经验,寻求与神灵的沟通,这
种方法神秘、严酷,让人无法忍受,但是它对确立一个人的人生信仰也许是
十分有效的。萨满舞蹈就是在长时间跳舞中陷入一种迷幻状态,获得一种
幻觉经验,在这种幻觉中以求得与神灵的沟通,而且获得图腾的护佑。随着
历史的进步,这些原始的方法最初经验逐步被人们所遗忘,而只留下一些神
秘的仪式发挥着确立宗教信仰的功能。

无论是哪一民族的成人仪式都会提供或多或少的关于本民族的各种信
息,更重要的是它将帮助成年者整理日常生活的经验。一旦参加者被置于
与神圣实在的联系之中,世俗世界就会发生变化。即使这一时间是短暂的,
仪式也会使参加者有一种得到净化和再生的感觉。

宗教思想对现代青年的巨大影响有社会历史的原因和青年内在的心理
原因,但从教育学的立场上看也有教育形式的原因。在原始条件下没有我
们现代社会的青春期危机问题,一个重要的原因就是古代人通过必要的人
生礼仪形式解决了人们许多人生信仰问题,而现代社会人们的人生仪式十
分贫乏,人们生活的信仰、人生的追求缺乏一种必要形式的载体,当然也就
失去了其神圣的意义,所以宗教的影响才会乘虚而入,才会发生如此巨大的
影响。从成年仪式和青年信仰的考察中我们可以体味到成年仪式教育在现
代社会中的价值。

三、有助于弄清青年获得社会权利义务的过程和机制

考察古今中外各种成年仪式,可以发现青年成长的不同时期都有各种
不同的成年仪式,原始社会的青春祭祀仪式是在青春期早期进行的,宗法成
年仪式是在青春期中期进行的,现代社会的成年社会礼仪在青春期早期、中
期、晚期都有发生,这可能与现代社会青春期有延长的趋势有关。从历史过
程上来看,成年仪式从举行的年龄上来说有推迟的现象。

古老的成年仪式经过长期的历史发展已经演变为现代社会丰富多彩的婚俗和其他礼仪形式。但是这些婚俗仪式已经失去了成年仪式的古老意义,成为现代社会人们社会性行为的一种仪式性活动。因此,我们有必要深入挖掘成人仪式的原始意义,研究在原始状态下青年的婚前性行为,青年在各种不同的婚俗仪式中的文化适应所受到教育的特点、规律,从这一研究中,我们或许会得到青年文化和青年教育的很多启示。

大量的民俗学材料证明,成年仪式也是关于婚姻和性关系的一种习俗,最早出现的青春祭祀仪式就反映出上古之人对青年性行为和婚恋行为的一种原始态度。青春礼本质上就是获得一个保护神,一个新生命的再生。青春礼除了获得一个神秘人格的力量,也是获得现实人身资格的必要形式。一个进入青春期的青少年,经过一些神秘的、严酷的考验,拥有了部落或某一社会群体成员的资格,也拥有了某种婚姻关系和性生活的权利。最原始的青春礼形式,实际上就是原始婚礼。进入青春期的青少年经过隔离、过渡、接纳等复杂的形式,就可以拥有了性行为的权利,这是人类对自身的自然生理行为的一种社会控制,一种制度化的社会礼仪,这是人类文明的最初表现。

在中国封建社会,结婚礼仪的步骤大致可以划分为婚前礼仪、迎娶礼仪和婚后礼仪等。结婚礼仪程序是用一组相互联系的象征符号反映封建婚姻关系的意义,其中贯穿的主旨是对美满婚姻的期盼,包含家族兴旺,夫妻恩爱,白头偕老,婆媳和睦,早生多生孩子,生活富裕等美好寓意。当然,这些礼仪还有明确青年权利义务的教育意义。

在中国,婚前礼仪包括送日子、催妆、送嫁妆、布置新房与铺床、吃喜酒等等诸多礼俗。婚前礼仪的功能在于让青年男女熟悉婚姻关系,为开始新的生活做好各方面准备。迎娶礼仪包括迎亲、拜天地、入洞房、坐正席等,迎娶礼仪的功能在于明确青年男女婚姻和家庭生活应具有的权利和义务。婚后礼仪包括成妇礼和回门等礼仪。婚后礼仪的功能在于强化新婚之后的新娘和新郎成人的观念和意识,进一步明确青年的权利义务。

成年仪式是在青年成长过程中,在不可逆时间的各个阶段顺序举行的连续性礼仪,它建立在个体的生理状况、社会地位、民俗信仰、社会信念等社会基础之上,因而,具有进行青年教育、调控平衡、保障个人社会文化适应等方面的功能。

四、有助于确认青年在不同历史时期的社会地位

成年仪式是社会对青年认识和界定的一种礼仪形式,从本质上说它确立了青年在不同历史时期的社会地位。青春祭祀仪式是一个生物的个体神秘地变成一个具有宗教特性的人的一种仪式性活动,这种仪式赋予了一个人在宗教生活中的地位,但总的来说没有青年人自己的社会地位,一个成人的社会地位也是以一种神谕的虚幻的形式显现的。青春祭礼是神圣的仪式,人们在这个仪式上获得的只是年龄等级。未参加过成人仪式的男孩子属于一级,这一级不能与其他辈分的人相提并论。同年受礼的人属于同一辈,或者说是同一级别的人。同一辈的人有同样的地位,有特定的名称、标识和饰物。一个人和他的同辈人一起生活、做事,度过他的一生。他们做同类的事,有相同的社会地位,享受同样的社会权利,有同样的社会责任。年龄等级体系所起的作用是以公开的、正式的形式把辈分分开,将以年龄长幼为根据的某种重要社会规范以及行为准则制度化。仪式活动规定了年长者要受到尊重,年幼者要受到训练,年长者有爱护年幼者的责任等等。不仅如此,在许多时候也以年龄为标准建立起军事性质的组织以参加战争。总之,通过青春礼成年仪式的年龄规定,主要是强化年长者在社会中的地位和作用。

宗法成年仪式是一种具有宗法教育内容,宗法社会特性、过渡性的仪式性活动,这种仪式活动赋予青年以宗法等级的社会地位。宗法成年仪式虽然不是神秘地获得宗教地位,而是获得一个人的社会地位,但成年仪式是将青年视为被动的受教育客体的仪式性活动,青年的地位在宗法成年仪式中被边缘化了,这种仪式性活动不可能赋予青年更多的社会权利。

工业社会以来的成年仪式表现为形式多样的成年接纳仪式。各种形式的成年仪式不过是一种对青年作为一个社会群体、作为一个社会文化实体被社会所承认的仪式性活动。但是仅此而已,成年仪式从本质的原始功能上看仍决定了青年始终处在社会边缘化的地位。

青年边缘化问题是社会学家提出的一个概念,是对青年社会地位的一种界定。青年边缘化问题不仅存在于封建宗法社会,就是在工业社会青年边缘化问题仍然存在。上个世纪以来两次世界大战,多次经济危机,给许多国家带来巨大灾难,工厂倒闭、失业严重、社会分配不公等一系列问题,使人民备受折磨。然而在社会中遭受打击最沉重的还是青年,失业问题、住房问题、社会分配问题给他们带来悲剧性的后果，得不到良好教育，生活上没有保障，政治上没有地位，社会地位自然是被边缘化的。

五、有助于把握仪式教育的社会功能

通过古今中外各种成年仪式的考察，我们可以看到成年仪式涉及了人的生理状况、心理状况、民俗信仰、人的社会地位环境的变化以及文化信息的变化等方面的因素。现代社会成年仪式发挥社会功能的这些基础条件仍然存在，时空变化、生理变化、心理变化、社会变化等仍然是青年文化适应中的难点，这些变化也应通过成年仪式的以下社会功能给以解决。

首先，现代成年仪式仍具有人生发展关节点"通过"的性质和功能，具有以不可逆时间为条件，标示"通过"的特点。时空概念对成年仪式来说是极其重要的一个因素，而"通过"除了具有时空跨越的特征外，还内含着受礼者身心考验测试等因素。礼仪本身就有一个"过程"，有时间的推移转换，完整的成年仪式应包括了三个阶段（步骤），也就是维克多·特纳所概括的隔离的礼仪、过渡的礼仪和接纳的礼仪。这些阶段性特征也是现代成年仪式所必需的，生理的变化、时空的变化、心理的变化、社会的变化仍需要一种社会形式加以标示。

其次，现代成年仪式仍具有教育的功能。成年仪式是每一民族文化中个人的人生史，又是民族观念的发展史，就历史时空而言，它是超越于生理生命史的。另外，成年仪式还反映了不同种族历史和不同阶段的教育内容。成年仪式有时候是与当事人自身的生命存在或现实行为脱离的，是由别人进行的象征性活动。现代社会青春期的生理变化带来的焦虑，婚姻生活带来的压力，以至社会生活带来的紧张这些都可以通过仪式的活动或移情的行为给以调节，因此正像霍尔所分析的，游戏仪式活动可以具有教育的功能。

最后，现代成年仪式仍具有青年文化适应的功能。一个人由儿童到成人的转变若没有心理和社会本质方面的实质性调适是不可能完成。对有关性别角色和与异性关系的认识，对同龄伙伴的接受或拒绝，关于从父母那儿获得独立的问题等等，这些都有需要有不同的礼仪形式对青少年的思想和观念加以限定和升华。

总之，人们苦心孤诣地设计、严肃谨慎地遵行诸多人生礼仪，不是没有价值的，否则，现代人恐怕不会再去创造新的人生礼仪了。关于人生礼仪存在的功能和价值的认识是清楚的,无论是保障安全"通过",还是实现自然人向社会人的过渡都是有一定道理的,我们通过研究成年仪式的德育功能,可以掌握青年教育的一些规律,做好青年教育工作。

第四节　成年仪式研究的背景与难点

学术界关于青春礼、青年礼、成年礼的研究成果还是比较多的,但是对其进行综合性的研究、历史发展过程的研究还是不多见的,特别是以成年仪式研究涵盖上述有关青年成长过程中的各种礼节形式研究的还没有,特别是对其进行德育功能的研究还是首创。也正因为如此,其研究的难度更大。

一、成年仪式研究的背景

纵观古今中外关于成年仪式的研究,大致有宗教学、民俗学、教育学、心理学、文化人类学等不同视角。宗教学认为,成年仪式属于民间信仰,最早表现为青春祭礼,是图腾同体化的礼仪形式。民俗学认为,成年仪式属于民风民俗,是在自然历史过程相沿成习的仪式活动。宗教学和民俗学虽然对成年仪式的研究提供了大量的原始材料,但关于成年仪式的教育学、心理学和人类学研究则更具理论意义。

教育学研究更多的是关注教育史的研究,在谈到教育的起源时,大多数教育史学家认为成年仪式是人类社会发展早期氏族公社时期的教育形式,是年轻人被接纳为正式氏族成年男女的人类教育的萌芽。当然,"成年礼作为人类教育的形式从时间上来看,其存在不只限于人类历史发展的早期,在今天的人类社会依然存在;从其存在的范围来看,也并不限于古代西方,在今天仍然以多种形式存在于世界上许多不同的地方;从其存在的意义和价值来看,也不只意味着为解释教育的起源提供证据。因为,从教育学角度看,成年礼具有直观的、生动的、鲜活的、描述的、解释的、情感的、规范的等多种功能,诸种功能浑然天成的杂糅在一起,构成一幅极其生动的教育意象,给人以直观、生动、长效的教育启迪"[1]。许多民族的成年仪式不仅生动描述了民族文化的演化历程,也具体解释了仪式本身丰富的教育内涵和在民族文化传承中重要的社会意义。仪式本身即是一个具体、生动、情境性的

---

[1]　吴晓蓉著.仪式中的教育.中国博士学位论文全文数据库,2003 年,第 14 页.

教育施行过程。仪式中个体依据个人的生活经验,在耳濡目染中可以迅速而又直观地理解并掌握其文化意蕴,仪式通过个体的观察、模仿与身临其境,通过在场其他人的言行举止,通过现场营造的气氛来唤起参与者相似的内部情感而实现其教育目的。教育学关注成年仪式在个人成长中的重要作用,挖掘成年仪式中重要的教育价值和经验,并据此提供与现代教育学相联系的结合点。依据成年仪式在民族教育中所发挥的教育功能,可以将成年仪式活动归之为一种教育习俗。

心理学与教育学对成年仪式的研究相得益彰。心理学从个体生物特征、生理特征和心理特征上研究成年仪式发生、发展过程中所产生的社会教育功能,为教育学的研究提供了更深层次的理论支撑。心理学研究参加成年仪式青年的行为特征、心理机制,研究青年个体的文化学习和文化适应的问题。可以说这种成年仪式研究是最基础性的工作。心理学从生理和心理相结合的角度研究成年仪式,这些科学研究的成果无疑对整个青年研究和青年教育工作做出了巨大的贡献。

心理学通常把人的心理现象分为心理过程和个性心理特征两个方面。心理过程包括认识过程、情绪过程与意志过程。个性心理特征则是在心理过程发生的时候所表现出来的兴趣、能力、气质和性格。这是心理学界普遍认同的心理学研究的主要框架,用这样一种模式研究成年仪式问题,可以分析在成年仪式举行过程中,个体所产生的感觉、知觉、记忆、思维、想象等心理过程,并探索在心理过程发生的时候伴随着是否满意、喜欢、恐惧等主观情感体验。这种心理学研究只能是对于青年个体的研究,虽然这种研究能够给现代青年的成人教育提供大量的实证和理论的资料,但是心理学并不能从整体上认识现代意义的青年。其实,在人们心理过程发生的时候不仅表现为人们不同的兴趣、能力、气质,而且表现为不同的行为模式的承袭、社会行为的再现和变迁。发展心理学和社会心理学家或多或少或深或浅的涉及了这些问题。

文化人类学研究更多关注成年仪式的形成与民族性、地域性和文化性的关系。不论是哪个民族,仪式一旦离开了本身赖以生存的文化环境,也就失去了它所具有的解释力和指导力。成年仪式在文化中的重要性不只是在一个民族发展中,传授给受礼者做男人或做女人的经验、内容、秘密与方法,而是经过刻骨铭心的经历之后,戏剧性地改变了一个人在本民族中的社会地位,仪式实际上形象地改变了一个人与自己民族生活和社会习俗的关系,它赋予每个新人一个崭新的角度来观察人生、认同族群并认识自我。

文化人类学发展了生理学、心理学和教育学研究的成果,从一个全新的角度探讨成年仪式的本质和文化特质。文化人类学已不满足于心理学将青年视为特定年龄阶段发展的生物个体,也不满足于教育学将青年视为一个与社会的阶级结构和阶层关系有密切联系的受教育群体,文化人类学认为应当在作为年龄阶段的青年和作为受教育群体的青年的基础上,从“代”的发展意义上,从社会文化的规定性去认识成年仪式。换句话来说,文化人类学从成年仪式的多样性(属于不同阶级和社会阶层教育的客体上)及其成年仪式的复杂性(包括生理的、心理的、文化的各种属性)去考察成年仪式。

著名社会学家玛格丽特·米德对青春仪式现象做了大量的文化人类学研究,她对青年有一个全新的认识,青年不再是青春期的心理学的一个内容,它首先是一个文化的实在。这位女博士对萨摩亚岛青年的研究,证明我们所熟悉的青年,只不过是我们社会所固有的文明的产物。青年的特征取决于社会的复杂环境和他们自然生理变化的相互作用,取决于社会不同年龄群体之间所划定的差别和一个年龄群体向另一个年龄群体的过渡的方式。由此我们不再将青年看作是心理学和生理学的一个变化的个体,而被看作是一个人类文化发展的过程。

成人仪式就是一种人类文明的产物,对这一文化现象的文化人类学研究比任何其他学科对青年本质的认识都要深刻。成人仪式可以使我们认识在社会复杂环境和自然生理变化相互作用下的青年的地位、特点,可以使我们认识到由一个年龄群体向社会文化群体过渡的青年队伍的成长、发展、变化的规律,全面了解青年的文化创造活动和文化适应的过程,从而深刻地发掘仪式教育的功能,做好当代的青年教育工作。

综上所述,宗教学、民俗学研究为成年仪式的实证研究提供了大量的原始资料,教育学、心理学、文化人类学研究为成年仪式研究提供了许多理论素材,然而,成年仪式更具理论意义和实际意义的研究,还是需要在更广阔的社会学视域和青年教育视域内进行。

二、成年仪式研究的难点

成年仪式的德育功能分析应该说是一项原创性研究,因而具有资料搜集上的困难、理论分析上的困难和研究方法上的困难。

成年仪式产生于原始文明,离我们今天的现代文明比较久远,所以成年仪式的研究资料多来源于民族学、民俗学、文化人类学、历史学的文献资料,这些资料的可靠性、典型性、代表性比较难以把握,这会给研究工作带来很多困难。成年仪式不仅是原始的、传统的,也是文明的、现代的。今天,尽管一些传统的成年仪式的形式发生了很大的变化,但是,它们仍然伴随着我们的人生,如入学典礼、毕业典礼、考试、答辩、同学会、校友会、同乡会、加入各种社团组织的入会礼,以及参加工作、结婚成家都有各种形式的礼仪活动等。因此,我们仍然可以说成年仪式仍广泛存在于青春期和青年期各个阶段,是重要的人生标志。所以成年仪式研究在资料方面的困难很多,但是主要表现在如何将不同地区、不同内容的成年仪式的内在本质联系在一起进行社会学分析。

传统成年仪式活动是基于人的生理状况认识和民俗信仰的认同。毫无疑问,成年仪式最原始的动因是人体的生理状况,包括与动物的区别、新陈代谢、性的成熟等。如果没有这些人体的生理变化、差异,很难想象成年仪式的诞生和存在。正是由于人体不断地变化,存在着时空的差异,而这些差异、变化又经常作用于个体、群体的心理、生活等诸多方面,古人不可能用现代科学的手段进行解释。前逻辑思维、万物有灵论等统治着他们,他们只能借此来解释那些差异和变化,并且创设出许多仪式活动来标志这些差异和变化。我们从仪式活动的各种外在特征揭示来自生理意义、神学意义的深刻内涵,进而揭示其更广泛的社会学意义的内涵则是我们理论研究中的困难。

成年仪式在民俗学、人类学研究中多是微观研究,多采用实证的研究方法和民族志研究方法,特别强调第一手资料的挖掘和分析。而成年仪式的社会学分析则是一个宏观研究,使用的是文献研究方法,注重的是质性分析研究,而成年仪式这方面的研究非常少,这给我们的研究带来的是方法上的困难。

以上来自资料搜集上的困难、理论分析上的困难和研究方法上的困难,将给我们的研究工作带来许多麻烦,而这些困难的克服也将是成年仪式德育功能分析的创新所在。

将不同历史时期,不同国家、民族、地区成年仪式资料进行比较分析、梳理,弄清成年仪式历史发展的脉络,划分出成年仪式的各种类型及仪式标志,分析不同成年仪式的功能特征,这是成年仪式资料研究的基础性工作,也是一项开创性工作。在这种研究中,我们将会在世界人类文明发展的历史中寻求到成年仪式发展的共同规律和本质特征,并以此获得建设现代社会文明的一些启示。

成年仪式的德育功能分析是在民俗学、民族学、文化人类学、宗教学、教育学、心理学的研究基础之上进行的,社会学的研究将会从更广泛的意义上揭示成年仪式的内涵。社会学的理论分析会涉及青年的本质、青年的历史地位、青年社会关系的历史变迁、青年的社会作用、青年的生活方式、青年的婚姻、青年的宗教信仰等诸多方面。这些方面的研究过去有的学科虽然有所涉及,但任何一个单学科的研究都是有局限性的,而社会学研究的综合性特征将会发现不同民族成年仪式的一些共同规律和一些新的问题,这会使成年仪式德育功能的研究有所突破。

成年仪式的德育功能分析采用了质性研究方法,这一研究方法将会使成年仪式的研究由表面描写、深厚描写到深描诠释。质性研究不仅要求对成年仪式类型、特征做出表层的描述,对成年仪式产生的原因,如人的生理、心理和神学根源做出深层描写,而且要求研究者站在成年仪式产生的特定历史和文化的情境下,寻求古老成年仪式对我们现代文明的借鉴与启示。质性研究的方法论上的重要价值就是研究对象的自我建构性,质性研究的方法就是要求对自己建构的研究对象进行大胆的社会学想象,包括历史学想象、人类学想象和批判性想象。质性研究的这些要求非常适合成年仪式的研究,如果按照质性研究方法要求,成年仪式研究将会有许多理论上的突破。

第二章　成年仪式标志的功能

在成年仪式发展的历史过程中存在着三种形态的成年礼,一是原始社会的青春礼,二是奴隶和封建社会的成人礼,三是现代社会的成年礼。原始社会的青春礼是一种具有宗教性质的青春祭祀仪式;奴隶和封建社会的成人礼主要是在宗族社会产生的,具有宗法性质、具有过渡特征的成人礼;现代社会的成年礼已经发展为一种具有庆典特征,具有接纳功能、教育和娱乐功能,具有文化认同、文化创造功能的成年礼。三种成年仪式有不同的仪式标志,这些成年仪式标志有的表现为身体上的一种标志,有的表现为人体上的一种衣着佩饰,有的表现为某种象征性的仪式标志。从符号学的观点来看,任何一种成年仪式都会通过某种生理的、物理的现象和象征符号的有机结合,隐含某种社会历史文化的功能和宗教信仰的意义。从这一基本观点出发,我们应该努力揭示古老成年仪式标志背后所隐含的历史的、宗教的、教育的社会功能。

第一节　原始青春礼人体标志的功能

在人成年的时候,在人身体的某一部位做以标记,这是人类出现青春礼时才产生的现象,它具有巫法和宗教的功能。最初的人体标记是非常严酷的、痛楚的、神秘的形式,如文身、穿耳、穿鼻、凿牙、装唇等。人体成年标志在其起源上所含寓意和后来的演化过程中所隐含的寓意有诸多的不同,我们需要做历史的、人类学的考察和进行符号学、文化传播学方面的分析。

一、图腾同体化

在人的身体上做某种标记以示成年的最早形式就是文身。所谓"文身",即用刀、针等锐器,在人体的不同部位刻画各种图案或文字,然后涂上颜色,使之长久地保存。各个国家民族的文身习俗很多,包括绣面、镂身、镂背,还有雕题、黥墨等。

澳大利亚的土著居民在他们的旅行袋中常备有各种红、白、黄等颜色的土块,平时常在颊、肩、胸等部位点上几点颜色,遇到节日或要事便全身涂绘。他们在战斗时身上绘红色,有亲人与世长辞时绘白色,在举行庆典跳舞时绘各种颜色,而孩子到一定年龄举行成年礼时,便开始绘身。① 在苏丹努尔人中,青年在额前刻上横疤痕表示成年。② 布须曼人则在男孩青春期由巫师在他们的额上刺出表示某一部落的特殊标志。③

世界各国青春礼的文身形式很多,如我国云南的独龙族有成年绣面的礼俗。凡女孩进入了青春期,一般年满十二三岁都必须文面。文面时,先用竹签蘸锅烟在脸部描好纹型,然后一手持竹针,一手拿拍针棍沿纹路打刺。每刺一次即将血水拭去,紧接敷以锅油拌和的"墨汁"。经过几天之后,创口脱痂即愈,此时肉皮上呈现黑色和青靛色的斑痕,使之成了永远擦洗不掉的面纹。④ 花纹也有绣在脚上的,古书称作"绣脚蛮"。《蛮书》记述云南绣脚蛮、绣面蛮的文身绣面情景时说:"绣脚蛮则于踝上腋下,周匝刻其肤为文彩。衣以绯布,以青色为饰。绣面蛮初生后出月,以针刺面上,以青黛涂之,如绣状。"⑤

我国一些古籍上对成年文身也有记载。如《礼记·王制》上记载:"东方曰夷,被发文身,有不火食者矣。"⑥《左传·哀公七年》上说:"太伯端委,以治周礼,仲雍嗣之。断发文身,赢以为饰,岂礼也哉,有由然也。"《战国策·赵策》上说:"黑齿雕题,鳀冠秫缝,大吴之国也。"《墨子·公孟篇》上说:"越王勾践,剪发文身。"虽然,文身这一原始习俗有巫术说、尊荣说、美饰说等许多种解释,但就最早的文身形式和最原始的情景来看,可能与青春祭礼有关。

在史前社会,我们的先民常常认为自己的氏族与某种动物、植物、无生

---

① 参见托卡列夫主编.澳大利亚和大洋洲各族人民(上册).三联书店,1980年,第188－189页.
② 苏丹努尔人的婚姻.环球,1981年第9期.
③ 陈华文.吴越"文身"研究——兼论"文身"的本质.东南文化,1992年第6期.
④ 参见王学辉.从禁忌习惯到法起源运动.法律出版社,1998年,第95页.
⑤ 戴平著.中国民族服饰文化研究.上海人民出版社,1999年,第15页.
⑥ 陈戎国点校.周礼·仪礼·礼记.岳麓书社,2006年,第284页.

物有亲属或某种特殊的关系。由此他们认为某种图腾是自己氏族的始祖或保护神。人们经常将自己装饰成图腾的模样,表示自己是所属图腾的后裔,以为与图腾同体化就可以得到图腾的保护。这种原始文化在世界许多民族中都经历过,所以文身与原始先民的宗教活动有关。

　　文身是一种与青年有关的原始文化。我们从远古初民文身原始状态的一些文字、图画、器物上还可以找到它们的痕迹。例如,甲骨文中的“文”字写作:

甲骨文中的“文”字

　　金文①的“文”字比甲骨文更为丰满、形象。胸前的各种各样符号则反映了刺绘在身上的文饰的多样性。

金文中的“文”字

　　我们应当承认文身是一种文化,是一种产生于原始社会的图腾文化。图腾同体化的文身仪式是一种青春礼,这是原始先民为了获得神灵护佑的一种自我保护措施。对自然界的恐惧感,对自身的生理状态的神秘感,使人们无法认识这一切,只有借助一种神秘的力量,获得一个神灵同体的人的再生,才能受到保护。这反映了原始人对孩子成年的看法,也是青年成人时自身应有的一种意识。这种原始的意识不只是存在原始先民的观念中,就是在后来的社会发展中,一些年轻人文身的目的也还是为了避邪。

　　古籍《淮南子·原道训》上记载“九嶷之南,陆事寡而水事众,于是民人

---

　　①　金文是指铸刻在殷周青铜器上的铭文,也叫钟鼎文。商周是青铜器的时代,青铜器的礼器以鼎为代表,乐器以钟为代表,“钟鼎”是青铜器的代名词。

劗发文身,以象鳞虫"。《说苑·奉使篇》云:"彼越……处海垂之防,屏外藩以为居,而蛟龙又与我争焉,是以剪发文身,灿然成章,以象龙子者,将避水神也。"《汉书·地理志》云:"(粤人)文身断发,以避蛟龙之害。"不仅古人有这样的看法,就是在现代的一些学者也有的从地理环境角度来解释文身现象,他们认为,华南百粤,土地湿润,林木繁茂,人类与虫蛇同居,总是受到伤害,当时的粤人所以断发文身,乃是为了起到保护生命的作用,其效用与动物的保护色相等。还有的一些研究者认为,一些原始部落文身是用黏土、油脂或植物汁液来涂抹身体,他们认为这对身体是有益的,如中国古代的挹娄人冬天就以豕膏涂身以御风寒,这也是为了对身体的有效保护。其实,原始的文身现象也是一种原始图腾文化的反映,不单单是一种功利实用的现象。徐一青、张鹤仙在《信念的活史:文身世界》一书中,对上述问题的回答是:"越人断发文身,当有一种更曲折、更深远的意义。事实可能是,'龙'之不加害于越人,不是受了越人化装的蒙蔽,而是出于它的'心甘情愿';越人的化装也不是存心欺骗,而是一种虔诚心情的表现。换言之,断发文身乃是一种图腾主义的原始宗教行为。也就是说,越人断发文身以象龙,是因为龙是他们的图腾,他们的老祖宗。老祖宗自然知道他们的儿孙,认识他们的相貌和声音,但儿孙太多时,也难免会有疏忽的时候,为保证老祖宗的注意而不被认错,最好是不时在老祖宗面前演习他们本图腾的特殊姿态动作和声调,扮成它的样子,或者将它的图像画于身上,以示提醒。据此,则越人的文身不仅是为了在想象中避蛟龙之害,还有请求老祖宗保护的意思在内。"[1]闻一多在他的《伏羲考》[2]中指出,这种刻龙纹以避龙害的观念,其实是远古图腾崇拜的反映。这些用龙文身的民族,都是龙图腾民族的后裔,他们认为雕刻龙文于身,就等于把自己装扮成龙,龙祖先可以借此辨认出自己的后代,并保护他们不受侵害。

二、青春祭祀仪式的标志

文身这一原始文化的现象不仅是一种图腾同体化的标记,也是一种青春祭祀仪式的标记。从许多文身的年龄来看大都在人的青春期的前后。据有人统计,"台湾高山族赛夏、泰雅人的文身,男子为十四岁至二十岁,女子

---

① 徐一青,张鹤仙.信念的活史:文身世界.四川人民出版社,1988年,第1版.
② 闻一多.伏羲考.上海古籍出版社,2006年.

为十五六岁；排湾人，男子为二十五岁，女子为十三至十八岁之间；鲁凯、卑南人，男子为二十岁左右，女子为十五岁左右。云南傣族，男子为十五至二十岁之间。基诺族为十五岁"①。

中国自汉代以来，最完整保存文面文身习惯的是黎族，宋人周去非在《岭外代答》一书中记述了黎族妇女绣面时的情景："海南黎女，以绣面为饰。盖黎女多美，并尝为外人所窃。黎女有节者，涅面以励俗，至今慕而效之。其绣面也，如中州之笄也。女年至及笄，置酒会新旧女伴，自施针笔，为极细花卉飞蛾之形，绚之以偏地淡栗纹，有晰白而绣文翠青，花纹晓了，工缴极佳者，唯其婢不绣。"②汤显祖曾作《黎女歌》，记载了黎女文身的情景："黎女豪家笄有岁，如期置酒属亲至，自持针笔向肌理，刺涅分明极微细，侧点虫蛾折花卉，淡栗青纹绕余地。"③绣面在当时的黎家还是一种表示身份的美容手段，身份低下的婢女是不能享受的。清代张庆长的《黎歧纪闻》亦云："……女将嫁，面上刺花纹，涅以靛，其花或直或曲，各随其俗。盖夫家以花样予之，照样刺面以为记，以示有配而不二也。"

古代的文身、绣面之饰，传到近现代，仍有黎族、高山族、傣族、独龙族等民族继承了这一古老的人体装饰。黎族文身在我国所有的有文身习俗的民族中最富特色，而且持续时间最长。历史学家吕思勉记曰："今之海南岛，乃汉珠崖、儋耳二郡。居其地之族曰黎，躯干肤色，皆类马来。其稍与汉人同化者曰熟黎，居深山者曰生黎。生黎妇女，仍有文身之习，自两耳至腮，刺为三文或五文云。"④据有人调查证明，黎族的文身，图有定形，谱有法则。文身要举行一定仪式，且有专人施行。施行文身的年龄也有规定，如十二三岁时光涅面部，十六七岁时已出嫁者，则涅胸部，二十许时为丈夫所溺爱者，则为之涅私处，此间个中事，不足为外道。⑤文身现象虽然有许多不同的社会文化的解释，但文身肯定与婚姻和性生活有关则是一个不争的事实。

苗族男子在解放前还以黥面或绣面方式去取悦女性。苗语称成年男子为 budnios，即画花脸的雄性；英俊的小伙子，苗语叫做 vntnios，即好花脸，

①　徐一青，张鹤仙．信念的活史：文身世界．四川人民出版社，1988 年，第 1 版．
②　周去非．岭外代答．卷十．中华书局，1999 年．
③　转引自范舟游，龚重谟．汤显祖在岭南．2007-3-30．
④　吕思勉．中国民族史．中国大百科全书出版社，1987 年，第 190 页．
⑤　刘咸．海南黎人文身之研究．民族研究集刊，1989 年第 1 期．

不普就是旧时绣面的一种口语遗承。现在仍流行于苗乡的婚嫁仪式给男子"打花脸",可能是绣面之俗的变异。古时苗族男子确有绣面的礼俗存在,《古今图书集成》就有苗族男子黥面的记述和图画。①

文身绣面也是人类童年时期对青春美的一种追求。文身在我们的先人看来,是一种皮肤化妆,如生活在文明社会里的人们爱穿各种漂亮衣服一样,是藉此展现美、表现某种精神,特别是青春的美。喜爱文身或绣面的少数民族,大多居住在我国的东南或西南地区。那里天气炎热,人们经常赤裸身子。《南史》中提及扶南人"俗本裸,文身披发,不制衣裳"。《左氏春秋》上说,在西周以前,吴、越之人,犹有不衣者。春秋以来,盖此族遂改。"文"字有多种含义,其一就是花纹的意思。吴、越之古人,既不穿衣,身上、脸上绣以花纹,可以永不褪色,这就有美化身体、面容的意味。文身、绣面是古代少数民族先民们对周围世界一种幻想式的反映;一些奇异花纹、图案的组合,表现了先民们朦胧的审美追求。

台湾的高山族文身的目的之一就是为了美。在泰雅人文身起源的神话传说中,就有文身以为美观一说:昔时有一男子向一女子说:"你的面貌甚丑,刺面必会转美。"该女允诺,于是那男子便取黑烟在女面上画花纹,并教授其施术方法。此后,便产生了文身为美的观念。高山族平浦人"肩背手足皆刺花绣纹熏黑烟,以为美观"。又据传:昔时有两个男子在猎获的俘虏头上刺纹取乐时,发现所刺花纹不褪色,他们认为很美观,便也在自己脸上刺纹。从此又有了男子刺纹的习俗。② 许良国、曾思奇在《高山族风俗志》一书中指出:"泰雅人认为,刺面是一种最讲究的装饰,其美观远胜于自然美。在他们看来,身体刺纹的部位不长毛,不生皱纹,能保持青春的美,这与其拔毛习俗也相印证。有的还用自己设计的花纹,刺在自己的手脚等部位上,以便易于引诱异性的注目。"③凉山彝族女青年也把文身看作是一种装饰。小姑娘七八岁时,开始刺墨针,17岁以后不再刺。一般是每年刺几个花纹,二至五年刺完,昭觉、四开等地区的彝族女子普遍文身,多刺于手臂、手腕处,一伸手便显露于众。若某一女无墨纹,便自觉不完美,于是姑娘们便争相文身。若纹线不明显,还要重新刺纹。[①]

从对上述事例的分析可见,文身既是一个原始社会的宗教活动,也是一个由生物个体变为具有某种宗法和宗教特征成人的仪式活动,也是取得婚姻和性生活权利的一种仪式性活动,所以文身是一种青春祭祀仪式。后来,在有的地区,文身表现为一种青春的美,并以此作为求爱的方式,而在许多地区,文身本身就是一种成年的礼仪。

三、成年仪式的荣辱标记

从文身现象的多学科研究中我们可以看到文身文化的多元特征,但是,不论是哪个民族,无论是在什么年代的文身现象,似乎都与青年人的活动有关,这就不能不使我们认真地考虑,这种刻在人体上的标记在青年成长中的功能是怎样的。

文身是一种原始文化的现象,是一个与青年成人仪式有关的文化现象。一些民族的文身除了与他们所生存的环境有关,而且与他们的社会活动有关,《淮南子·泰族训》中讲:"刻肌肤、镵皮革,被创流血,至难也,然越为之以求荣也。"这就是说文身是一种获得荣誉的标记。原始部落里,年轻人为部落战斗和狩猎负伤而留下的疤痕被认为是勇武壮美的男子的标志,这也可能是使残体装饰盛行起来的原因。

文身作为一种标记,是一种资格的认证。如高山族的文身就是以文身的图案作为某人的社会地位的符号。泰雅人就是高山族的族群之一。人口6.4万多,占高山族全部人口的 23.5%,是高山族中第二个大族群。居住于120个村落。据资料记载原始的"泰雅人男子刺颐是馘取敌首后方能取得的资格;刺腹是用规定的武器猎者方有的资格;刺胸、刺手只有猎敌首多者才有资格。女子刺脸是完成上衣浮纹的纺织后才能获得的资格;刺胸、手、腿是织布技术卓越,或是发明了新的织布花纹者才有的资格。赛夏人还具体规定,猎首两个者可在胸部刺横条纹,猎首三个者可于横条纹上加刺纵条纹。猎首的风俗革除后,便以狩猎代替。排湾人、鲁凯人、卑南人的贵族,则藉文身表示其与平民的不同,甚至以文身部位和花纹,来区别贵族间家族门第和个人尊卑的高低。凡贵族,男子皆刺胸背及臂部,女子则刺花于手背,以表示他们在社会上的特殊地位。文身权还可以用财物购买,一旦购得者,

---

[①] 戴平著.中国民族服饰文化研究.上海人民出版社,1999 年,第 22 页.

其社会地位便大大提高,并可以将文身权转让给女儿;也可以在女儿成年时,用财物购买文身权,作为给女儿的嫁妆。古老的文身之饰,随着社会的进化,对纯净的美的追求似乎不那么纯净了"①。战争、等级、地位、权利、荣辱观念,都在文身的纹饰之有所显示,从而使得文身之饰有更加深刻的意义。

文身是允许进行性生活和取得婚姻权利的一种仪式性活动。这种仪式性活动具有了宗法的和社会的意义,这是一种历史的进步。一个人能否经受文身的痛苦考验,这是证明他是否具有成人资格的一个手段。现代社会对青年人进行的各种各样的社会资格的测试和考验,其实都源于原始社会的一种青春礼成人仪式基本思想,但是我们现代人很少想到这一点,也很少反思我们现代社会对青年人拥有某种社会权利的考验和测试是否正确,是否还具有原始社会的那种严酷的形式。然而,可悲的是,文身这一原始现象,在现代社会中的一些年轻人和一些团伙组织、黑社会组织中仍可以见到,但现在的文身,不过想证明他们所拥有某种力量,所具有某种不同凡响的资格。

最早出现的是那种与图腾祖先同体的文身,并赖此发生魔力的保护神,后来才出现了具有避免蛟龙之害现实作用的保护色的文身,这也是一种历史的进步。也许这两种变化之间可能没有实质的联系,但是,多发生在青年人身上的文身似乎都与人类的自我保护有关。至于古代挹娄人②"冬以豕膏涂身以御风寒"更为直接地反映这种自我保护的意义。这种意义的文身习俗也给我们现代人一些启示,对处于青春期阶段和成长阶段的青年的生理方面的保护是我们应该十分关注的问题。

虽然文身现象具有多元文化的特征,而且有些文身的习俗可能与成人仪式没有关系,但是,因为文身多发生在青年人身上,所以这一文化现象自然会影响到青年人的文化适应。古今中外利用文身的方式,反映不同的文化风俗和对青年人的教育思想是非常之多的。

唐人段成式在《酉阳杂俎》③中记载了许多文身的故事和习俗。许多纳

---

① 参见戴平著.中国民族服饰文化研究.上海人民出版社,1999年,第24页.
② 挹娄是中国古代的一种民族,来源于肃慎。是继肃慎称号后使用的第二个族称,前后约有600余年(汉至晋)。公元5世纪后,改号勿吉。挹娄族之称出现于公元前2—前1世纪(西汉)。
③ 段成式.酉阳杂俎.二十卷续十卷.中华书局,1981年.

绔子弟、公子哥儿或街肆恶少、无赖地痞,他们的装扮通常是剃光头、胸前刺花、敞怀露体,依仗禁军的恶势力和封建特权,在乡间民里、街头闹市无恶不作,闹得市井鸡犬不宁。有自称王子者,"遍身周刺,体无完肤"。这样的文身风气反映了青年一种不良的文化适应的状况。

宋代岳母为岳飞背刺"精忠报国"的故事,是世人皆知。今天杭州西湖之畔的岳王坟前还有一副对联:"祭重褒忠,一卷吁天追王烈;字错涅背,千秋报国是前师。"写的就是岳母刺字这一感人至深的大义明举。涅字,亦称刺字,也是一种"文身"的方式。以涅字形之于一般人身上,以示某种志向和决心,这是后来出现的一种在人体上做某种标记以激励年轻人的文化教育方式。

另外,还有一种"黥墨"的"文身"方式,它是作为统治阶级的一种刑罚,强加在囚犯额头或面部的侮辱性记号。这种肉刑是以"刺配"的形式反映了一种统治阶级的刑罚制度。与此相反,澳大利亚人以及非洲的狄丁加族的战士、加里曼丹部落的勇士,都有绘身或文身表明获得某种荣誉和某种群体认同的情形。[①]

从青春仪式文身习俗的起源,到后来的多元文化的文身方式的出现,这种古老的文身文化随着文明的不断进步,现在正逐步走向更新的发展阶段,如人体绘画等艺术形式的出现等。[②] 总之,由图腾同体化的青春礼标记,今天已经发展为更多形式、更多内涵的人体标记,我们应当了解它们之间的内在联系和发展过程,从不同民族、不同文化背景下找到共同的规律和特征。

四、象征意义的人体标记

除了以文身形式作为成人标记以外,许多民族还用其他一些方式在人体上做各种标记以表示成年的到来。中国古代的濮僚族人行成年礼时,无论男女都要敲掉两颗门牙。仡佬人就是其中的一支,因此,他们有个别称叫"打牙仡佬"。[③] 巴厘岛的居民至今保持了成年锉牙的礼俗。无论男女青年,在行成年礼时,都要把门牙和犬齿锉平。在当地,只要看到门牙、犬齿牙

---

① 参见赵勇先,朱士骧.世界最新趣闻——社会奇观.新华出版社,1995年.

② 如今在欧美流行的"前卫美容术",就是这一古老文化的最新形式。化妆师们别出心裁地把人体作画布,将衣服直接画在人体上。他们先是在人体上涂上淡淡的底色,然后再根据需要涂上不同的颜色。最后在绘好的图案上贴上亮片、纽扣、珠宝饰物,加上灯光的作用,可以收到以假乱真之效,而对这一新的"文身"文化最感兴趣的还是广大青年。

③ 参见田晓岫.贵州民族研究.23卷4期.2003年,第55—59页.

平的人,便是成年人。日本的倭族人,不是打牙和锉牙,而是染牙。《日本考》上记载:在十四五世纪时,日本的男子,只有士官和首领子弟享有成年染牙的"特权",而女子则不论贫富,成年均须染牙。

在举行成年礼时,除了文身和在牙齿上做些标记以外,还有许多其他的做法,马绍尔群岛的居民,男女长到十五六岁时,都要举行"思春礼"。在仪式上,男的必须剃掉额发,女的必须剃掉眉毛,染黑牙齿。成年标志更为奇特的做法是南美的博托卡人。但凡孩子长到七八岁,他们认为应行成年礼时,族中的长老都要给他们在下唇刺孔,装上一个唇栓,以后,随着年龄的增长,唇栓逐渐换大,直至直径 4 英寸左右为止。

在举行成年礼时为什么会在人体上做这么多奇怪的标记,一些学者也有许多不同的解释。有的学者认为:"身体敷痕、结发、镶唇、穿鼻、毁齿,也为图腾民族模仿图腾的身体装饰。"[①]有的学者指出:"非洲人身上的疤痕和疮肿,除了具有深刻的宗教意义外,增进男女之间的性欲也是一个重要的内容。"[②]还有的学者认为在人的身体上做各种体标记,除了"要测验这候补人有无成年人的忍耐力"之外,"是要用一种不可磨灭的标记证明他的部属关系"。[③]

无论学者们对人体标记最初产生原因的解释是否正确,但是在举行成年礼时,在人的身体上着上标记,一方面容易识别,另一方面又可以永久性保留,且着上代表本部族标记的符号是一个十分有意义的事情。

在人体上做具有某种象征意义的成年标记的意义是多方面的,首先,这种做法可以使青年人经受某种意志品质的锻炼,因为无论如何在自己身体的某一部位做些刺伤,都会带来一定的痛苦;其次,做人体标记可以增加对本部族和本群体的认同感和凝聚力;再次,这种可以永久性保留的标记,可以使你永远记住在成人礼仪上所受过的教育。这些具有象征意义的人体标记在成年礼活动中保留下来,这对我们现代的青年教育活动也还是十分有价值的。

在有的国家,已经将成年礼发展成了地区性的或全国性的节日庆典。如巴西的沙万特民族的穿耳节(又称牺牲节),就是男少年的成年节。在节

①　岑家梧.图腾艺术史.学林出版社,1986 年,第 39 页.

②　俞松年.异国风情录.科学技术文献出版社,1984 年,第 150 页.

③　格罗塞.艺术的起源.商务印书馆,1987 年,第 55—56 页.

日庆典过程中,要对受礼者进行多种严酷的考验。首先,他们必须连续在江河里呆上十昼夜,还要按一定的节拍不停地打水。出水后,他们一块儿坐在仪典场的席子上,由族中老人用雪豹后腿骨做成的针在耳朵上穿孔,然后插上一根长 20 厘米左右的耳棍。这就是这个节日别称的由来。穿耳后 24 小时,他们手持父亲授给的大棒到仪典场集合,抱一段两头用雄鹿角装饰起来的树干歌舞。按规定,歌舞须持续 18 个小时。接着,他们每人要扛一段七八十斤重的棕木步行 28 公里。最后,用脚打拍子,唱一整天的歌。在举行节日仪典期间,全族上下都要着盛装,像过年节一样欢庆。①

对成人仪式中的人体标记的历史学和民俗学考察意义很大,但并不是说我们现代青年教育中应增加古老的成人仪式的内容,而是说在现代青年教育活动中应重视仪式活动的新鲜形式,因为它适合青年人的特点。当然我们不能采用古老的、严酷的原始做法,而是要以某种奇特的、新鲜的方式,融入现代教育的内容,使青年人受到内容广泛、意义深刻的特定仪式活动的教育。

第二节　奴隶和封建社会成人礼的衣着佩饰

如果说身体标志主要是与原始青春礼相适应的成年礼仪,那么,衣着佩饰的成人标记的出现主要是与奴隶和封建社会的成人礼相适应的成年礼仪形式。成人礼仪标志由身体标志向衣着佩饰标志的转变是历史文明的一大进步,它减少了身体标志的神秘性、严酷性,但也增添了奴隶和封建社会的宗法性和等级性特性。

一、从"图腾信仰"到成人标记的过渡

图腾同体化现象在我国许多少数民族的服饰上有明显的表现,以图腾崇拜的动物形象绣制在衣服上,以羽毛、树叶等装扮成图腾姿态,以布料和其他材料制成图腾形状的头饰和鞋帽等。一些少数民族或模仿图腾体肤而断发文身,或在服饰中绘绣某种图腾的图案,以象征图腾动物的形状,这些都是青春礼图腾同体化的原始遗存。

民族服饰中的图腾崇拜最初有生殖崇拜的遗痕。原始人崇拜自然山

---

①　吕银春.印第安人习俗.拉丁美洲丛刊,1980 年第 2 期.

水,崇拜动物植物,崇拜祖先,往往都与生殖崇拜有关。生殖器起先是生命的自豪和希望,它们被崇拜为神,它们把具有原始功能的神性传导给所有开始掌握知识的人类。

生殖崇拜表现在石器或陶器上,有纹饰鱼、鸟并存,或鸟啄鱼、鸟衔鱼的图案,这是男女性交的象征。在贵州台江县苗族妇女的服饰中,绣着"鸟龙"的图案;在两龙交媾的图案旁边,还绣着两只玄鸟,这清楚地显现了鸟与生殖崇拜的关系,体现了对男性生殖器的崇拜。高山族妇女服装上绣有图腾百步蛇的纹样,并有两头蛇的图案,其实也是两蛇交尾的意思。在雷山县一带的苗族妇女服饰中,也多绣有"鸟龙"、"鸟鱼'、"鸟占牡丹"、"鸟啄石榴"等图案,其中"牡丹"、"石榴",也都隐喻女性。因此,其原始意义也在于生殖崇拜。① 黄平苗族妇女的凤冠,也有生殖崇拜的寓意。黄平苗族的凤冠是用银制的,由数百朵精致的四瓣圆形小花扎于半球状的铁丝箍上,形成半球形冠。冠顶中央插有一银凤鸟,凤鸟两侧插有二至四只形状不同的小鸟。凤冠正面挂着三块长短不一的银牌,银牌上的花纹是"双凤朝阳",置于"二龙戏珠"之上。以凤(鸟图腾)作为银冠的主体,佩戴在姑娘的头上,也含有把生殖繁殖看成至高无上之意。②

随着文明的进步,图腾同体化的衣着佩饰逐步有了更多的寓意。服饰后来与巫术礼仪活动产生了密切的关系。无论青春礼还是各种巫术的活动,都离不开歌舞;而巫术歌舞要打动人心,要引起旁观者的虔诚膜拜,就离不开主持者的装扮。服饰成为巫舞文化的载体,那些主持此类活动的人物,不论是族长、巫师、萨满,或是某神的代表,都要经过一番精心的装扮,然后进行化身表演。那些图腾崇拜、巫术礼仪的主持者的服饰,往往是集中了民族服装中最为典型的部分。

图腾同体化的衣着佩饰与青年人的成年仪式也有着密切的关系。云南攸乐山区的基诺人,行过成人礼的少年男女,上衣都绣有象征月亮的花徽,同时佩戴绣有月亮的标徽。没有这个徽记的少年们不准谈情说爱,也没有讨论村社事务的权利。现在的基诺族虽然离图腾时代已经久远,但其标志仍有图腾之遗意。③ 基诺人的月亮花徽是基诺族图腾崇拜的产物,是对图

---

① 戴平著.中国民族服饰文化研究.上海人民出版社,1999年,第102页.
② 戴平著.中国民族服饰文化研究.上海人民出版社,1999年,第102页.
③ 戴平著.中国民族服饰文化研究.上海人民出版社,1999年,第373页.

腾的朦胧追忆,但是,这种"图腾"的标记,已经不是图腾同体化,不是神人一体化的成人标记。虽然那些祖神、保护神在崇拜者的意识中仍具有避邪、消灾、祈福的作用,但是这些神秘的力量不是来自于一个神灵的再生,不是来自于自身的神秘的人格力量,而是来自于外在于个体之上的一个超自然的力量。

随着历史的进步,图腾的标记不仅与自己的肉体分离,被绣在衣服上,而且有的就成为一种简单的佩饰或祖传的饰物。我国广西的畲族人是以犬首杖象征祖先的崇拜标志。犬首杖,又传是龙犬的龙首杖,即每个姓氏家族都以龙犬为始祖信仰。都存有一根金箔朱漆的木杖,顶端刻成犬首形象或龙头形象,作为祖先象征,俗称"祖杖",是祖先崇拜的神圣物。平时用红布袋收藏,祭祖时展示敬奉。举行成人礼时,成丁的少年要在巫师引导下,把写有自己法名的红布挂在祖杖上,就可以取得传代继嗣的资格和家族正式成员身份。① 可见,这些成年标志已经具有了宗法、宗族的意义。

以上这些成人仪式的符号标志毕竟还表现为一种由原始青春礼向宗法社会的成人礼过渡的性质,还没有摆脱神灵崇拜、图腾崇拜的影响。而在封建宗法制度下,人们的思想、意识、精神虽然还受到宗教情感的束缚,但是,在家庭和家族的现实生活中,人们已经更加重视人类自身的力量,反映在人们各种礼仪活动上也变得比较简单,容易理解。

尼泊尔的廓尔喀人,在男少年成年时,家长都要送给他一把弯形的腰刀。从此,他出门时,总要佩在腰间,以示荣耀。非洲大沙漠的杜吉阿勒族男少年,16岁时,父亲都要授予他一块面纱,贵族子弟是白色的,平民子弟是黑色的(或蓝青色的)。这个面纱将同廓尔喀人的腰刀一样,陪伴他终身。杜吉阿勒族是现代世界男子唯一戴面纱的民族。②

台湾的曹人、布农人以皮冠和黑头巾作为男女少年成年的标志。在"举行成年礼仪这一天,少年们聚集到会所广场,由一老者代表用藤杖鞭挞其臀部,给予训诫。少年们受训后从会所出口处退下,由另一位老人率领来到部落头目家门口,由头目赐酒,少年们一一从头目手中的酒瓢中饮酒一口而退,立即回到家中,戴皮冠,更换成年服饰,然后巡行社内一周。当天晚上少

---

① 乌丙安.中国民间信仰.上海人民出版社,1996年,第137页.

② 逐浪网.寰宇风情.http://book.zhulang.com/28759/903931.html.

年们即聚会歌舞,以示庆祝。少年女子成年者,也于傍晚各备一条黑头巾,纷纷集合到头目家,由头目的妻子为她们缠头后,头目妻子便手持火把把她们带到会所广场参加歌舞晚会"①。

在我国云南永宁纳西、普米等族流行着"穿裙子"、"穿裤子"的成人礼。男女 13 岁前都穿麻布长衫,不着衣裤,至 13 岁时则行穿裙子、穿裤子礼。届时,家庭主要成员围火塘而坐,摆上祭品。女孩站在女柱旁,男孩站在男柱旁,手拿银元,双脚分别踏着一个猪膘和一袋粮食,象征孩子日后富裕。女孩由母亲帮其穿裙子,男孩则由舅舅为其穿裤子。穿着完毕,孩子祭拜,长辈赠以礼物,表示祝贺。②

在凉山彝族流行的女孩成年礼是"换裙礼"。彝语称"撒拉",俗称"换童裙",意为脱去童年的裙子,换上成年的裙子。其仪式一般在 15 岁至 19 岁之间的单岁举行,忌双岁。换裙前,父母为女儿准备好花边、黑色哈帕、新裙、颜色各异的珠子和领上的银牌等,然后请老人推算吉日佳期。行礼时,富户杀猪宰羊,大宴宾客;穷户至少也要杀鸡泡酒招待亲邻。举行换裙仪式时,不许男子在场,只准妇女们向换裙者逗笑祝愿。受礼者由妇女为其梳头,戴哈帕,换百褶裙。仪式结束后,男子方可参加。大家席地而坐,开怀畅饮,呈现出一派欢乐气氛。③

衣着佩饰的成人标志充分反映了人们现实生活的内容,虽然有的礼仪形式还有一些神秘的色彩,甚至有的礼仪活动也还是一些宗教性质的活动,但其仪式标志的内容则更多地反映出家庭和家族的长辈对青年人的希冀和要求。例如,我国瑶族青年的成人礼是以帽子和头帕作为标志的,但瑶族"成人礼"要举行"度戒"(又称"过法")的宗教礼仪。通常男子在 16 岁至 22 岁之间举行。仪式由"戒师"主持,有"大度"、"小度"或"度天戒"、"度地戒"之分。"大度"通常由 7 个戒师主持,"小度"通常由 5 个戒师主持。度戒期间,受戒男子须在戒师住处吃住,不得出门,不可见天,除戒师外,他人不得与之讲话。入夜,戒师向其传授各种宗教礼仪和课目。度戒时,先搭一巫

---

① 许良国,曾思奇.高山族风俗志.中央民族学院出版社,1988 年,第 110 页.

② 中国民族简介 5. http://hi. baidu. com/wyvern0807/blog/item/5f048722444929f2d7cae2fb. html.

③ 奇特有趣的婚恋习俗——少女换裙礼. http://www. jcnews. com. cn/Html/jy_hy/2006-10/28/190751312. html.

台,让其发誓:不杀人放火,不偷盗抢劫,不奸女拐妇,不虐待妇女,不陷害好人,不做官欺人等。宣誓毕,戒师掷火于水碗内,表示如有违誓,命运将如同火入水而灭。然后,受戒者全身蜷曲,两手交叉紧扣膝盖,置头于两膝之中,从巫台上一滚而下。度戒后,其即取得成人资格,可参加各种社交活动。① 可见,青年戴上帽子和头帕就成为了成年人,而成年人就要遵守一些族规和各种戒律,而这些戒律就是人们日常生活的道德规范。

二、"冠礼"的礼制和宗法本质

在中国,封建社会成人礼的典型形式就是冠礼。"冠,弁冕之总名也。"(《说文》)冠从"元"(人头),从"寸"(手)。意思是:手拿布帛之类的制品加在人的头上,即"冠"。"冠,至尊也。"(《礼记·问丧》)②冠冕就有比喻受人拥戴或出人头地的意思。"冠冕之盛,当时莫与比焉。"(《北史·寇洛等传论》)所谓冠冕堂皇就表示了人的一种光明正大、尊贵严整的状态。在中国古代有二十而冠的说法,也就是说,只有在加冠之后才有成人的资格,所以冠礼是衣着佩饰作为成人标志的最突出表现。

冠礼一般在家庙举行,虽然带有神秘形式,需要占卜起卦,但毕竟已演化为一种世俗社会家族和家庭的宗法礼仪。据《郑氏家仪》中的记载:吾家子弟,年十六许行冠礼。皆要通背四书五经正文,讲说大义,否则直至二十一岁,必父母无期已上丧,始可行之。先期告于祠堂,家长率将冠者,设肴馔果蔬,焚香点烛,再拜。家长致齐于筵,跪。执事者进齐,家长灌齐于茅,执事再斟酒读祝。维年月日,孝孙某敢昭告于祖称之前,某之子某,或从弟从侄某之子,年已长成,今选吉日,加冠于其首。谨以酒肴,用申虔告,敢告俯伏。兴,再拜而退。③ 这一段的意思是说,我们家的子弟,年龄到十六岁就允许行冠礼。但都要能背诵四书五经的正文,讲说出其大义,否则直到二十一岁,但必须父母没有期限以上的丧事才可行冠礼。事先禀告家祠,家长带领将行冠礼的子弟,设饭菜果品,烧香点蜡,再拜神位。家长向筵前致酒,然后跪下。主持人进酒,家长浇酒于茅沙上,主持人再斟酒读祝辞:"在某年某月某日,孝孙某在祖先神位前禀告,某的儿子某,或者从弟从侄某的儿子,已

---

① 服饰鲜明的民族——瑶族. http://www.ynok.com/web/ynmzdg/2004－05/1083836700. html.

② 陈戎国点校.周礼·仪礼·礼记.岳麓书社,2006 年,第 441 页.

③ 周秀才编著.中国家训大观(上).大连出版社,1997 年,第 297 页.

长大成人,今天选择吉日,加冠于其首;谨以酒菜虔诚禀告,俯伏听命。"起来,再拜,然后退下。冠礼是封建社会宗法制度化的礼仪。宗法制度是调整家族关系的制度,它源于氏族社会末期的家长制,到封建社会已具有了完备的形式。依血缘关系分大宗和小宗,强调前者对后者的支配以及后者对前者的服从。封建社会凭借血缘关系对族人进行管辖和处置的制度,是统治阶级维护政治和社会秩序的重要手段。而冠礼则表征一个人在成年时候的宗法社会地位,因此,冠礼具有确定一个人成年资格及其权利义务的功能。

冠礼体现了成人礼仪的宗法制度和等级特征。一般来说,行冠礼要施行加冠三次。第一次加冠是给冠者戴上缁布冠——一种用黑麻布制作的帽子,与此相适应冠者可以穿上与帽子相配的衣裳、鞋子;再加礼时,给冠者戴上皮弁冠(用白鹿皮缝制的,和瓜皮帽相似),穿上麻布衣裳;三加礼时,给冠者戴上爵弁帽(一种用黑红色细麻布制成的帽子,顶上有一块宽8寸、长1尺6寸的木板,形似皇帝所戴的冕),换上丝质衣服。

三次加冠,这样就可以有三种不同等级的礼服,一次比一次重要。有了这三套服装,他就可以参加各种场合的活动。① 古代未成年的孩子称为童子,是不能穿戴以上所说的服饰的。据《礼记》上记载:"童子之节也:缁布衣,绵缘,锦绅,并纽,锦束发,皆朱锦也。肆,束及带,勤者有事则收之,走则拥之。童子不裘不帛,不屦绚,不缌服,听事不麻,无事则立主人之北南面,见先生,从人而入。"而在行冠礼之后,成年人的衣服穿在身上,自然会在仪表、风度、言谈举止上约束自己。一次重于一次的加冠礼,不仅使冠者意识到自己将要承担更大的责任和义务,而且也显示了一种荣誉和等级。

《礼记·曲礼上》曰:"男子二十,冠而字。"即是说,男子到了20岁,谓之成年,要行加冠之礼。中国汉族最早的冠,是加在发髻上的一个小罩子,有笄与发髻相栓,并有缨结于颌,与今天的帽子不同。秦汉以后,其名目与形制日益复杂,名目繁多,纯属用来区别官阶的高低。普通百姓不能戴冠,只

---

① 流行于朝鲜族的"成年礼",也称为"三加礼",第一次加冠称初加,主礼者先给受礼者结发髻,罩网巾(网巾罩在头上,使头发不散乱),加冠。同时换上深衣。朝鲜族的深衣,是指成人穿的一种上衣,袖管宽大,以白麻布为面料、黑缛装饰衣边的一种衣服。几天后,择吉日举行再加。把初加时戴上的冠巾取下,换上纱帽,脱下深衣,换上襕衫,并系上冠带。三加时,则加上幞头,在襕衫上系上带子,穿上皮鞋。之后,受礼者至祠堂向长辈敬礼。至此,三加礼结束。同样,三次加礼也是一次比一次等级提高,逐步确立一个人的等级地位。

能用帻。关于帻与冠的区别,《东汉会要》解释道:"帻者,赜也,头首严赜也。至者文乃高颜题,续之为耳,崇其巾为屋,合后施收,上下群臣贵贱皆服之。文者长耳,武者短耳,称其冠也。"应劭的《汉官仪》说得更清楚:"帻者,古之卑贱执事不冠者所服也。"巾帻一般衬在冠的下面。冠的种类繁多,收进《汉书·舆服志》里的就有:通天冠、法冠、武冠、爵弁冠、皮弁冠、长冠、进贤冠、远游冠、却敌冠、樊哙冠、鹖冠等 18 种。各级官吏,按照他们的不同职务、级别,戴不同的冠帽。而衬在里面的巾帻,也不能乱用,如文官戴进贤冠、衬介帻;武官戴皮弁冠时,只能用平上巾帻。

　　"冠礼"是一种成人礼,也有许多的礼制和礼仪,长期以来这种礼制和礼仪对中国各民族服饰文化也造成了很大影响。许多少数民族帽子的形式有许多讲究,塔吉克族成年男子一般戴黑绒圆高筒帽,帽内是黑羔皮;青少年则戴同样的白色帽。塔吉克族妇女戴的圆顶绣花帽,塔吉克语叫"库勒它"。柯尔克孜族男子常戴一种丝绒圆顶小帽,有些帽子周檐上绣有四组金线或银线的花纹。年轻人的帽子多为深红、墨绿、紫、蓝等色,年长者多戴黑帽。柯尔克孜族小姑娘在夏季戴一种宽边圆顶小帽,一般用大红、紫红绒料做成。已婚妇女则多戴白色绸做成的"艾勒切克帽",这种帽子高毡胎,大红面,呈圆形,上面一般用串珠缀成蜂房形图案,上、下边缘和图案空隙处用大小不同的贝壳扣缀满,还有花丝带。帽前两侧边缘用彩色串珠和小银饰缀成数排,佩戴时下缠衬长长的白纱巾,两耳边还有尺余长的串珠和嵌花纹的银饰。藏族的帽子,多达几十种。农牧民一般爱戴金花帽,也有的戴去掉狐尾的狐皮帽,喇嘛戴僧帽。赛马节时,骑手戴蒙古王公帽,未成年的少儿骑手戴高而尖的白色绒帽。格萨尔艺人戴鸟羽毛,藏戏艺人戴扇形仙女帽,神汉戴有人头骷髅装饰的帽子,还有拓帽、兽皮帽等。维吾尔族人根据自己的年龄、性别、爱好和习惯选择不同的花帽。女性花帽鲜艳,男性花帽素雅,青年人花帽华丽,老年人花帽庄重,而孩子一岁前戴一种名叫"坡斯玛"的"朵帕",用较高档柔软的布料制成,既保暖又不影响发育。[①] 少数民族的各种帽子区分出年龄性别的不同以及各种等级、地位,特别是对青少年的冠冕服饰有独特的要求,这些都充分体现了衣着佩饰的教育功能。

　　中国传统社会的衣着佩饰,正是适应了等级森严的"礼"的要求。作为

---

　　① 参见戴平著.中国民族服饰文化研究.上海人民出版社,1999 年,第 345—354 页.

纲常礼教的礼制,不仅以三纲五常的规范作为主要内容,而且人们衣着佩饰的使用分配也作为重要内容。礼制对这些生活用品的规定周详而完备,诸如衣帽鞋袜的花色、品种、质料、造型以至色彩都有严格的等级之分。然而,在这样一种文化氛围内,天性活泼的青年人受到了如此多的约束,青年人要创造出属于自己的文化风尚是很困难的。

第三节 成年仪式姓名称谓的文化认同功能

成人礼的身体标志和衣着佩饰的标志都是有形的成年标志,而成年礼的姓名称谓是一种无形的仪式标志。成年称谓在原始青春礼、封建社会的成人礼和现代社会的成年礼中都有不同的功能,但对现代社会来说,一个人成年时的称谓更具文化认同功能。成年称谓的变化反映了不同社会、不同群体人们对青年人的不同看法和不同要求。

一、青春礼姓名萌生的原始宗教功能

姓名是在文明社会发展到一定历史阶段时的产物,是在人们的相互交往中逐步形成的。最早的姓氏萌生于原始部落,产生于氏族社会,是人们所出生家族的符号,有取自图腾的,有取自劳动内容的,有取自出生地特征的等。最原始的姓名具有神秘的本质。原始人把自己的名字看成自己灵魂的一部分。他们相信,由于恶意地使用某人的名字,他就一定会受苦,如同由于身上的什么部分受了伤一样会痛苦。

原始人对名字神秘信仰的影响是深远的,传统社会帝王的名讳百姓不可称呼是有历史原因的。在名讳方面采取一些保护措施是原始时代就有的现象。一些原始部落中既不能说出自己的名字,也不能说出别人的名字,尤其是不能说出死者的名字,甚至一些包含了死者名字的日常用语也常常废弃不用。涉及到谁的名字,就意味着涉及到他本人或者涉及到起这个名字的存在物。这意味着谋害他,对他这个人施加暴力,强迫他现身,这可能成为一种巨大的危险。

一般来说,在一个人举行青春礼时就获得一个新的名字,当一个人参加一个神秘社团时也会获得一个新的名字。获得新的名字是一件十分重要的事情。名字意味着确定一种亲族关系、一种特定关系,因而也意味着获得来自某种力量的一种庇护。姓名不只是区别一个人和另一个人的简单称谓,名字主要是由于亲族关系与出身的渊源和历史的表现。名字最早的使用是在特定的场域,特别是用于礼仪活动的。据有的研究者证实,在有些原始部落里,氏族成员的名字是有一定限量的,氏族中的每个成员一生只有一个名字。这些名字的拥有者组成了部族的贵族阶级。当氏族的成员从自己的长辈那里获得图腾,他也就获得了他的名字,而这位长者则失去了这个名字,获得一个所谓"老人名字"。这个名字就已经不属于那些组成部族的贵族阶级的名字了。[1]

无论是原始社会还是近代社会,给孩子取名号常常是与宗教活动联系在一起的,英国国教教会的教徒入会仪式就包括命名仪式。参加命名仪式的教徒穿着的服装要十分讲究,既要适合在教堂中的祭奠活动,又要适合参加仪式后的宴会。在命名仪式上,要先进行祈祷,读《马太福音》上的经文,作简明的解释,由教父母承诺履行教化的职责,使受礼者弃绝魔鬼污秽和一切邪行。在诵读《使徒信条》后,用圣水赐福,由教父母给孩子命名,获得教名后施洗礼,在孩子的额上划十字,请求主的护佑。命名洗礼结束后举行茶会和蛋糕会,孩子的父母、教父母及近亲属还会送一些礼物给孩子。给孩子送的礼物可以是各种珠宝饰物,也可以是将来实用的物品以及金钱等。命名礼是人生的大事、喜事,也是值得纪念的事情,许多地区还以植树等形式纪念孩子的命名,命名之事也可以在报章上宣告或在其他社交场合宣布。

在我国广西瑶族的"命名礼"就有独特的程序。瑶族各族系男子年满十五六岁举行"度戒"仪式。度戒就是要经嗬神请各神祇降坛、安名(替度戒者取法名)、喊村(报告村里有人度戒,并要由村内"过路",不准带残废的人观看)、路祭(当度戒者过路回家时,中途祭神)、跳舞唱歌(入夜跳度戒舞及唱度戒歌)等过程,这种度戒仪式历时两天三夜方告结束。由此可见取名号在人生中是多么重要的事情。[2]

原始青春礼上获得姓名的功能主要是赋予一个人宗教的特征,这其中内含神灵附体、亲族护佑、自我保护等多种功能,而人称区别功能、教育功能、社交功能、审美娱乐的功能则是后来社会历史发展过程中才逐步出现的。

---

①　列维-布留尔著.原始思维.丁由译.商务印书馆,1981年.
②　中国旅游在线 www.oljp.cn.来源:东方民族网 http://www.olfjp.cn/info/mf_1/200701040056555415.html.

二、成人礼姓名称谓的宗法功能

古今中外,无论是由于巫术信仰的影响,还是由于民俗风情的作用,人们都极其注重姓名符号的意义,因为这些符号反映了社会的文明程度,体现了民族文化某一方面的精神特质。中国文化本来有"名的文化"之称。在封建专制社会,统治中国人思想观念几千年的儒家学说也有"名教"之称,因此,在中国姓氏名号更受人们的重视。分析名的种类、性质,命名的方法,命名反映出来的情感意念,还有中国特有的避讳风习,都可以体现出姓名符号的宗法教育功能。

在中国古代的原始部落里,那时男子称氏,女人称姓,如燧人氏、伏羲氏、轩辕氏、有巢氏、神农氏等;而女娲、玄女、姬、姒、姚、姜诸姓皆女字边,则保留了母系氏族的以女为姓的特点。在中国母系为主的社会到尧舜时才逐步完成了向父系社会的过渡。在父系氏族社会,由于生产力的发展日渐加速,男子在农业、畜牧业和手工业等主要的生产部门中逐渐占据主导的地位,与此相适应,则男改为姓,女改为氏。随着国家和私有制的出现,由于授国封侯赐姓,财产继承转移的要求,使得姓氏越来越多,在我国秦汉以后,姓氏逐步合一。古文献中有关姓氏的著作很多。有《通志·氏族略》、《元和姓纂》、《万姓统谱》、《姓氏谱纂》、《姓氏录》、《千家姓》、《姓氏考》等。从这些研究姓氏的专著来看,姓氏是宗族、亲属血缘关系的标记符号,应列入"亲属称谓"之列。但是由于人们社会交往的需要,人们仅有姓氏还不够,还需要有更多的标记符号。

中国是个宗法观念极强的社会,各姓氏宗族的谱牒非常之多。这种宗法观念及与之相适应的制度也影响到了姓名的使用,许多大家族都用事先规定好的辈序起名,给初生儿命名时必须按规矩行事。比如有的用"国正永兴,祖德宗功,敬守先业,克振家声,世代荣昌"等具有教化意义的词句作为宗族的辈序,如白姓家族,辈序用字为"正大光明",每个光字辈的白姓族人其姓名都要用光,诸如光均、光兴、光汉、光文等。依这种方法命的名就叫"族名",也是正名之一。

按照中国的文化传统,姓与名是联系起来的,是每个人的称谓符号,在社会交往中起着不可替代的作用。在姓名中,姓是不可随意更动的,而在名字中要加上行辈字或字的偏旁部首,所以行辈字也有些规矩。如《红楼梦》第十三回中讲到"彼时贾代儒带领贾敕、贾效、贾敦、贾赦、贾政、贾琮、贾瑞、贾珩、贾珖、贾琛、贾琼、贾璘、贾蔷、贾菖、贾菱、贾芸、贾芹、贾蓁、贾萍、贾藻、贾蘅、贾芬、贾芳、贾兰、贾菌、贾芝等都来了"。在这里贾家的男子几乎全出来了,从文旁到玉旁到草头诸辈人等排行有序。一般的起名字的方法是姓氏后加行辈字再加名字就是一个人的姓名。

姓名称谓上的宗法特性表现为一人多名,但这也并不为中国文化所独有。"古代埃及每人也有两个名字,一为真名,一为好名;或一为大名,一为小名;好名或小名是公开的,真名或大名则是小心隐瞒,不让别人知道的。印度婆罗门的小孩每人也都有两个名字。相比较来看,中国人的名更多一些。"①《礼记·檀弓上》说:"幼名,冠字,五十以'伯''仲',死谥,周道也。"②就是说,人一生要有小名、字、尊称与谥号等四种名字、称号。其中姓名的称谓上的小名、乳名、奶名、幼名等在一定程度上也反映宗法特性。

小名也叫"乳名"、"奶名",是婴儿哺乳期所取的名。通常多取吉利字命名,如宝儿、贵儿、珠儿、玉儿等,在一些地区也有取"贱"名的习俗,以求免灾,好养,如大猫、二狗、大愣、二傻、虎子、柱子。传统的小名有越鄙俗、越粗野越好的特色。不过小名的鄙俗、轻贱并无消极的意义,而是于最难听处洋溢着父母的真爱。③

小名的使用有一定的规矩。就范围而言,小名仅限于在家庭中使用,只让父母兄弟呼唤,偶然也流行于亲戚和熟友之间,外人不能叫,晚辈也叫不得,但有的小名也有保护孩子的意义。《红楼梦》的第五十二回中,晴雯说话中叫了"宝玉",坠儿妈便说是犯了规矩,却惹出了伶牙俐齿麝月姑娘的一番数落:"便是叫名字,从小儿直到如今,都是老太太吩咐过的,你们也知道的:恐怕难养活,巴巴的写了他的小名儿各处贴着,叫万人叫去,为的是好养活,连挑水挑粪的花子叫得,何况我们?……"从这里我们看到一方面幼名称谓上的宗法规矩,另一方面也反映了幼儿称谓上神秘的自我保护的意义。④

古人的小名只用于婴幼时期,年长以后,不论长幼、内外,都是不该叫的,以示尊重。父母有时候当然可以叫其小名,但当着儿媳、孙子以及外人

① 乔继堂.中国人生礼俗大全.天津人民出版社,1990年,第96页.
② 陈戎国点校.周礼·仪礼·礼记.岳麓书社,2006年,第261页.
③ 乔继堂.中国人生礼俗大全.天津人民出版社,1990年,第96页.
④ 乔继堂.中国人生礼俗大全.天津人民出版社,1990年,第96、97页.

的面,也不该叫小名。①

三、成年礼称谓的社会文化功能

成年礼对受礼者的称谓也有许多种类,如"正名"、"学名"、"官名"、"族名"等。一个人长大成人后在各种社会活动中的礼仪称谓有很大的社会意义。

正名是人的大号,是在正式场合和社会活动中使用的名称。学名是儿童入私塾时老师给起的名,亦称"书名",以后应考、举士都用这个名字。学名、书名也是大名。"'官名'是老百姓的说法,是与'奶名'相对的。不过,它倒不见得只是当官入宦所用的名,而是泛指一个人在公开场合所用的名。过去,许多地区的农村老百姓终身沿用小名,只有读了几天书或稍稍见过世面的人才起官名,可见官名也是正名。"②

中国古代,虽然有学名、官名、族名、大名的不同,但在大多场合里,名称使用的区别并不大,在学校上学、科举考试、入仕做官以及宗族活动中都只有一个正名,也即大名,正名是普遍使用于各种场合的。不过,"当某人加冠取字后,别人就不宜再直呼其名,而应该呼字;自称时还用名。人死之后,后代要避讳使用其名,所谓'名终则讳之'"③。

除了在不同场合的礼仪称谓以外,中国人的姓名还有"字"和"号"之别。《礼记·檀弓上》讲:"幼名,冠字,周道也。"除了小的时候起名字之外,成年以后在举行冠礼时还要另外取"字",这是从周代以来沿袭下来的制度习俗。所谓"冠字",是说长到20岁,即要举行表示成人的冠礼时,要由父兄的朋友为之取字。《礼记·曲礼》上讲,"男子二十冠而字"。《仪礼·士冠礼》说,"冠而字之,敬其名也"。而女子则在十五岁举行笄礼时取字,《礼记·曲礼》上讲:"女子许嫁,笄而字。"④《白虎通德论·姓名》上说:"人所以有字何?冠德明功,敬成人也。"男子取字之后,表示已经真正长大成人了,人们就应该敬称他的字,不得再称呼其名。名与字相互比拟,以字释名,字雅名正,名正言顺。为了使名称更加准确有序,有在名后加"伯、仲、叔、季"表示辈份的,如伯禽父、仲尼父等;有在名字前加"子"者表示亲近的,如子产、子路、

---

① 乔继堂.中国人生礼俗大全.天津人民出版社,1990年,第96、97页.
② 乔继堂.中国人生礼俗大全.天津人民出版社,1990年,第96、97页.
③ 乔继堂.中国人生礼俗大全.天津人民出版社,1990年,第96、97页.
④ 陈戎国点校.周礼·仪礼·礼记.岳麓书社,2006年,第262页.

子夏、子贡等,而在后面加"子"者表示敬重那些有名望的人,如孔子、孟子、老子、墨子、曾子等。在名字的使用上虽然有这么多讲究,但一般在礼节上,自称或称呼下辈时用"名",称呼尊长时用"字"。

无论是幼年时取的小名,入学出仕时取的大名,还是成年礼时加的字号,都是不可以轻易改动的。在周代礼制中就有"更名否决"的制度,即名、字一经取定,就不得再作更改。《礼记·曲礼下》:"君子已孤不更名。"隋唐时期的儒学家孔颖达解释说,父没不可辄改为名谥之事,"已孤不更名者,不复改易更作新名",是因为名为父所起,父今已死,若更其名,似遗弃其父。周人有名有字,不仅由父亲所命定的"名"不得更改,就连由父亲朋友所取的"字"也不得更改。为什么"字"也不能改呢?《白虎通德论·姓名》上云"闻名即知其字,闻字即知其名",名与字的关系是"义相比附"。若改"字",则必影响"名",名在字存,字存名在,两者可谓"唇齿相依"。如若改字,不仅影响于名,而且也是对先父朋友的轻贱。"君子已孤不更名",反映了在成年称谓上的宗法特性和等级特性。《公羊传·庄公十年》上有如下说法:所谓"州不若国,国不若氏,氏不若人,人不若名,名不若字,字不若子"。按此之见,周代人名称呼的等级顺序从高到低为子、字、名、人、氏、国、州。

一个人出生时有乳名,入学出仕时有大名本来已经够复杂了,但中国古人还要在一个人成年时加上"字"和"号",这充分说明传统社会对青年宗法礼仪教育的重视。在人称称谓上不断强化一个人宗法观念的结果,只能是让他变得十分的谦恭、谨慎、安分、保守。最能表示一个人谦恭意味的就是人称,一个人有这么多姓名称号,那么在人们相互称谓上自然就十分地讲究。本来在汉语上,人称有第一、第二、第三人称的灵活变化,但是在中国古代一个年轻人在社会交往中是不可以简单使用这些人称语汇的,对长辈要自称为"晚生"、"小生"、"后生"等,就是对同辈也要用自谦之词,如"仆"、"愚"、"鄙"、"拙"等,而女性则要用"妾"、"奴家"、"小女子"等语汇,在这种语言环境中长大成人会是一种什么样子是可想而知的。

传统社会的成年称谓具有宗教功能、神秘的自我保护功能、宗法教育功能等,而姓名发展到现代社会不仅继承了原始社会、奴隶社会、封建社会成年称谓的各种功能,而且出现了一些新的文化的功能。比如更注重姓名的美学寓意,纪念意义,个性标识的意义。

现代社会,人们在孩子幼小的时候用小名,成年时候用大名,而大名的使用则更重视个性特征、纪念意义以及美好的寓意。如在不同历史时期出生的人起的名字具有时代特征,而在成年的时候作为称谓,就会具有历史教育的意义,如李援朝、王抗美、张文革、赵卫东等;根据美好期待所起的名字,在成年以后使用更能显示人生追求的价值,如李向阳、王幸福、张理想、赵美好等;根据希望成为具有某种个人特质所起的名字,在成年的时候使用就更能具有教育引导的意义,如李静、王聪、张爽、赵帅等。总之,现代成年礼符号意义的仪式标志包含了青春礼姓名萌生的原始意义,也包含了成人礼姓名称谓的宗法意义,还包含了现代社会人们成年称谓的历史教育、凸显个性特征、突出人生价值的意义,因此现代社会成年礼符号标志的意义应该是社会文化功能的实现。

综合本章所述,成年仪式标志是一种仪式象征物,它是指那些与受礼者直接相关的,直接作用在身体上、名誉上的标示成年的仪式标志。这些仪式标志不仅与成年仪式的结构相关,而且与成年仪式的历史发展过程相关。原始社会青春礼,主要表现为文身、割礼等人体标志,以发挥宗教信仰功能为主;奴隶和封建社会的成人礼主要表现为冠礼、穿裙礼等衣着佩饰的仪式标志,以发挥宗法教育功能为主;而现代社会的成年礼,主要表现为冠名、授予权位等法定符号的仪式标志,以发挥文化认同的功能为主(如图)。

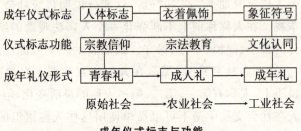

成年仪式标志与功能

按照上述思路,可以揭示不同历史时期成年仪式标志的主要形式和附属形式,以及所产生的主要功能和附属功能。如原始青春礼的仪式标志主要是人体标志,当然也有衣着佩饰和象征符号的附属标志,其仪式标志所体现的功能是宗教意义的功能,当然也有社会教育和文化认同的附属功能。通过在人体上文身现象的考察,可以发现原始青春礼的文身有最早的图腾同体化功能、生殖崇拜功能,生理保护功能,后来逐步出现了标记荣辱的功能、宗族文化认同的功能和现代社会的人体绘画艺术功能等。奴隶和封建社会成人礼的主要标志是衣着佩饰,也有附属的人体标志和象征符号的标志,其仪式标志所隐含的功能主要是宗法教育功能,也有宗教信仰和文化认同的附属功能。

通过中国古代冠礼的考察,可以发现,冠礼的主要功能是宗法制度、等级制度等宗法教育,也有宗教信仰和宗族文化认同的功能。现代社会的成年礼以象征符号为主要仪式标志,也有其他附属的人体标志和衣着佩饰的标志,其仪式标志的主要功能是文化认同,也有宗教信仰、宗族信仰、宗法教育的功能。通过对成年礼姓名标志的历史考察,可以发现姓名的萌生有原始神秘意义和宗教功能,后来阶级社会的出现,姓名的获取就有尊贵卑贱的等级地位和宗法特征。而现代社会的成年称谓则主要具有历史教育、显示个性特征、突出人生价值等多种功能,当然,现代社会成年礼仪称谓也不排除原始青春礼、宗法成人礼称谓上的原始功能,但它们已经成为一种附属的功能。

第三章　成年仪式的结构功能分析

　　成年仪式的结构是指成年仪式的各种要素内在关系的组合,是成年仪式的静态形式;成年仪式功能是指仪式活动对宗教信仰、社会教育、文化认同等方面的影响作用,是成年仪式结构的动态表现。对成年仪式功能分析的前提是对成年仪式结构有明晰的认识。如前所述,成年仪式主要有原始青春礼、封建社会成人礼和现代社会成年礼三种典型的形式,这三种形式分别具有不同的结构。原始青春礼主要是隔离结构,具有宗教信仰教育的功能;封建成人礼主要是过渡(阈限)结构,具有宗法文化的功能;现代成年礼主要是接纳结构,具有现代社会文化认同的功能。

第一节　成年仪式的结构要素

　　成年仪式的结构是由施礼者、受礼者、仪式象征物、仪式环境等要素组成,这些仪式要素在一定的仪轨作用下,共同构成仪式过程。对各个仪式要素的分析是揭示成年仪式功能的必要途径。

一、施礼者的作用

　　成年仪式的施礼者是指在一个人成年的过程中,为实现其人生转折,对受礼者和社区成员施加某些影响的仪式活动的组织者和管理者。成年仪式的施礼者是传统文化的代表,成年仪式的施礼者通过三种方式实现其功能,一是对受礼者赋予施礼者的社会价值观和道德传统;二是通过一定的仪式活动将他们所代表的价值观和文化传统传播开来,以形成对社区(族群)成员的影响,实现文化认同;三是展示成就,以实现对整个社会文化的影响。过去我们在成年仪式的研究中只注重第一种影响的研究,而忽略第二、第三种影响的研究,其实,有些成年仪式的第二、第三种影响的作用远远大于第一种影响。如一些大学生在毕业典礼上接受校长发给的毕业学位证书,从施礼者的角度来看,一方面他们要告诉学生将要走上社会,具有新的权利和义务;另一方面也要告诉学校所有师生要永远牢记学校的教诲,增加文化认同;还有一方面作用就是要向社会展示学校培育人才的成就和为社会做出的贡献。① 所以说成年仪式活动的功能非常广泛,我们不能只局限在受礼者本人,还应从受礼者所在的社区,以及在全社会范围的影响去看成年仪式的功能。

　　仪式活动的施礼者包括主礼者、司礼者、授礼者、参加者等不同身份的人,他们在成年仪式活动中有不同的地位。主礼者是成年仪式活动的主宾,如参加青春礼部落的酋长、宗法成年礼的族长、现代成年节的嘉宾等,他们参加各种成年礼主要在于其象征意义,他们是成年仪式所承载的传统文化的典型代表,他们参加成年仪式活动以示仪式的庄重、等级。司礼者是仪式活动的主持者,他们通晓各种礼仪程序、仪轨,他们是受过专门训练的人员,如宗教成年仪式的神职人员、现代成年礼的司仪。最典型的司礼者就是巫师。巫师是经过专门训练的通晓巫术的人。巫师在主持仪式前要节制性欲,进行斋戒,沉思冥想;巫师在仪式活动中要会念咒语,使用约物,操演各种巫术等。司礼者的任务就是要像巫师一样,将日常环境变成仪式的环境。授礼者是对举行成年礼的人直接实施礼制的关系人,他们可能是受礼者的长者、亲属,或有权力、资格、技能实施某些关键礼仪的人。成年仪式的授礼者可能是喇嘛、阿訇、神父、父母、舅舅等,授礼者与受礼者在文化上具有同一性的功能,信息的交融、能量的交换将是他们的主要任务。参加成年仪式活动的其他相关人也是协助受礼者实现人生转折的重要角色,如亲戚、朋友、邻居、舞者、傧相等。成年仪式活动的参加者可能是复杂仪式活动各种角色的扮演者,从根本上来说,是传统社会制度、结构的模拟者,是仪式环境气氛的制造者,也是同类文化模式共鸣的响应者。

　　成年仪式的施礼者尽管有主礼者、司礼者、授礼者和参加者的不同,但他们的角色扮演不是唯一的,主礼者也可能是授礼者、司礼者,也是仪式环境的参加者,但成年仪式施礼者的四个角色及其职能却是不同的,任何一种

---

　　① 本书是从广义的角度上研究成年仪式,入学礼、毕业礼、婚礼等青春期前后及青年成长过程中的仪式都是现代社会的成年仪式。因为这些仪式本身也是由原始青春礼和宗法成人礼发展而来,并带有成年仪式的原始特征。

成年仪式其主礼者、司礼者、授礼者、参加者的四种职能分工则是客观存在的。一个成功举行的成年仪式要有传统文化的典型代表,要有具有象征意义的礼仪程序,要有使受礼者实现良好人生转折的权威的人格力量,要能够模拟出社会的政治文化的体制和结构,这一切都需要主礼者、司礼者、授礼者和参加者的相互配合。

二、受礼者的地位

受礼者是指在人生转折的时期,通过某种仪式规范,获得一定信仰、权利、资格、义务的人。受礼者是成年仪式的目标对象,是成年仪式举行的必要条件。当然,受礼者在成年仪式活动中也不是一个被动的被模塑的对象,成年仪式的受礼者是实现人生某些转折的客观对象。一个人从出生到举行各种形式的成年仪式之前,他不可能是一个无知无识的个体。一个有思维、有语言、有文化规定性的个体,通过一个仪式活动成为一个新的个体,从而实现人生的重大转折,社会文明进步要求成年仪式要具备这样巨大的力量。仪式活动后要将受礼者变成社会所认同的新的个体,而仪式活动前个体不适宜新角色的那些文化特性则是最大的障碍。因此,古代成年仪式要通过对受礼者的隔离以净化他的心灵,使他成为没有任何文化规定性的个体,以便使受礼者通过仪式活动被模塑成社会所需要的成人。现代社会成年仪式没有古代成年仪式的社会功能强大,其原因之一就是现代成年仪式没有也不可能有对受礼者实现严格意义的隔离。现代社会的成年仪式要发挥理想的社会功能,就需要对受礼者早已形成的文化定势,特别是不利于社会发展要求的思想行为,通过仪式活动给以规范和纠正,而不是仅仅通过仪式活动告诉受礼者应该如何注重礼仪活动的行为举止,但这在现实中是十分困难的。

如前所述,现代社会的成年礼是一种主要具有庆典特征的,具有接纳功能,教育、娱乐功能,文化认同和文化创造功能的成年礼。现代社会的成年礼与古代社会青春礼、成人礼不同,不是将受礼者看成是一个被动的受模塑的客体,这应该是一种历史的进步,但对成年礼功能的发挥带来了巨大的影响。应当承认这样一个事实,现代社会青年性早熟,生理年龄提前,但社会给他们成人资格的时间却推迟,我们举行的各种成年仪式如果不能承认他们的主体地位,非但不能达到仪式活动的目的,还会引起青年社会适应中的冲突。因此,现代社会的成年仪式要实现传统文化与受礼者的同一,就不应是简单地直接同一,而应是在授礼者主导下,授礼者与受礼者相互影响下的辩证同一。在成年礼象征典型的确立、各种仪式规则的制定、社会体制结构的模拟等方面应有受礼者参与活动和象征代表。

　　成年仪式的受礼者不仅仅有正在接受礼仪的个体,还有即将接受礼仪的其他个体,虽然他们并没有处在人生转折的关键时期,但这一转折将来总会发生。这些出现在成年仪式上的未来受礼者也绝不是无关紧要的。如现代青年婚礼上出现的男女傧相,足球比赛入场式上被运动员手拉手领进运动场的小运动员,他们在各种礼仪活动中出现,绝不仅仅代表他们是将来被模塑的对象,而是一种社会文化模式和体制生生发展、连续不断的模拟再现。

三、仪式象征物的意义

　　成年仪式作为一项社会活动代表着人们对进入成年的个体的一种期望和要求,使他们能够拥有一个合格社会成员的权利和义务,然而,从原始社会发展而来的成年仪式要通过一个仪式使一个旧的个体变为一个新的个体,这本身是一件神奇之事。人的思想、观念、行为的变化都有一个过程,不可能通过一个仪式活动就使其发生本质的变化。成年仪式活动为了使人感受到受礼者发生了这样神奇的变化,就需要用仪式象征物代表这种变化,以强化参加仪式的人真实地感受到这种变化。仪式象征物本来是人类赋予灵物以神性,但是由于人们思维和认识上的局限,似乎仪式象征物真的具有可以强化授礼者的力量,可以使受礼者发生根本性变化的力量。

　　在中澳洲的部落中,在成年仪式上始终使用一种法器,阿兰达人称之为"储灵珈"。"它们由小块木头或小块磨光的石头做成,形状各异,但一般呈椭圆形或长方形"[①],"在每个储灵珈上都刻有表现该群体图腾的图案"[②]。"有些储灵珈一端有孔,其中穿有一根用头发或负鼠毛制成的绳子。它们能够在空中快速旋转,嗡嗡作响……这种震耳欲聋的噪音有仪式意义。"[③]阿兰达人认为,储灵珈的神性极强,"凡俗之人,即女人和尚未进入宗教生活的少年,不能接触甚至不能看到储灵珈"[④]。年轻人只有在完成成年仪式后才

---

① 爱弥尔·涂尔干著.宗教生活的基本形式.渠东,汲喆译.上海人民出版社,2006年,第108页.
② 爱弥尔·涂尔干著.宗教生活的基本形式.渠东,汲喆译.上海人民出版社,2006年,第109页.
③ 爱弥尔·涂尔干著.宗教生活的基本形式.渠东,汲喆译.上海人民出版社,2006年,第109页.
④ 爱弥尔·涂尔干著.宗教生活的基本形式.渠东,汲喆译.上海人民出版社,2006年,第109页.

可以接近。"储灵珈还具有各种神奇的性能：伤口与之接触便能愈合，特别
是由割礼造成的伤口；对疾病它也有同样的疗效；它可以用来使胡子生长；
它能赋予图腾物种以各种关键性能力，以确保其正常繁衍；它赐予人们力
量、勇气和毅力，而同时又能够压制和削弱他们的敌人。"①"就其本身而言，
储灵珈和其他木制品或石制品是一样的东西。它之所以区别于同一类的凡
俗事物，只是因为它上面画着或刻着图腾标志。因此，这一标志，而且惟有
这一标志，才赋予了储灵珈的神圣性。……储灵珈是祖先的栖魂之所，是这
些灵魂的存在带来了这种性质。"②

　　许多成年仪式上不仅施礼者使用仪式象征物，以表现他们的力量，受礼
者也有一些仪式象征物以代表他们的变化。如中国古代社会的成年礼用
"冠冕""发笄"象征他们的成年，而四川过去的摩梭人的女孩子以穿裙子、男
孩子以穿裤子为其成年的象征物。

　　吴晓蓉博士认为，"仪式中的作用者，可以分成有生命和无生命的两类，
有生命具体包括教育者和受教育者两类，无生命体泛指教育影响。……诸
如母屋、仪式中喇嘛所用的法器、达巴念诵的经文、火塘、锅庄石、房中的中
柱、火神、猪膘肉、粮食口袋、服饰等"③。这些无生命的凡俗之物在仪式中
都具有神圣的力量，这在我们现代社会的仪式活动中仍然如此，少先队员入
队时的红领巾，领取学位时的学位服，各种典礼上的徽章和标识等。这些物
品只有在仪式活动中才具有象征的功能，才具有巨大的社会规范力和强
制力。

四、仪式环境的特征

　　仪式环境不同于人们的日常生活环境，成年仪式对受礼者产生巨大影
响关键在于仪式环境的时空选择。仪式环境除了有施礼者制造的氛围、仪
式象征物的魔力以外，仪式环境物理空间的选择、设计都是很重要的。日常
生活环境的选择对人具有实用的价值，就是对人的现实生活具有方便、舒
适、美观的价值，仪式环境的选择更主要的是象征的价值，具有抽象的意义，
超时空的意义。但仪式环境的超时空和抽象的认识也不同于物理学、数学
对时空的认识。物理学和数学对时空环境的认识强调其同质性和同值性。

---

① 爱弥尔·涂尔干著.宗教生活的基本形式.渠东,汲喆译.上海人民出版社,2006年,第110页.
② 爱弥尔·涂尔干著.宗教生活的基本形式.渠东,汲喆译.上海人民出版社,2006年,第111页.
③ 吴晓蓉著.仪式中的教育.中国博士学位论文全文数据库,2003年,第14页.

自然环境的时空强调同质的测量维度和同值的测量尺度。而社会科学所强调时空环境是对人的社会生活的意义,仪式环境强调的时空环境不只是一个有长度、高度、宽度、质量的物理空间,更重要的是社区成员与周围世界关系的文化象征。

成年仪式环境是区别于日常生活的神圣环境,如宗教的教堂、村社的祭坛、宗族的祠堂或其他神圣的、神秘的地方。维克多·特纳曾在赞比亚的东北部恩丹布人中进行伊瑟玛仪式(Isoma)的研究。它的含义是"女人的仪式"或"生育的仪式"。一个女人如果忘记了祖先的阴影,他就会不育或过度生育(如生双胞胎)等,因此,需要通过仪式活动来恢复她正常的生育能力。成年仪式地点的选择只有通灵术士(diviner)才能设定。他可能把地点设在大老鼠洞边或大食蚁兽的窝旁。因为只有通灵术士才能知道是哪种动物藏匿了女人的生育能力。仪式活动的目的就是打开被封闭的洞穴入口,这象征着受礼者生育能力的恢复。举行仪式的洞穴入口一定是在溪水的源头,对妇女的诅咒是从那里发出来的。洞穴之口和溪水源头都是举行仪式的重要地点。在举行仪式前还要进行与日常生活隔离的仪式,受礼妇女要在她丈夫专门搭建的小茅屋中索居,并有一只白鸡养在这里,直到它生下第一只蛋为止。①

成年仪式举行的地点虽然是区别于日常生活环境的神圣的、神秘的环境,但也并非与日常生活环境截然分开,如果赋予日常生活环境以神圣意义,也可以使日常生活环境变为仪式环境。吴晓蓉博士在调查时发现,摩梭人举行成年仪式一般有三个环境,"一是母屋、二是天井、三是村寨"②,三个环境以母屋为核心。母屋是日常生活环境,而在举行仪式时就是圣洁的环境。母屋在设计、建造过程中隐含了许多意义。"家族中的任何一个人都与母屋与母屋中的任何一物发生着社会上的联系,长幼、主客、男女、社会分工、团体成员等之间的相互作用使母屋及其设置、母屋及其中的人发生着多重关系,反映着空间中各变量间的文化关系。""在母屋中有两根柱子,分别叫男柱和女柱,各自代表着男人和女人、姐妹兄弟,当然也可以是丈夫和妻子。两根柱子取自于同一棵树。"摩梭人对其做的文化解释是:"用两根柱子

---

① 维克多·特纳著.仪式过程——结构与反结构.黄剑波,柳博赟译.中国人民大学出版社,2006年,第21页.

② 吴晓蓉著.仪式中的教育.中国博士学位论文全文数据库,2003年,第122页.

在房屋修建中支撑房屋的物理学上的力学原理象征母屋中的男人和女人，应该像支撑母屋的柱子一样，成为家庭经济、劳力、人口繁衍、母屋兴旺的顶梁柱；用一棵树的上下两截系同根所生象征母屋中的男人与女人都是出自于同一个根根，出自同一根骨。同一根骨的人必须齐心协力，团结互助，必须为母屋的繁荣与荣辱共同承担责任。成年礼时换穿服装必须站在与之相属的柱子旁边，而且旁边放上猪膘肉和粮食口袋。母屋中的火塘、上下火铺、神柜都作为空间存在物与个体发生着密切联系，构成联系网络。"①母屋的整个结构呈"回"字形，"回"字形内口部分是从事仪式活动的场所。"整个房间的设计都适宜举行仪式活动。母屋房门框的顶部相当低，门槛又极高，门框与上门方之间的距离不足正常人的身高，进门之时只有低头弯腰方能入内，不能大摇大摆的直立而进。……当地人说，这样进屋其实是给祖母房中的老祖母、火塘神冉扒拉、锅庄石鞠躬，以示恭敬。"②

在母屋中进行成年仪式活动，可以通过男柱女柱的象征意义，强化人的性别意识、同根认同意识、共同支撑生活的意识；上下火塘的设计、屋门的设计、物品的装饰等强化社会结构的认识，尊敬长者、敬畏神灵的认识等。

仪式环境除了强调空间结构的象征意义，还强调时间条件的过渡价值。时间对仪式活动的价值是指某一特定时刻举行某一活动具有不同寻常的意义。"摩梭小孩举行成年礼时穿的新衣服，必须在举行仪式那年冬至的那天缝制的……之所以选择冬至那天，是因为人们认为冬至之后，天气渐渐会变得越来越长，那么孩子穿上在冬至这天缝制的衣服，孩子的生命也将和天气一样越来越长，人的生命就如同天气一样长久。"③仪式举行的时间常常同天象和星体的运行有关。许多文献记载，在一月之中，(月亮)亮一些的那半个月是用来举行有关吉兆的仪式，而暗一些的那些天则用来举行有关凶兆的仪式。冬至日、夏至日、春分日、秋分日，特别是它们的前夜，还有闰日、大的节日，都被认为是举行仪式活动的合适时间。

综上所述，成年仪式不同要素在仪式结构中有不同的作用和功能，它们的不同组合会形成不同的仪式结构，发挥不同的社会功能。成年仪式环境的选择和设计，会形成一定的隔离结构，发挥人格净化功能；成年仪式受礼

---

① 吴晓蓉著.仪式中的教育.中国博士学位论文全文数据库,2003年,第124页.
② 吴晓蓉著.仪式中的教育.中国博士学位论文全文数据库,2003年,第124页.
③ 吴晓蓉著.仪式中的教育.中国博士学位论文全文数据库,2003年,第127页.

者和施礼者关系组合,仪式环境和生活环境的相互渗透会形成阈限结构,发挥社会教育功能;成年仪式受礼者和施礼者社会地位的反向组合,会形成反社会结构,发挥社会平衡功能;成年仪式的时空环境、施礼者、受礼者不同组合,会形成稳定的社会结构,最终实现文化认同功能。如施礼者占主导时,传统文化认同;受礼者占主导时,未来文化认同;时空环境占主导时,现代文化认同。

第二节 青春礼的隔离仪式结构与宗教信仰功能

成年仪式最终要实现宗教信仰功能、社会教育功能和文化认同功能,但现实生活中人们已有的一些宗教观念、社会观念、文化习俗可能是实现成年仪式功能的一大障碍,因此对受礼者实施与现实生活的隔离,达到心灵的净化则是成年仪式活动的第一形式。对受礼者的隔离需要特殊的仪式环境,它既不同于人们的日常生活环境,也不同于一般的仪式环境,它应有独特的结构形式。这种独特的隔离结构形式具有宗教的特征。

一、青春礼隔离仪式的自然环境与仪式环境

如前所述,仪式环境不同于人们的日常生活环境,虽然有时生活环境也用作仪式环境。当生活环境的物理空间和环境条件被赋予许多神圣的、神秘的象征性文化内涵时,才可以用作仪式环境。但对受礼者实施隔离的仪式环境则一定不是现实的生活环境。尽管可以赋予现实生活环境以象征意义,但用在隔离仪式上仍是不可以的,隔离环境对于受礼者应是全然陌生的环境。成年仪式对受礼者实施隔离的目的是要实现人格的净化,但从隔离的结构形式来说却有许多不同:隔离环境可以有施礼者参加,也可以没有施礼者参加,可以有仪式象征物,也可以没有仪式象征物,隔离环境对于受礼者来说是全新的环境。没有施礼者参加,也没有仪式象征物的隔离环境,对受礼者具有独特的意义,青年被送到大山里或一片森林中去,在那里过着与世隔绝的生活,信守某些禁忌、斋戒,隔断同过去的任何联系,然后回到部落,再举行神秘的宗教仪式,成为部落群体的成员。原始时代的成年仪式,在古代的一些神话传说中我们可以看到这方面的一些深刻寓意。在奥林帕斯山上的神祇,古希腊的神话或其他文明中的英雄故事大都有这样的描写,英雄少年漂亮、强壮、充满人情味,他在各方面与众不同。英雄少年首先要

与家人分开,来到一座密林之中或荒无人烟的地方。他历尽艰险,在这里他会得到仙人的帮助,他必须通过一次路途十分艰难遥远的长征,用他的臂力和智慧来制服恶人。他英雄无敌,智力超人,他会赢得少女的喜爱,成为国王的女婿或自己成为国王。尽管故事跌宕起伏,情节变化多样,但是大都没超出成年仪式研究的一般模式,离开家庭,到各地去旅行,经受各种磨难、考验,做出辉煌业绩,获得人们的认可,成就美满姻缘等。①

隔离仪式环境除自然环境以外,也有人为创造的仪式环境,即专门为被受礼者建造的环境,如前面所提到的恩丹布人进行的伊瑟玛仪式中,受礼者的丈夫专门为不育或非正常生育的妻子建造的小茅屋,并饲养一只白母鸡,白母鸡第一次下蛋后,方可结束隔离②,这是一个离群索居的环境,绝非日常生活环境,它是专门为仪式活动建造的环境。③

二、隔离仪式的多种文化解释

为什么要对青春期的孩子隔离? 它的功能是什么? 对此有多种文化的解释:第一种解释是隔离意味着生者死去,以便于全新的个体的再生。因为一个人由出生到进行成年仪式,已经有现实生活的事实,尽管年龄尚小,但在一个人幼年的生活中已有生者的观念,这不便于成年仪式中新个体的产生,因此,要通过隔离宣布已生者死去。在不列颠哥伦比亚的卡勒印第安人中,对进入青春期的女孩要经过三至四年的隔离时期,这种隔离过渡仪式被称为"活埋"。在这一期间,女孩子要独居荒凉的旷野,远离熟识的小路,在用树枝搭成的小棚里生活。④

对青春期孩子隔离的第二种解释是出于生殖禁忌。青春期到来以后,人的身体发育成熟,身体长高,体重增加,男子出现遗精,女子月经来潮等,这些第二性征的出现往往会使人们感到十分惊异和恐怖,人们通过隔离等仪式活动,以表达对这种自然生理状态的反映,因而也就有许多生殖禁忌产

---

① 参阅古斯塔夫·施瓦布.古希腊神话故事.曹乃云译.译林出版社,1995 年 5 月.

② 维克多·特纳著.仪式过程——结构与反结构.黄剑波,柳博赟译.中国人民大学出版社,2006 年,第 36 页.

③ 在中非曾经有一种"养胖房"的专门的成年仪式的环境。在那里,女性是以肥胖为美,进入青春期的女孩被隔离,她们被养在一个专门建造的养胖房里,有时长达数年之久,让他们吃甜食和高脂肪的食物,不许进行任何活动,并孜孜不倦地以油擦身。在此期间,她们接受有关未来职业的教育,她们用隔离的办法以养胖身体,并以嫁给自己引为骄傲的新郎而结束隔离生活。

④ 露丝·本尼迪克.文化模式.华夏出版社,1987 年,第 22 页.

生。在不列颠哥伦比亚的卡勒印第安人中,对女孩青春期的生理变化的恐惧与厌恶达到了极点。进入青春期的女孩在用树枝搭成的小棚里,要经过三至四年的隔离时期,用皮制大头饰物盖住她的脸与胸部,一直拖到背后的地上,手臂和大腿等处用腰带绑上,以抵御充满她全身的邪气。人们认为,女人的污秽不但对她们本人是一种潜在的危险,而且会影响到他人,她的足迹会玷污小径和河流,任何人对她瞥上一眼都会受到一种威胁:在阿拉斯岛上的印第安人,按照他们的习俗,每当女子月经初潮来临之后,就要受到一种困苦的折磨,这时,由女子的父亲将她另居一个小屋之中与他人隔离开来,独自生活六个月。在被囚禁的第一天,用针插穿她的下唇,作为青春期来临的标志。在此半年内,不论是饮食还是衣着,均受到一定仪式的限制。六个月期满之后,就由她的父亲带她出席公共集会,叫"露脸",表示她已经完全成熟,可以介入社会。① 对青春期的生理现象有完全不同的两种反映,在一些部落群体中认为那是不洁之物,是危险的源泉,而在另外一些部落群体中,可能认为那不仅是圣洁的源泉,而且是神灵赐福之物。在阿帕契人中,女孩初潮被认为是一种超自然的祝福。祭司们会亲自跪地而行,来到神情庄重的小姑娘面前,接受她们触摸的祝福。所有婴幼儿、老人也都来接受女孩触摸,以寻求驱除病魔的赐福。②

对青春期孩子隔离仪式的第三种解释是意志品质的考验,即检验受礼者是否具备成人的意志品质。澳大利亚土著对在隔离期间的青少年用两种方式进行考验。一是滴血。就是受礼的少年躺在地上,几个老人相继刺穿手臂上的静脉,让鲜血滴到少年的头上和身上,一直到他全身被血液粘住,不能动弹为止。在这过程中,他不能表现出丝毫的惊恐。二是烟熏。先燃烧一大堆篝火,再覆盖一层青树枝。于是,浓烟滚滚,热浪腾腾。在此之际,受礼的少年赤身裸体直挺挺地躺在青树枝上,既不能动,也不准哭喊,否则便会被拒绝在族社的大门之外。"在南非,男人们把男孩赶在一块,这些男人们手握长棍,随心所欲地使用。孩子们必须接受雨点般的棍棒夹击,期待着带有嘲弄和连续的打击,他们必须在该年的最冷时节,不用毯被,赤裸睡觉,且不是脚而是头要朝着火的方向。"③对隔离期间的青少年用火烧、烟

---

① 露丝·本尼迪克.文化模式.华夏出版社,1987年,第22页.
② 露丝·本尼迪克.文化模式.华夏出版社,1987年,第19页.
③ 露丝·本尼迪克.文化模式.华夏出版社,1987年,第80页.

熏、鞭打、针刺等神秘的方式进行考验,似乎是在检验一个人的意志品质。

　　青春期的隔离仪式到底是由生到死和由死到生的一种象征性轮回,还是对青春期性状畏惧心理而产生的生殖禁忌,抑或是对青少年的意志品质的考验,这些问题的解决需要进一步考察隔离仪式的社会结构与功能。

三、隔离仪式的人格净化和宗教信仰功能

　　青春期隔离的三种解释都有一定的道理,而且都有一定的实证资料作为佐证。从宗教学意义上的解释,青春期的隔离是表示一个人由生到死、由死到生的象征性轮回;从文化人类学意义上的解释,青春期隔离是出于不同的生殖禁忌思考;从教育学的解释,青春期隔离是为了进行意志品质的锻炼。然而,这些不同层面的解释,都没有揭示隔离仪式的社会本质。从社会学的结构功能分析青春期的隔离仪式应该比以上多文化的解释要深刻、要全面。隔离仪式环境是非正常的生活环境,是一种特殊的仪式环境,这种隔离的仪式环境虽然不是日常生活环境预设了一些文化象征功能,但仪式环境毕竟是人们社会生活的模拟形式。这种模拟现实生活的仪式环境因其结构不同,因而具有宗教信仰功能、社会教育功能和文化认同功能。由于研究者只注重仪式环境的某一个方面的功能,因此,才有不同文化的解释。我们认真考察青春期隔离仪式,这些形式各异的仪式活动,反映了不同历史时期人们对青春期及青少年的社会认知,因此,全面历史地分析仪式结构的社会背景,才能正确揭示仪式活动的社会功能。原始社会,人们生活条件恶劣,认识能力有限,对青春期的自然生理状态不能给以正确解释,所以生殖崇拜、生殖禁忌的仪式活动都是以期盼正常的种族繁衍为目的。随着人们抽象认识能力的提高,人们需要用更大的社会性来组织自己的生活,人们在生殖崇拜的基础上发展出图腾崇拜,以寻求图腾对族群的保护,增强人们对族群生活的认同,所以才有图腾信仰的产生。随着人们认识能力的进一步提高,人们逐步认识到,青春期的性状反映是自然的生理状态,氏族、部落的发展还要取决于每个人成年后承担起生产和生活的责任和义务,因此,需要人们有坚强的意志和体魄。隔离仪式的自然环境和人造环境也是人化的环境,这种环境的形成也是人们社会生活发展要求的结果。这种仪式环境所承担的宗教信仰功能、文化认同功能和社会教育功能,都是社会功能的不同反映。

　　隔离仪式环境的独特性表现在施礼者和仪式象征物常常是在缺失状态

下进行的活动,这就是说,施礼者和仪式象征物所代表的文化传统对受礼者的影响是极小的,那么,这种隔离状态的最大功能就是隔断同受礼者有关的一切社会联系,从而实现人格的净化。如前所述,成年仪式对举行礼仪个体的隔离包括三个方面的内容,一是与过去环境的隔离,二是与世俗事物的隔离,三是与过去自我的隔离。青春期仪式所进行的与过去环境的隔离表现为长时间的离群索居的自然生活,虽然不同的隔离仪式可能有不同的社会功能,但文化认同和社会教育功能都不是这一阶段仪式活动的主要功能,而隔离仪式活动则是为了最终实现上述功能,而进行的人格净化、实现宗教信仰功能的一个过程。

第三节　成人礼的过渡仪式结构与宗法教育功能

原始青春礼的隔离仪式似乎使青少年实现了由生到死、从有到无的人格净化,但由于施礼者、仪式象征物及其仪式环境的影响最小,所以实现从无到有和由死到生的过渡,使新的社会成员真正产生还远没有完成,因此,成年仪式的第二种形式,也是第二个程序就是过渡仪式。过渡仪式的结构是一种阈限结构,它非常适宜实现对青少年进行社会教育功能。

一、成人礼的过渡仪式(阈限)结构

成人礼的过渡仪式结构就是阈限结构。阈限(liminality)在拉丁文中有"门槛"的意思,举行成年仪式的人就是处于门槛之处的人。阈限之人就是特征不清晰之人,他既不在门槛之内也不在门槛之外。阈限状态是隔离仪式造成的结果,是成年仪式活动所需要的状态。成年仪式的活动的组织者、设计者需要这种阈限状态,因此他们在整个成年仪式活动过程中,都要设计出一些阈限的仪式活动。比如,婚礼上的出嫁的新娘迈门槛,青春礼上为了取得幻觉经验而通宵达旦地跳舞,遭到戴着面具人的抽打,以至达到迷狂的状态。阈限仪式活动也是成年仪式活动一个程序,而且是中心环节的程序,因此它有与隔离仪式不同的结构形式。在隔离仪式的结构中,施礼者和仪式象征物常常是缺失的;而在阈限仪式结构中,虽然施礼者和仪式象征物还不是十分鲜明的显现,但他们已经是不可或缺的角色和存在物。隔离仪式环境不是日常的生活环境,但也不是神圣的仪式环境;而阈限仪式环境虽然不是日常生活环境,也不是神圣的仪式环境,但却是日常生活环境与仪

式环境相融合的环境,这种环境最具有教育的意义。

阈限状态中的受礼者可能是一无所有的人,"他们也许会被装扮成怪兽的样子,身上只披上一块布条;也许干脆赤身裸体,以此来表现作为阈限的存在,他们没地位,没有财产,没有标识,没有世俗衣物(这些衣物体现着级别或身份),在亲属体系中也没有他们的位置——简言之,没有任何事物能够把他们与其他的初次受礼者或初次参与者分开来"。处于阈限状态的受礼者是最容易接受教育,因为人性的白板是实施教育的最好模式。①

阈限状态中的施礼者虽然已经出场,但是以多种角色出现,主礼者、司礼者、授礼者、参加者都已在场,但对于受礼者来说,施礼者的角色分工还是不明确的。虽然他们角色各异,但阈限仪式中的施礼者功能都是一样的,那就是形成阈限氛围,对已经处于阈限状态的受礼者产生影响。阈限仪式中的象征物也已经在场,但对于受礼者来说,并不知晓各种仪式象征物各自的内涵。同样,仪式象征物此时的功能也是形成阈限氛围,对阈限状态的受礼者实施影响。受礼者、施礼者、仪式象征物这种混沌不清的状态就是阈限的状态,他们形成的社会环境就是阈限环境,如前所述,阈限环境就是日常环境与仪式环境的融合,是日常环境过渡到仪式环境的一种状态,这种状态对人们形成一定的理念信仰,实现文化认同,达到教育者的社会目标都是极为重要的。

由于阈限仪式状态的不清晰、各种角色的不确定,因此,阈限结构也是不稳定的。施礼者对仪式活动能否达到预期的目的没有把握,受礼者对自己此时的感受产生怀疑,心存焦虑,这似乎不是好的情况。但从宗教学、教育学、文化学的视角来看,这恰好是理想的状态,这种状态对宗教信仰、文化认同、社会观念的形成却是非常好的状态。因为阈限结构的功能就是使人产生期待,以便尽快使结构稳定,实现仪式活动的最终目的。

二、阈限结构与自我认同

阈限结构的不稳定,各种角色的不确定,仪式象征物的内涵不清,这种阈限环境对于受礼者来说,就表现为"同一性混乱"。"自我同一性混乱"是心理学家埃里克森的重要概念。青少年是由儿童时期走向成人的过渡时

---

① 维克多·特纳著.仪式过程——结构与反结构.黄剑波,柳博赟译.中国人民大学出版社,2006年,第95页.

期,这个时期生理年龄和心理年龄发展不同步,由于身体的急剧生长和知识活动领域的扩大,青少年经常遇到感情困惑和观念冲突,因此,自我同一性混乱是青春期阶段的核心问题。如何解决这一青春期危机问题,是古今中外各种成年仪式必须面对的。从发展心理学来说,在一定年龄阶段产生认知冲突,出现"同一性混乱",然后,解决冲突,达到自我认同,使青少年身心得到发展,这是正常的青少年成长过程。实现自我同一性,达到自我认同,这是解决青少年发展的关键问题,而成年仪式中的阈限结构状态就是"同一性混乱"的状态,也是实现自我认同的必经之路。原始青春礼的阈限状态是以一些神秘的方式产生的,但这对实现受礼青少年与自我保护神的直接同一是很有效的。

在北美大陆的一些少数民族文化区,人们大都相信在巫法和某种神秘的活动中人们可以获得某种超自然力,并取得与自我保护神的同一。根据他们的信念,生活中的成功是由于个人与超自然的接触。因为每个人在与超自然力的接触中都可以获得某种幻觉,这些幻觉都会给他以最终的力量。在一些部落中,人们通过进一步与超自然力的接触,寻求幻觉状态,以确定自己与神灵的关系。[①] 这种幻觉状态就是一种阈限状态。无论见到什么,一只动物、一种植物或天上的某颗星星,他都可以把它作为个人的保护伞而加以接受,成为自己的保护神,并且需要时就能立即召唤它来保护自己,因此,人们为他们的保护神奉献祭物,举行各种仪式,履行各种义务。他们认为青年人在青春期发生的许多问题、冲突,都必须通过献祭、履行义务等各种仪式性活动,以寻求神灵在幻觉中赐给他特殊力量,以确定个人的保护神。

原始人类用神秘的方式解决青少年的自我同一性问题,这对我们现代青年教育有一些启发。一个人的迷狂状态,也是同一性混乱状态,也是成年仪式研究中的阈限状态。阈限状态是解决青少年教育的最好时机,如采取适当的仪式活动,就可以实现自我认同,使青少年健康地成长。现代社会,要实现青少年与某种文化的认同,也必须注意阈限状态的结构与功能。发展青少年的自我同一性,将青少年的需要、情感、能力、目标、价值观等特质整合为统一的人格框架,使青少年经常思索"我是谁"、"我是一个什么样的

---

① 参阅露丝·本尼迪克.文化模式.华夏出版社,1987年,第67—69页.

人"、"我要成为一个什么样的人"等问题并给以合理的解决,非常需要创造阈限状态的仪式活动。在仪式环境的设计、仪式象征物的布置、仪式参加者的典型代表等方面,从整体上创造一个氛围,使受礼者在迷茫状态中,潜移默化中实现自我认同。

三、阈限结构与人际沟通

阈限状态的青少年不仅是一个自我迷失的个体,而且是社会地位不确定的个体,他们既不是儿童,也不是成人,在青春期阶段,他们既不愿和儿童交流,也不能和成人交流,他们的人际沟通有很大的困难,这非常不利于青少年的成长。如前所述,在成年仪式的阈限状态中,主礼者、司礼者、授礼者、参加者虽然都已在场,但角色不明确,受礼者不能随意交流,再加之未受礼者的地位所限,他们的人际交流有很大障碍,从而影响青少年的文化认同。考察古今中外的成年仪式,在阈限阶段社区与青少年的沟通有许多种方式。

普韦布洛印第安人是仍然保留着古老的土著风尚的原始民族,具有普韦布洛文化范型的祖尼人是一个非常重视礼仪的民族。祖尼人通过一种宗教活动而获得神的面具,获得人和神的沟通。祖尼人的孩子在 5 岁至 9 岁之间受礼,这是他们首次取得参加仪式的资格。在首次参加入会的仪式上,就会遇到惩罚面具神"卡奇纳斯",惩罚面具神将用丝兰鞭抽打孩子。祖尼人认为鞭打不是用来惩治孩子,而是一种驱邪仪式,举行这种仪式可以驱除不祥事件,使未来的事情吉祥如意。在入会仪式上,孩子们十分恐惧,他们会放声大哭。只有这样,这个仪式才更有价值。[①]

根据传统的做法,当男孩在大约 14 岁左右的时候,他们还会遭到面具神的再次鞭打。但是,在这次成年仪式中,他们也会戴上卡奇纳斯面具。他们会惊奇地发现,那些面具神的舞蹈者不是来自圣湖的神灵,而实际上就是他的邻人和亲属。孩子们在最后一次被鞭打完后,他们就可以同那些吓人的卡奇纳斯相对而立,祭司摘下头上的面具,戴到这些孩子头上。卡奇纳斯把丝兰鞭交给了这些头戴面具的孩子。孩子们奉命鞭打这些曾经打过他们的卡奇纳斯。这是他们的第一堂实习课,他们作为凡人行使神所具有的各种职能。这些孩子们在他们邻居和亲属的双臂双腿上各抽四鞭。在这种相

---

① 露丝·本尼迪克.文化模式.华夏出版社,1987 年,第 55 页.

互的鞭打中实现人与人的沟通和人与神的沟通。

经过以上仪式以后,他们还不能拥有面具,因为这是青春期的一种阈限状态。只有在他们结婚以后才能开始制造面具,而且必须经过一年的耕种并拥有自己的财产了,才能向他们的首领申请举行拥有面具的正式仪式。在最终的仪式上,他还会再次受到卡奇纳斯的鞭打,并宴请那些跳舞的人。从此以后,他就有了属于自己的面具,他把它放在房内,它使他的家有了荣耀,这样就可保证在他死后,面具随他而葬,以保证他在圣湖加入卡奇纳斯跳舞者的行列。由此可见,具有原始风俗的民族在成年仪式的阈限结构中实现了人际沟通和社会角色的认同。①

阈限结构所以有教育的功能,是因为受礼者在不知不觉的情况下就实现了由同一性混乱达到自我认同的过渡,由角色混乱到人际沟通和角色认同的过渡。在原始青春礼中,青年在迷幻状态下取得成人资格和获得自我的保护神,这种过渡方式就已经包含了原始教育的萌芽。但是真正的教育功能实现,还是在宗法过渡礼仪结构的阈限状态中实现的。

四、阈限结构与社会教育功能

在奴隶和封建社会,成人礼是以家庭和家族教育的形式出现的。施礼者多是日常生活中家庭和家族的长者,仪式象征物是日常生活中之物,仪式环境就是日常生活环境。仪式活动与日常活动难以区分也构成了青年过渡礼仪的阈限状态,受礼者是在不知不觉中实现了由青少年向成人的过渡,但这种过渡是在家庭教育和家族教育中实现的。在成年仪式阈限状态中,虽然施礼者、仪式象征物已经在场,但对年轻人的影响则是潜移默化的。成年仪式阈限状态对青年的教育是在宗族长者的指导下,由社区成员共同承担的。事实证明,通过一定的方式将施礼者所代表的文化传统,通过同龄人传授给受礼者是最好的社会教育方式。

美国人类学家玛格丽特·米德曾对一个离赤道大约13个纬度、由棕色皮肤的玻利尼西亚人栖居的南太平洋岛屿——萨摩亚岛进行了为期9个月的考察,获得了大量的第一手的材料。米德所考察的玻利尼西亚人属于一个带有原始风俗遗迹,但已经是进入奴隶和封建社会的宗法部落。

在萨摩亚人那里,已经存在青年人自己的组织群体。虽然青年自己的

---

① 露丝·本尼迪克. 文化模式. 华夏出版社,1987年,第56页。

组织处于最低的层次,但青年人的交往是长辈按年龄划定的范围内进行的,
而不是孩子们自发的交往方式。萨摩亚社区对十五六岁以下的孩子是不重
视的,他们没有社会地位,缺少公认的群体活动。但在青春期到来以后,无
论是小伙子还是姑娘都会被组织起来,成为一种近似于成年组织的成员,人
们给他们的组织命名,并授予他们在社区生活中的特定的义务和权利。由
青年男子组成的"奥玛珈"和由年轻姑娘组成的"奥拉鲁玛"是青年人自己的
组织,是青少年社会沟通的主要渠道。[①]

萨摩亚岛的青年人在过渡时期内的人际沟通和社会交往的适应是良好
的。在萨摩亚人那里,不同的年龄群体表现为不同等级、不同的责任义务。
在青春期过渡过程中姑娘和小伙子有不同的学习任务和仪式活动。处于青
春期年龄阶段以下姑娘的主要任务是照料好年龄小的孩子,而在进入青春
期阶段以后就可以从照看孩子的事务中解脱出来了,她们在这一阶段要学
习一些生活技能。她们必须学着去编织各种自己用来携带生活用品的篮
子,学会用棕榈叶包捆大鱼,或用面包果树叶包捆一些小鱼。学会编织百叶
帘子,然后挂在椽子上,这作为一种仪式,以向人们证明这位姑娘十分勤快,
手艺也不错。[②]

萨摩亚岛的小伙子在阈限状态的生活不像姑娘们一样简单了。一个十
七八岁的小伙子,必须要学会捕鱼的基本知识,能够驾驶独木舟安全地绕过
礁石,或操作捕捉狐鲣鱼的渔船了。他会种芋头或移栽椰子树,会在树墩上
砍去椰壳,并娴熟地一刀把椰子劈开,取出果肉。"奥玛珈"是由小伙子和那
些年龄稍大但仍未取得头衔男子组成的团体。在这一过渡群体中,他必须
和他人竞相抗争,接受戒律和榜样的示范。奥玛珈的成员非常珍惜群体的
荣誉,如进行集体活动,不论是在种植园里为村庄干活,还是去捕鱼;不论是
为酋长烹煮食物,还是为每位少女的来访组织仪式化的庆祝活动,如果哪位
小伙子缺席,同伴们不仅会奚落他,还会对他施以体罚。[③]

无论过渡仪式是长是短,过渡的方式多么复杂神秘,而青年的主要任务
就是学习一些古老的仪俗和某种生活的技能,因此,青年就是一个被动的文

---

① 参阅玛格丽特·米德.萨摩亚人的成年.周晓红,李姚军译.浙江人民出版社,1988年,第
59页.

② 玛格丽特·米德.萨摩亚人的成年.周晓红,李姚军译.浙江人民出版社,1988年,第59—87页.

③ 玛格丽特·米德.萨摩亚人的成年.周晓红,李姚军译.浙江人民出版社,1988年,第59—87页.

化适应的个体,他们要循规蹈矩,不得有任何越轨的行为。萨摩亚人虽然没有像原始习俗那样对青年实施隔离,但是作为青年过渡时期的组织形式"奥玛珈"是被严格监督的。负责监督"奥玛珈"行动的那些年长的酋长们严厉地注视着每一个人,既防止青年人有任何形式的止步不前,也防止出现不应有的早熟早慧。一个青年人要成为一个木匠,或者成为一名渔人,一名演说者,一名雕花匠,他应该出类拔萃,但是他也不能太有能耐、太杰出、太早慧,他只能略略超出同伴一些,决不能太突出。他必须能够消蚀同伴的仇恨,又不致引起长者的非难,因为长者并不宽宥早熟,相反更乐意鼓励并祖护落后。如果一个青年人在过渡时期只是稍稍突出一些,不是锋芒毕露的话,那么他就会有机会荣膺"玛泰"头衔,他就能成为头人会"福努"的成员,并因此能够和酋长们一起喝卡瓦酒,和酋长们而不是和年轻人一起工作,也可以在家里享清福。[①]

萨摩亚的青年,要经过自己努力,争取早日从被监督的"奥玛珈"的行列中出人头地,被接纳为具有某种头衔的头人会"福努"的成员。但在这一过程中,青年人不会有自己的活力和创造力,青年人不能够太成熟、不能够早慧。因此,从本质上来说,在这种文明中对我们今天所理解的青年还是不被承认的。

萨摩亚人的生活方式比较简单,但青年过渡方式还是比较复杂的。他们不仅对在某一阶段学习什么、怎样学习有许多复杂的神秘的规定,在过渡时间的期限上也有少则几天,多则几年、几十年不等的严格规定,而且在过渡时期内,还有青年人学习、生活、劳作的组织,所以他们的社会教育方式还是比较好的,在青年人中没有我们现代社会中青春期危机的问题。

第四节　成年礼的接纳仪式结构与文化认同功能

现代社会成年礼的主要结构形式是接纳,而隔离和阈限的结构则不十分明显。成年礼的接纳结构有结构性和反结构性等不同的形式。接纳仪式结构是对社会现实结构的模拟和反映,通过现实社会的仪式性再现,以期达

---

① 玛格丽特·米德.萨摩亚人的成年.周晓红,李姚军译.浙江人民出版社,1988 年,第 59—87 页.

到使受礼者对现实社会物质文化、制度文化和精神文化的认同。因此,现代
成年礼主要体现了社会文化认同的功能。

一、成年仪式的结构与反结构

人类学家认为社会结构是由不同族群中不同的种性、成员身份、地位发
展起来的社会关系,如宗教、种性、年龄群体、社会组织等。社会学家将社会
结构看成是彼此依存、专门化的社会制度的组合,社会职位、社会地位相对
稳定的社会关系。无论如何定义社会结构,人们的身份、等级、地位都是社
会结构的核心概念。作为社会结构的仪式性反映的成年仪式,一定会将人
们的身份、地位、等级象征性的展示在人们的仪式活动中,让即将成年的受
礼者,接受社会体制结构的认同,明确自己的身份地位,这是成年仪式的主
要功能。但是,在现实社会中,社会结构是相对稳定的,也存在不稳定因素。
社会身份、地位有高低之分,有中心和边缘之分。社会结构稳定是由于社会
各个群体以相互依存、相互联结为前提。地位较高者是由地位较低者做支
撑、中心人是由边缘人做帮衬。在社会发展中,不同身份地位的人有和谐,
也有冲突,在多数情况下是和谐多于冲突,在某些情况下是冲突多于和谐。
简言之,现实社会是结构的和非结构的统一。那么,作为现实社会的模拟形
式的成年礼,不仅要反映现实社会结构性的一面,也要反映现实社会非结构
性的一面,甚至反社会结构的一面。

现实社会的结构性是指社会成员有严格的地位等级,和谐的社会关系,
稳定的社会秩序。成年仪式活动从本质上说是要强化现实社会的结构性,
使受礼者更加适合现实社会的要求。仪式活动严格的程序、施礼者的尊贵
地位、仪式象征物的神圣、仪式环境的庄严肃穆,这种仪式活动的完整结构
性是现实社会结构性的直接反映。但是,现实社会也有非结构性的一面,地
位较低者对地位较高者的反抗,边缘和弱势群体与中心和利益群体的冲突,
这种非结构性在成年仪式中也有反映。隔离仪式是通过模糊现实社会非结
构性,消除现实社会非结构性给受礼者带来的任何影响,进而达到使受礼者
更加符合现实社会结构性要求。不仅如此,现实社会的非结构性和反结构
性在成年仪式中也会得到体现,以实现社会的平衡功能。

二、结构性成年接纳仪式与社会关系强化功能

结构性社会关系在不同的社会历史环境中有不同的关系形式,原始社
会人与自然、人与图腾和神灵的关系是重要的社会关系,人与人、人与氏族

部落的关系,更多的表现为人与图腾和神灵的关系。在现代社会,也存在人与神的关系,但更重要的是阶级、阶层、等级关系;结构性成年接纳仪式的主要功能就是强化现实社会的关系,但古今成年仪式对现实社会的结构性反映是不一样的。

涂尔干在宗教基本生活的研究中提出了消极膜拜和积极膜拜两种仪式活动。消极膜拜和积极膜拜是根据人们对仪式的态度来划分的,消极膜拜是指神圣事物的不可触犯性,通过宗教禁忌等形式维持神灵的权威,保持神对人关系的绝对性和不可逾越性,进而证明氏族社会的神圣性、合法性。而积极膜拜是指通过与神圣物的接触和模仿,再现社会的关系的现实。笔者认为,消极膜拜在前,积极膜拜在后,消极膜拜和积极膜拜的仪式活动都是对结构性社会关系的反映,都是强化对现实社会关系的认同。

消极膜拜强调仪式活动的神圣性,神灵的不可侵犯性。在原始成年仪式中的消极膜拜是通过宗教禁忌的形式强化社会关系的结构性。如"在任何情况下,尚未成年的人都不能接触储灵珈或牛吼器,然而,成年人却可以任意使用这些东西,因为成年礼已经将神圣性授给了他们"[1]。有些食物和植物是禁止食用的,"只有那些拥有足够宗教尊荣的老人才有可能逃脱这条禁忌的约束"。"女人永远不应该看到膜拜仪式上所使用的法器"。"在特别重要的仪典中,司仪身上绘制的图腾图案也不能让女人看到"。"成年礼这种仪式是非常神圣的,有些部落不让女人看到举行仪式的地点"[2]。成年仪式将现实社会中成年人与未成年人、有地位的尊者与一般的人、男人与女人的关系用宗教禁忌的形式加以规范和强化。原始成年礼以宗教禁忌的形式强化神与人的关系、人与人的关系,而现代社会的成年仪式则把这种宗教禁忌转化为各种礼仪规范,把社会的政治制度、关系等级、价值规范通过礼仪的形式给以强化。如在毕业典礼上要设主席台,要有国旗、校旗、校徽等仪式标志;参加活动的人要衣冠整齐,仪式开始时要唱国歌、校歌,人们要起立,态度要严肃认真。在这里国旗、校旗、校徽等仪式象征物不是一般的生活材料,重要的不是它的物理、化学结构,也不是它的美学意义,而是它的象征意义和社会价值,这就是对现实社会制度、社会关系、社会结构的仪式性

---

① 爱弥尔·涂尔干著.宗教生活的基本形式.渠东,汲喆译.上海人民出版社,2006年,第289页.

② 爱弥尔·涂尔干著.宗教生活的基本形式.渠东,汲喆译.上海人民出版社,2006年,第288—289页.

强化。

积极膜拜是通过与神圣物的接触和模仿,再现社会关系的现实。消极膜拜是通过宗教禁忌的形式划分神灵与世俗的区别,禁止世俗之人对神圣事物的亵渎;而积极膜拜是通过祭祀的形式实现人与神的沟通,从消极膜拜的角度去看,任何积极的膜拜都是对神灵的亵渎。但正是这种亵渎才实现了人与神的沟通,这种亵渎的典型形式就是祭祀仪式。在成年接纳仪式中常常有祭祀活动,祭祀仪式被当作一种供养或崇敬。但是,在一些仪式活动中,"奉献牺牲的崇拜者与他们所尊奉的神共享牺牲"①,这似乎是在亵渎神灵,而罗伯特·史密斯则认为:"在祭祀中,被宰杀的动物起初肯定几乎被当成了神,被当成了以之为牺牲者的近亲。"②在成年接纳仪式中,受礼者沐浴、祷告、穿带有图腾图案的服饰、供奉祭品、吃圣餐、用动物的脂肪或植物的某些部分涂抹身体等都是为了与神灵的接触。这种仪式形式的接触,体现了巫术感应仪式的两大原则,原则一:"任何事物只要与某个对象发生了接触,也就接触了与该对象有关系的所有事物,而不管这种关系是接近的关系还是统一的关系。"原则二:"相似生成相似。"③涂尔干认为:"祭祀之所以产生,并不是为了在人与神之间制造一条人为的亲属关系纽带,而是要维持和更新最初就已经把两者结合在一起的天然的亲属关系。"④由此可见,在成年接纳仪式中,积极膜拜的目的就是要强化现实社会的关系结构,就是通过与神灵的接触获得宗教的本质。在现代社会,成年接纳仪式通过类似积极膜拜的形式进行教育活动也是常见的。如在入学典礼和各种庆祝活动中穿上带有标志的校服,佩戴校徽,请名人签名;在毕业典礼上,校长亲自给学生颁发毕业证书和学位证书。这一切与仪式象征人或物的接触,都是为了使受礼者能够接受现实社会的政治、伦理、道德关系,使现实的社会结构得到强化。

三、反结构性成年接纳仪式与社会平衡功能

结构性成年接纳仪式通过消极膜拜形式或积极膜拜的形式,都是为了

---

①　爱弥尔·涂尔干著.宗教生活的基本形式.渠东,汲喆译.上海人民出版社,2006年,第319页.

②　爱弥尔·涂尔干著.宗教生活的基本形式.渠东,汲喆译.上海人民出版社,2006年,第322页.

③　弗雷泽.早期亲属制度演讲集.第39页.转引自爱弥尔·涂尔干著.宗教生活的基本形式.渠东,汲喆译.上海人民出版社,2006年,第339页.

④　爱弥尔·涂尔干著.宗教生活的基本形式.渠东,汲喆译.上海人民出版社,2006年7月,第322页.

强化社会关系的结构。而在现实生活中,除了结构性的社会关系,还有非结构性或反结构性的社会关系。成年仪式的受礼者都是社会边缘群体、地位低下者,处于现实社会结构的非中心位置,他们在现实生活中受到许多结构性、等级性影响,但也会受到非结构性和反结构性的社会影响。青少年在社会中没有权利,没有地位,职业上没有保障,在思想上更容易与弱势群体认同,产生许多亚文化思想和价值观念。现实社会的结构性状态在仪式活动会得到反映,而非结构性状态也会在仪式活动中得到反映,只有如此才可能使社会关系得以平衡和稳定。

维克多·特纳对这种反结构性成年接纳仪式看作是与正常的地位提升仪式相反的一种仪式活动,即地位逆转仪式。地位提升的仪式(rituals of status elevation)是指"处于一个制度化的等级体系之中的'仪式的主体'或'仪式的新手',会从一个较低的地位提升到一个较高的地位,并且这种提升是不可逆转的"。与此种仪式相对立,"在社会结构中固定地处于低下地位的人就会积极地联合在一起,对那些地位处在他们之上的人进行仪式性的领导。而那些身处高位的人必须心怀善意地接受这种仪式性的降卑"。我们称这种仪式性活动为地位逆转的仪式(rituals of status reversal)"那些身处高位的人常常会受到激烈的言语和身体攻击,那些地位低下的人就是用这种方式辱骂甚至虐待他们"。笔者认为,这种地位逆转仪式就是反结构性仪式活动,是对现实社会反结构性的一种仪式性反映。① 这一仪式的意义在于,在现实生活结构中地位低下者无法宣泄其由于长期处于卑微位置而造成的心理不满的情绪,因此,通过仪式性的活动取得暂时的心理平衡,进而实现社会结构和关系的稳固。由此可见,反结构性成年接纳仪式具有社会平衡的功能。

四、结构和反结构的成年接纳仪式与文化认同功能

结构性成年接纳仪式承担着社会关系强化的功能,非结构性成年接纳仪式承担着社会平衡功能,而在复杂的成年仪式活动中,有时又表现为结构性和非结构性的统一的仪式性活动。维克多·特纳认为:"生命危机的阈限使有抱负的人降卑,并且会一并使之具有获得结构中较高地位的可能。在

---

① 维克多·特纳著.仪式过程——结构与反结构.黄剑波,柳博赟译.中国人民大学出版社,2006年,第174页.

非洲的许多就职仪式上,我们可以看到同样的过程……未来的在职酋长或头人会被从平民之中分别出来,然后他必须经历阈限性仪式,在这一仪式中他会被粗鲁地贬低。在此之后的重新聚合仪式上,他可以荣登宝座就任酋长。"①就职仪式本来是结构性成年接纳仪式,是地位提升仪式,承担社会关系强化功能,但是,其中又有非结构性仪式,实现地位逆转,对就职者进行贬斥。对恩丹布部落的就职仪式的研究中发现,"在他们的就职仪式上,即将成为酋长的人和他的仪式意义上的妻子会被隔离到一间小茅屋里并待上一夜,在此期间他们要受到众多准臣民的贬低和斥责"②。

由此可见,非结构性成年接纳仪式及其地位逆转仪式,从本质上说都是为了强化社会的关系和社会结构的稳定。然而,为了使这些仪式更具合理性,更容易让人们接受,成年仪式就逐步转化为周期性和年度性仪式活动,成为一种民风民俗的文化活动。"在万圣节前夜(或鬼节)之类的风俗节日中,仍然能够见到年龄与性别的逆转仪式的痕迹。这些风俗节日里,处于结构中低下位置的人的力量,由尚未进入青春期的儿童的阈限性主导地位表现了出来。他们常常戴上以掩饰自己身份的面具,其形状十分恐怖,代表着地狱或世界上的邪恶势力——阻止人们生育的巫婆、从地下出来的尸体或骷髅、土著居民(如印第安人)、离群索居者(如侏儒和丑八怪),以及流浪者或反抗权威的人(如海盗或传说中的西部枪手)。如果没有好吃的东西或礼物做补偿的话,这些并不强大的地方力量还会要些出人意料、令人称道的花样,让手握权柄的一代有家业者吃些苦头。"③孩子们戴上面具的象征意义是具有了超自然的力量,实现了地位逆转,具有巨大的权力和权威。而从整个社会来说,年度性仪式、周期性仪式活动已反映了一种结构性和非结构性统一的社会文化,这些仪式活动的社会关系强化功能、社会平衡功能最终都将以文化认同功能为终结,以最终实现社会的和谐文明。

从本章对成年仪式的结构功能分析中可以看到,一个完整的成年仪式

① 维克多·特纳著.仪式过程——结构与反结构.黄剑波,柳博赟译.中国人民大学出版社,2006年,第172页.
② 维克多·特纳著.仪式过程——结构与反结构.黄剑波,柳博赟译.中国人民大学出版社,2006年,第172页.
③ 维克多·特纳著.仪式过程——结构与反结构.黄剑波,柳博赟译.中国人民大学出版社,2006年,第174页.

有隔离结构、过渡结构和接纳结构三种结构形式。但从成年仪式的历史发展过程来说,原始青春礼主要是隔离结构,具有宗教信仰的功能;封建成人礼主要是过渡(阈限)结构,具有宗法教育的功能;现代成年礼主要是接纳结构,具有现代文化认同的功能。如图:

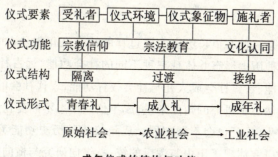

成年仪式的结构与功能

原始青春礼主要结构形式是隔离,而过渡和接纳是次要结构。从结构要素上来说主要是施礼者、仪式象征物、仪式环境起主导作用,而受礼者是被模塑的对象,不起主要作用。受礼者被隔离的主要目的是心灵的净化,以实现与神灵的同一,而生殖禁忌、意志品质的考验都是后来演化出来的功能。因此,原始青春礼隔离仪式主要体现了宗教文化的功能。封建社会成人礼主要结构形式是过渡阶段的阈限结构,而隔离和接纳是次要结构。从结构要素上来说,施礼者、仪式象征物、仪式环境仍占据主导地位,但受礼者已经不完全是被模塑的对象,而是一个需要长期教育的对象,同龄群体的影响也开始产生。受礼者作为受教育的对象,有很长时间的过渡过程和阈限状态以习得宗族、家庭的生活。因此,封建成人礼的过渡(阈限)形式主要体现了宗法文化的功能。现代社会成年礼的主要结构形式是接纳,而隔离和过渡结构则不十分明显。从结构要素上来说,施礼者要以受礼者为主体才能发挥主导作用,也就是说要充分考虑受礼者的文化背景和社会影响,根据受礼者实际情况进行社会文化的认同教育。现代成年礼通过模拟现实社会的结构和反结构形式,以实现受礼者对社会关系、社会制度的认同,以实现社会结构的平衡。所以,现代成年礼主要体现了文化认同的功能。

第四章　青春礼的宗教信仰功能

　　成年仪式是一种有很长历史发展过程的社会文化现象,如前所述成年仪式存在着三种历史形态并体现三种不同的社会功能,远古社会的青春礼与宗教信仰功能、封建社会成人礼与社会教育功能、现代社会的成年礼与文化调适功能。从历史研究的角度来说,成年仪式形态不断变化,成年仪式的内涵会不断深化,外延也会不断拓展。成年仪式的历史功能考察和成年仪式的结构功能研究体现了历史与逻辑的统一,纵向研究与横向研究的统一。

　　成年仪式功能的历史研究可以弥补成年仪式结构功能研究内在联系不足的缺憾,体现成年仪式研究的历史价值:其一,可以将纷繁复杂的成年仪式用历史的方法联系起来,弄清成年仪式功能的历史脉络;其二,可以追根溯源,从最原始的成年仪式中分析各种成年仪式的功能;其三,挖掘成年仪式的社会历史功能,以期得到发挥成年仪式现代功能的一些启示。从成年仪式的源头上研究成年仪式的宗教功能是最具价值的工作,因此,本章的研究内容就是从生殖崇拜、图腾崇拜到仪式崇拜等成年仪式的宗教信仰功能。成人仪式无论作为古老的宗教形式,还是作为一种民风、民俗活动,在帮助青年树立信仰上都起着重要的作用。现代社会我们没有很好地解决青年人的信仰问题,反而出现了各种各样的信仰危机,这同我们失去了许多行之有效的仪式教育的手段,又没有很好地解决现代社会宗教对人的影响问题是有关系的。

第一节　青春礼的生殖崇拜及功能

　　最原始的成年仪式应是青春礼,因为从年龄上来说,原始社会的成年仪式大都发生在青春期阶段。从形式上看,青春期的隔离、青春礼各种独特形式是出于对青年的保护，体现社会对青年的要求和期盼，但从宗教意义上看它有更深层的社会历史功能。

一、作为青春礼起源的生殖崇拜

原始社会青春礼是指使一个生物的个体人变成一个具有宗教特性的神秘人格的仪式性活动，这是人类历史上产生最早的成年仪式。尽管经过长期的历史的变迁，青春礼这一古老文化形式仍然在一些原始民族中沿袭发展着，让进入青春期的孩子同他以前的生活环境分开，青年被送到大山里或一片森林中去，在那里过着与世隔绝的生活，信守某些禁忌、斋戒，隔断同过去的任何联系，然后回到部落，举行神秘的宗教仪式，成为部落群体的成员，这就是青春礼的一般形式。为什么会出现这样的青春礼呢，这同人类最早的生殖崇拜有关。

在原始社会，由于人类认识能力的局限，人们不仅无法解释许多自然现象，而且对于人自身的自然生理变化也会感到迷惑不解。青春期到来以后，人的身体发育成熟，身体长高，体重增加，男子出现遗精，女子月经来潮等。这些第二性征的出现往往会使人们感到十分惊异和恐怖。人们无法解释这些自然生理现象，而这些生理现象又同人类的生存繁衍这一重大事件密切相关，在这种情况下，不同种族、不同地区、不同历史文化环境下的人们都会对这一青春期的自然生理的现象产生复杂的神秘的态度，以至产生生殖崇拜。在对崇拜的自然生理现象不能做出合理解释的情况下，产生宗教信仰，以至敬而远之，甚至出现怪异离奇的行为都是十分正常的。

当青春期的最初迹象开始出现的时候，这种奇特的影响在许多具有原始风俗的族群都会看到。"在洛安戈（Loango）黑人那里，当少女们第一次有了青春期表现的时候，人们就会把她们禁闭在一个个分隔开的小窝棚中，并要严防她们身体上任何裸露的部位接触到土地。在祖鲁人（zoulou）以及非洲南部的那些部落中，如果当女孩子青春期的迹象第一次出现时，她正在田野里或丛林中，她就会跑到河边，藏进芦苇丛，好不让任何一个男人看见，同时她还要小心地用头巾把头包裹严实，以免阳光照到。直到夜幕降临，她才回到家中，然后她就要在小窝棚里被关上一段时间了。"①在"英属圭亚那

---

① 爱弥尔·涂尔干著.乱伦禁忌及其起源.汲喆,付德根译.渠东,梅非校.上海人民出版社,2006年,第38页.

(Guyane anghise)的马库西(Macusi)则被置于一个吊床中,悬挂在屋内的最高处。最初几天,她只有在夜里才能下床,并要严守禁食的规定。当那些征象开始消退,她就从吊床上下来,转而躲进一个阴暗的角落里专门为她修的小隔间。早上,她可以为自己烧一点吃的,不过只能用专门留给她的火和炊具。直到十天以后,她才又重新恢复了自由,但是,凡是她所用过的碗碟,不仅统统都要打碎,而且连碎片也要仔细地埋掉。在类似的情况下,吊床的使用是很常见的;实际上,这种悬挂在天地之间的做法,是实现无隙可乘的隔离的一种简便方式"①。

由于对人类生育现象的崇拜,人们就会将自己敬畏的神圣现象与世俗现象分开,这就是导致隔离仪式产生的最自然的原因。然而,女人在生育过程中会遇到难产、流产、月经不调、不育、双胞胎、多胞胎等许多问题,这又会在生殖崇拜的基础上产生恐惧心理,使青春期仪式更加复杂化。维克多·特纳在对恩登布人的研究中发现,"人们为有生殖问题的女人举行四种仪式:(1)恩库拉(Nkula),为经血过量的女人举行;(2)乌布万古(Wubwang),一个女人已经有了双胞胎或希望怀上双胞胎,或者看起来会不育时,就举行这个仪式;(3)伊索玛(Isoma),一个女人多次死胎或流产时举行;以及(4)奇哈姆巴(Chihamba),这个仪式既适用于疾病也适用于生殖失调,既适用于男人也适用于女人"②。这些仪式也都有三个标示分明的阶段:"(1)伊雷姆比(Ilembi)或者库雷姆贝卡(Kulembeka),人们通过治疗和跳舞,使治疗对象'变得神圣';(2)隔离期,这期间她们完全地或部分地与日常生活隔离,并遵守一些饮食禁忌;和(3)库图姆布卡(Kutumbuka),人们采取进一步的治疗措施,并跳舞庆贺隔离期结束,准备让病人再次进入日常生活。"③由此可见,青春礼就是一种最早的宗教成年仪式,它产生于生殖崇拜,是原始人类对人类生育问题的认真思考和解决方式,现在世界上仍然广泛存在的成年仪式都与青春礼有关。

原始社会在生产力十分低下的情况下,人们通过种各种形式的青春礼以实现生命力延续的功能。考古学、人类学的研究都证明,人类曾经有过一

① 爱弥尔·涂尔干著.乱伦禁忌及其起源.汲喆,付德根译.渠东,梅非校.上海人民出版社,2006年,第39页.
② 维克多·特纳著.象征之林,恩登布人仪式散论.商务印书馆,2006年,第12页.
③ 维克多·特纳著.象征之林,恩登布人仪式散论.商务印书馆,2006年,第13页.

段漫长的生殖器崇拜时期。在母系社会,由于认识能力的局限,人们错误地认为生命力的延续是女性一方面的事,所以,他们所崇拜的对象便是女性和女性生殖器。像鱼、蛙等动物就成了一种图腾。于是在青春礼的基础上就出现了图腾崇拜。中国古代神话传说中的"女娲补天"就是图腾崇拜的典型例子。女娲就是一个开天辟地、创造人类的伟大女神。女娲就是蛙,现在中医仍把女性阴门叫做"蛙口",人们也把孩子叫做"娃子"。这是原始社会蛙图腾崇拜的表现。当原始人意识到了父亲在生育过程中的作用以后,随之而来就出现了男性生殖崇拜,男子的社会地位上升了,人类社会便逐渐过渡成了父系氏族社会。龙、鸟这些象征男性生殖器的图腾也产生了出来。中国人被称为龙的传人。在中国历史上,商族就是一个用鸟作图腾的氏族,也曾有"玄鸟生商"的神奇传说。由生殖崇拜的青春礼到图腾崇拜的青春礼,使成年仪式的功能有了很大范围的扩展,成年仪式从对生命力延续的功能也发展为对生命保护的作用。

二、青春礼的生理保护和教育功能

青春礼是具有宗教性质的成年仪式,但并不是说具有生殖崇拜宗教功能的成年礼就不具有对青少年生理和心理保护的功能。如前面所说,对有生育疾病的青年妇女要经过治疗、隔离、歌舞庆贺三个阶段使其治愈,这其中已包含了生理治疗、心理治疗和隔离静养的过程。从长期的社会生活实践中,药物治疗和舞蹈虽然有神秘的象征意义,但一些自然物质环境对治疗一些疾病还是有疗效的;而歌舞活动不仅有愉悦身心的功能,而且还有意志品质锻炼的功能,这些仪式过程都是有利于身心健康的。然而,文化人类学家更多的关注仪式活动的象征意义,而成年仪式的生理、心理功能则常常被忽视,而教育学家则相反,他们则十分关注成年仪式这些方面的功能。

割礼是一个具有宗教性质的青春礼,但青春期的割礼也具有青年生理保护的功能。在姆维尼伦加地区的恩登布人中,一些神话中关于割礼起源的说法,就证明割礼有生理卫生的意义:"从前有一个女人带着她的儿子。他们一起去采集一些草来烧制盐。孩子努力跟上母亲去采集那种制盐的草(matahu amung'wa)。突然,一片卡伦甘贡比(kaleng'ang'ombi)草在他的阴茎上划了一圈。男孩坐在地上哭了起来。女人赶忙跑到他身边看他为什么哭。她觉得非常后悔;她把男孩带到他所属的那个村庄。那里有些男人说:'这个孩子必须要被带到远离他母亲和其他女人的地方去。'他们到了那个地方后,用一把剃刀恩特伍卢①修了一下阴茎上的伤口,把包皮整个去掉了。父亲要负责照顾自己的孩子。他们帮他给阴茎抹药。几个星期之后男孩痊愈了,又生龙活虎的。男人们很高兴看到伤口的愈合,他们又在其他男孩身上试了试。同样的事情发生了——几星期后那些孩子也都痊愈了。这使人们觉得所有的人都接受这种割礼的话会更好。于是成年男性也都接受了割礼。他们跳起了舞,喝起了啤酒,(庆祝)完美地割掉阴茎包皮之后它看起来是多么地好。这就是他们怎么开始[穆坎达]的。"②

未受过割礼的孩子是污秽的,是因为他表皮下的污垢,这是指自然生理的意义,但青春仪式所以更具有文化和宗教的意味,是因为这种生理意义的行为被生殖崇拜给神圣化了。未经过割礼的人是"缺乏白和纯洁的人","受过割礼的人被禁止吃给未受割礼的人做过饭的火做出来的食物"③。未受割礼的人和处在经羁的女人如果"吃了猎人的猎物身上专门留给猎人的那些部分,人们相信那猎手捕猎时就会失去运气,而他的药物也会失效"④。这些解释就成了一些宗教禁忌,而宗教禁忌对确立人的宗信仰是非常重要的。

割礼的最终目的是确立受礼者的宗教信仰,获得成人资格,但在实施"割礼"过程中,一些仪式活动不仅具有自然生理保护的功能,而且还有社会教育的功能。青春期的割礼曾经风靡整个非洲,也波及亚洲、美洲和大洋洲。据统计,到 20 世纪 70 年代,非洲受过"割礼"的妇女仍有二千万。在东非湖区的南地(Nandi)的一些部落中,到了青春期的青少年都要参加公平的但十分残酷的"割礼"仪式。"割礼"一般在七八岁后到十七八岁前举行。"割礼"仪式是由获得成人资格的人来主持,这种仪式男女分开举行,但形式一样。在割礼前,长辈要向受礼者反复申明"割礼"的意义,主持人要用散沫花将受礼者的手脚染红,并在手术部位涂上蓖麻油使其肿胀,以便做手术。受礼者的双手绑在背后,双脚由两个亲属抱住,按倒在草席上。手术师用玻璃或普通刀剪做手术,男性割掉包皮,女性割掉阴符(有的地方连阴核也割

---

　　① 恩特伍卢(ntewulu)是一种剃刀,专门为丧礼、女孩青春期典礼以及一些祭仪隔离期结束而为受礼者修发线使用的。

　　② 维克多·特纳著.象征之林,恩登布人仪式散论.商务印书馆,2006 年,第 152 页.

　　③ 维克多·特纳著.象征之林,恩登布人仪式散论.商务印书馆,2006 年,第 152 页.

　　④ 维克多·特纳著.象征之林,恩登布人仪式散论.商务印书馆,2006 年,第 153 页.

掉）。在手术的过程中，观摩的同胞齐声高呼，为受礼者助威。手术后，手术师迅速地用牛粪与树脂调成的糊状物敷在伤口上，同时将割下的部分用布包好，系在受礼者的胳膊上。然后，鲜血淋淋的受礼者强忍剧痛，在母亲陪同下绕场一周。接着，同胞们围着席子载歌载舞，畅饮共贺。在这种手术的过程中，人们可以看到受礼者脸上剧痛的表情，对勇敢者的奖励是得到情人的极大欢心。对男孩和女孩双方来说，这种仪式标志着他们进入了新的性状态，男孩成了勇士，可以拥有他的情人，女孩则可以出嫁了。①

　　青春礼虽然具有生理保护、心理保护和社会教育的功能，但从根本上来说，青春礼主要还是确立宗教信仰的功能。对进入青春期的青少年实施割礼，用火烧、烟熏、鞭打、针刺等神秘的方式来证明一个成人的再生，这种青春仪式不是我们现在社会学或社会心理学上所说的社会化的意义，这种仪式性活动不过是一种原始宗教的最初形式。青春仪式的最深刻的意义在于一个人的复苏。一个部落群体要想得到生存发展，只能不断地传承文明，而隔离仪式就是一种最早的传习文明形式，老的氏族成员会不断死去，新的成员也要相应地不断诞生，因此，它必须以一种仪式的形式沿袭下来。青年离开家庭，经过隔离，经受某种锻炼，获得某些宗法和宗教的意义，就意味着一个新生命的开始，一个新成员的诞生。从此以后他们就可嫁娶成家，就可以成为氏族部落中一个正式的成员，乃至可以取代他的父兄，获得某种社会的地位。

　　青春礼是对青少年自然性状的一种原始文化的反映，原始人类以极其简单的、十分野蛮残酷的方式否定了青少年的存在，肯定了成人后的生活。但在这些仪式活动过程中，我们不能否认在宗教神秘形式的遮蔽下，在确立宗教信仰的过程中，青少年也获得了许多社会教育，如一个成年人应具备的权利、义务，应具备的意志品质和道德素质。所以有的教育学家认为，青春礼是人类最早的教育产生的萌芽。

　　三、青春礼的社会功能

　　青春礼在宗教信仰功能实现的过程中，也体现出对青年保护的自然生理功能和教育功能，但许多青春礼的仪式活动，我们还不能做出合理的解释，但我们坚信这些仪式活动一定会有更深层次的社会意义。如前所述，在

---

① 露丝·本尼迪克.文化模式.华夏出版社,1987年,第21页.

原始社会对青春期的生理现象会有完全不同的两种反映,在一些部落群体中认为那是不洁之物,是危险的源泉,而在另外一些部落群体中,认为那不仅是圣洁的源泉,而且是神灵赐福之物。

为什么生殖崇拜会产生两种截然不同的反映,涂尔干做出了这样的解释。"所有能够激起特殊敬意的东西都要与凡俗之物保持距离,这一点和那些人们所厌恶与之接触的事物完全一样。于是,在尊敬中就掺杂进了恐惧。""厌恶和崇敬这两种感情虽然在意识中有天壤之别,但它们却可以用同样的外在迹象转达出来。从外面看上去,人们很难对它们加以区分。而这种混淆在低级社会中尤其容易发生,因为那些社会的神圣观念还是极端模糊的。"①

经血是令人敬畏的东西,因为"神就栖身于血液之中,从而血便成了神圣事物。一旦鲜血流出,神也就散溢出去"②。血与神有关,就是要避免与凡俗事物的接触,避免它的流布。这种经血的神圣力量可以给人以生命,正如《圣经》所说:"血,是生命,是肉身之灵魂。"③凡俗之人对神圣之物的亵渎或不正常接触,都会对凡俗之人带来伤害,所以与它们的接触必须慎之又慎,只有尽可能避开它们,才会免遭伤害,青春期的隔离也多缘于此。

青春期的生殖崇拜的是原始宗教的最初形式,但青春期的宗教仪式不仅仅是对神圣之物的膜拜,其深刻的社会功能表现在对原始社会制度要求的适应。近亲繁殖造成非正常的生育,这是自然生理变异给人的警示,表现在原始社会制度上就是氏族血亲结合的禁忌和外婚制的实行,而青春期的隔离仪式也在一定程度上反映了当时社会制度关系的现实。青春期隔离的社会本质就是限制两性自由的交往,对血的禁忌就是对乱伦的禁忌,就是对母系社会中女孩性行为的社会约束。

第二节　青春礼的图腾崇拜及功能

从成年仪式历史发展过程来说,青春礼上的图腾崇拜是在生殖崇拜基

---

① 爱弥尔·涂尔干著.乱伦禁忌及其起源.汲喆,付德根译,渠东,梅非校.上海人民出版社,2006年,第52页.

② 爱弥尔·涂尔干著.乱伦禁忌及其起源.汲喆,付德根译,渠东,梅非校.上海人民出版社,2006年,第38—49页.

③ 旧约全书·利未记.XVII,11.

础上逐步发展起来的一种宗教信仰。这种宗教信仰是一种原始氏族或部落群体感到自己与某种动植物神秘同一的互渗意识,这种最原始的信仰表现出人类对自然社会的一种认真的思考。在文明发展的历史上,人们对自然和社会的不懈探索,形成了许多信仰。无论这些信仰是科学的还是愚昧的,它们的确立大都是通过某种仪式而完成的,因为信仰毕竟缺乏现实的根据,所以,就必须通过某种象征的形式,以弥补信仰根据的不足。

一、自然崇拜与图腾崇拜

青春礼表现出来的生殖崇拜是一种自然崇拜,但青春礼的自然崇拜不同于一般宗教上的自然崇拜。宗教上的自然崇拜是一般的自然现象崇拜,宏大的宇宙力量,如山川、河流、星辰或天象等,或者是遍布大地的各种植物、动物、岩石等,自然崇拜的本质是万物有灵。而青春礼的生殖崇拜是发生在人身上的自然生理现象崇拜,生殖崇拜从本质上说就是对人类生殖繁衍现象的圣化和有灵化。在原始社会由于人类力量的弱小,他们很需要将人类自然生理功能与大自然神奇力量联系起来,使生殖崇拜具有更大的合理性,更具有神圣化的根据,这就是青春礼仪式上图腾崇拜产生的原因。

原始人类的图腾崇拜是自然崇拜的仪式性表现,而生殖崇拜则是联系二者的重要纽带,"在绝大多数情况下,作为图腾的对象要么属于动物界,要么属于植物界,而且以前者为多;非生命体则十分罕见"[①]。这充分说明,自然界生物生命,与人类的生命从本质上是一样的,生命是人们敬畏的对象。据有人调查发现:"东南澳洲的部落中收集了 500 多种图腾的名字,其中植物和动物以外的名字不到 40 个……只有极少的位置留给了天体。"[②]

在青春礼上以动物和植物为图腾的仪式性活动很多,其寓意也是十分复杂的。图腾是氏族组织中人们认为自己的组织和个体是通过亲属关系纽带联合在一起的标志,但实际上图腾所代表这种关系不是出于血缘关系,只是由于某一物种与氏族组织有某种神秘联系,出于生殖崇拜而形成的图腾信仰。所以说,用来命名氏族集体的物种被称为图腾。图腾在青春礼仪式上意义重大,一个人在青春礼上获得图腾标志,并非是从血缘关系上、宗族关系中获得世俗社会的关系,而更重要的是获得一种宗教关系,而这种关系

---

① 爱弥尔·涂尔干著.宗教生活的基本形式.渠东,汲喆译.上海人民出版社,2006年,第99页.
② 爱弥尔·涂尔干著.宗教生活的基本形式.渠东,汲喆译.上海人民出版社,2006年,第99页.

是部落氏族为了应对自身生存发展需要而自发结成的一种关系。为了使这种现实需要的关系具有更大亲和力,而通过图腾形象以喻示生殖崇拜的神圣性就是青春礼本质意义之所在。我们在对青春礼考察中发现,图腾在青春礼上具有象征功能和对人的圣化功能。

图腾的象征功能是指某种动植物成为部落氏族的仪式象征物。他们将这种象征物看成一个名字或一个标记,看成是部落的一面旗帜。这些图腾标记在日常生活中就经常出现在他们房屋的墙上、武器上、日用品上和坟墓上。这些图腾的功能就是本部落氏族的共同象征,实现氏族组织的认同。涂尔干认为,"图腾生物的形象比图腾生物本身更加神圣"[①]。

图腾崇拜是自然崇拜的仪式性表现,也是象征性表现,自然界中一些动植物与人类的形象、器官、生活关系有共同象征的,就会成为人们膜拜的对象。在恩坎加女孩的青春期仪式里,新入会者被包裹在毯子中,放在一棵穆迪(mudyi)幼树的根部。穆迪树因其白色的胶乳而惹人注目,它的薄树皮在被划擦时会渗出如珠,大部分恩登布女人都会赋予这种树几种意义。第一,奶树是仪式中的"资深"树。奶树的象征价值被认为是仪式的目标。第二,女人们根据它可观察到的特点,认为奶树代表人乳和提供乳汁的乳房。人们为女孩子举行恩坎加仪式,是在她的乳房开始发育成熟时,他们表达了养育这个主题。第三,妇女们认为奶树是"母子树"。此时,奶树的意义由描述喂奶这个生物行为转向了家庭内部关系以及最广泛的恩登布社群的结构这两个方面的、具有深远意义的一种社会纽带。[②]

奶树的象征价值在于由生殖崇拜到养育价值,进而象征母子关系。植物的生物特性被社会化、神圣化,被人们顶礼膜拜。一位仪式专家这样描述奶树的象征意义:"奶树是世系内所有母亲们的地方(ivumu,字面意思是'子宫'或'胃')。它代表男人和女人的女祖。奶树是我们的女祖入会时睡的地方。这里,'入会'指的是妇女们绕着奶树跳舞,树下睡着新入会者。一个又一个女祖睡过这里,一直延续到我们的祖母、母亲和我们这些孩子们。那是我们部落风俗开始的地方,甚至对于男人来说也是如此,因为男人也在奶树下接受包皮切割手术。"[③]

---

① 爱弥尔·涂尔干著.宗教生活的基本形式.渠东,汲喆译.上海人民出版社,2006年,第125页.
② 参考维克多·特纳著.象征之林,恩登布人仪式散论.商务印书馆,2006年,第20页.
③ 参考维克多·特纳著.象征之林,恩登布人仪式散论.商务印书馆,2006年,第21页.

　　青春礼上的图腾不仅具有自身圣化、被人圣化的特征，还具有将人圣化的功能。而这一功能的实现是通过图腾同体化、图腾禁忌等神秘形式实现的。图腾在原始人的社会生活中虽然被圣化，表示与世俗事物不同，但经过仪式活动又不是外在于人的事物，不仅在日常生活中被标示在工具上、日用品上，而且在仪式活动中还是被标示在人体上的仪式象征物。

　　标示在人体上的仪式象征物具有图腾与人同体化的功能。图腾纹在受礼者的肉体上，就变成了他们身体的一部分；到了青春期年龄的仡佬族男子两颗上齿被敲掉，就是要模拟图腾的样子；如果氏族部落图腾是一种飞禽，人们就把这种鸟的羽毛插在头上；鹰氏族人的头部前面留有两大簇头发，脑后留有一簇；野牛氏族把头发扎成角形；海龟氏族的头发只留下六束，其余全部剃光，六束中头部两侧各有两束，前面一束，后面一束，他们就用这种方式来模仿图腾动物的四肢和头尾。每个氏族成员都会设法使自己具有图腾的外貌，这是一条非常普遍的规律。① 在一些原始氏族部落，青少年个体通过青春礼进入部落的宗教生活，其中一个主要仪式就是在身上绘上图腾的图案。这标志着图腾与人的同体化的实现，人也具有图腾的神秘力量。

　　在青春礼上，图腾对人的圣化还表现为许多宗教禁忌的解除。图腾大多是动物和植物的形象标志，而动物和植物的世俗用途是日常的食品，但图腾宗教功能就是对图腾生物的神圣化，这就是食用的禁忌。一般来说，氏族部落的成员是不能将图腾的动物、植物作为日常食品的，谁要是不遵守这一禁忌，谁就会大难临头，人们认为对图腾圣物的亵渎会导致死亡和自身的伤害。但在青春礼仪式上则不同，图腾生物是圣物，它可能被制成秘膳，人们可能仪式性吃圣餐。"在图腾植物或动物中，始终存在着一种令人敬畏的本原，这种本原一旦进入凡俗的有机体，就必然会被扰乱和破坏。"②但通过青春礼的个体，已不是世俗的个体，他们拥有了一定程度的神圣的属性，为了强化这种神性，他们需要有节制地仪式性食用圣物。在庄重的青春礼上，图腾生物的食品绝不是普通的菜品，而是具有神秘力量的"圣餐"，吃些圣物，意味着拥有了神圣的力量。在许多氏族部落，"老人和那些获得了较高宗教地位的人，都不受那些普通人才受其约束的限制。他们之所以可以吃圣物，

---

① 爱弥尔·涂尔干著.宗教生活的基本形式.渠东,汲喆译.上海人民出版社,2006年,第107页.
② 爱弥尔·涂尔干著.宗教生活的基本形式.渠东,汲喆译.上海人民出版社,2006年,第122页.

是因为他们本身就是神圣的"①。

二、个人图腾及其功能

图腾是用来命名氏族群体的物种，但在青春礼上个人所获得的图腾也可能就是他个人所独有的保护神。"在某些澳洲部落以及大部分北美印第安部落中，每个个体自己都和某个特定的事物保持着一种关系，就像每个氏族与其图腾所保持的那种关系一样。"②个体图腾多数情况下是生命体或动物，它们的名称也是个体的名称，就是在氏族图腾的名称前再加上个体图腾的名字，这些名字也具有神圣的性质，在世俗生活中是不可以说出来的名字，只有在特殊的场合，才可以使用。个体图腾具有个体保护功能、赋予个性功能和宗教信仰功能。

个体图腾与集体图腾的获得方式和程序是不一样的。集体图腾是世代相传的，有的是与生俱来的，孩子刚刚出生就从母亲或父亲那里继承了图腾，而纯粹个人的图腾是要经过一系列的复杂程序才可以获得，一般是在青春礼上获得的。"北美洲的印第安人一般采取如下方式：大约是在青春期，当成年礼即将来临之时，年轻人就被调往远处的一个地方，比如到丛林中去。在几天到几年不等的时间里，他就要在那儿经受各种令人精疲力竭的残酷锻炼。他禁食禁欲，自伤自残。他时而四处游荡，发出狂暴的叫喊和名副其实的怒嚎；时而伸展四肢，凝然而凄楚地躺在地上；时而手舞足蹈，祈求并召唤他那些常在的神性。就这样，他最终使自己进入了一种亢奋的极端状态，走向了神志失常的边缘。而一旦他到了这个当口，他的表现就很容易具有幻觉的性质。"③复杂神秘形式就是为了使个体在幻觉状态下获得个人的保护神。栖居在宾西法尼亚的印第安民族在成年礼上用麻醉剂使受礼者产生幻觉状态。"一个男孩子在成年礼的前夕，要交替进行禁食和服药。他任何东西都不能吃，还得服下令人作呕的药剂。他不时喝下一些调制好的麻醉药，直到他果真神思恍惚为止。然后，他就产生了幻象和非同寻常的梦境，或者说他以为他产生了幻象和梦境——当然这是此前所有训练的必然结果。他想象自己在天空飞翔，在地下挺进，跨越峡谷，在山巅之间来回跳

---

① 爱弥尔·涂尔干著.宗教生活的基本形式.渠东,汲喆译.上海人民出版社,2006 年,第 123 页.
② 爱弥尔·涂尔干著.宗教生活的基本形式.渠东,汲喆译.上海人民出版社,2006 年,第 150 页.
③ 爱弥尔·涂尔干著.宗教生活的基本形式.渠东,汲喆译.上海人民出版社,2006 年,第 153 页.

跃,降伏了巨人和怪物。"①

迷幻状态是图腾同体化的必要形式,是通神的必经途径。青春礼上青年的迷幻状态是原始部落青年生存状态的真实反映,青春礼的神秘形式是对现实人生的模拟,青年在丛林中经过长时期隔离是现实生活中青年真实地位的反映,各种生存考验乃至精疲力竭是柔弱身体常常无助的表现,青年人只有通神,寻求个人保护神的保护,才能抵御来自生活挑战的各种危险。

个体图腾除了具有对个人进行庇护的功能以外,还具有赋予和强化个人某种特性的功能。一个以鹰为标记的人,会具有高瞻远瞩的天赋;一个以熊为保护神的人会具有坚强、稳重的天赋。因为一个人一旦拥有个体图腾,他也就成了图腾的一部分,其中一个发生了问题,另一个就会有反映。如果图腾动物死了,人的生命也会受到威胁,双方互体,因此自然会有共同的感应。

青春礼上获得个人保护神的神秘形式,个体图腾对人的神奇庇护,图腾与人可能产生的神秘感应都会强化受礼者的神奇感受,这一切最终都会强化人的宗教信仰功能。个体保护神的图腾与部落保护神不同,它来自受礼者的自我体验,更容易激发起人们的宗教信仰感情。

三、集体图腾及其功能

如果说青春礼上获得的个人图腾具有对个体自然生存状态的保护功能,赋予个性特征、社会资格的功能和强化宗教意识的功能,那么集体图腾的获得除了具有个体图腾功能以外还具有对部落共同体强化的功能,青年取得宗教生活权利的功能等。集体图腾是相对个人保护神的个体图腾而言的,集体图腾包括部落图腾、氏族图腾、胞族图腾、姻族图腾等形式。随着人类文明的发展,人类生存繁衍、共同生活会有不同的社会组织形式,这些不同的组织形式几经变迁,会有很大的变化和非常复杂的形式,但作为集体图腾则具有共同的宗教特征,以至发展成今天的宗教组织形式。

部落是一个地域概念,共同生活的原始人群为了能够抵御自然界和其他部落的威胁,需要集体图腾的保护,以强化部落组织人们之间的认同和群体力量的强大。集体部落图腾或来自于神话传说,或来自于祖先崇拜。部

---

① 海克维尔德.历史的记录:曾栖居在宾西法尼亚的印第安民族的仪典与习俗.美国哲学协会历史与文化委员会会刊,第一卷,第238页.

落图腾是最原始的宗教形式,由于其地域性质,宗教的圣化力量可以使某些与神灵有关的祖先和地域具有神性,以至可以用来举行青春仪式、祈福仪式或禳解仪式。在澳洲中部的阿兰达部落和洛里查部落,母亲怀胎被认为是祖先临现,神灵使之受孕,所以部落中所有女人举行青春礼或想怀孕生子都要祈求祖先赐福,选择神圣之所。①

氏族是在部落集体生活中占优势地位的群体,一个部落常常有一个或多个氏族组织,每个氏族都有图腾,同一个部落中的不同氏族不能共用一个图腾。氏族组织中子女多采用母亲的图腾,由于外婚制的规定,女方的图腾必须与夫家的不同,所以具有同一图腾的成员就会分散到各地,这使得图腾信仰慢慢超越了地域性的限制,成为超时空的宗教信仰。

胞族是由兄弟关系而联合起来的氏族群,所以胞族图腾被认为高于氏族图腾,每个氏族图腾从属于一个胞族图腾,由此来说,氏族成员获得胞族图腾就具有更高层次的社会意义和宗教意义,即更高层次社会联盟和更高层次的宗教组织功能。除去胞族、氏族组织以外还有姻族,姻族是属于不同胞族的一代人同另一个胞族的一代人的通婚,姻族是胞族组织的一个分支。姻族虽然没有姻族自己的图腾,但也有图腾信仰的饮食禁忌。②

由此看来,图腾制度是原始的社会组织形式,也是原始的宗教组织形式。图腾的社会组织形式经部落、胞族、氏族、姻族等多种历史变迁,在姻族阶段图腾制度作为一种社会组织形式就已衰落与解体,但作为宗教组织的图腾仍然存在,现代社会人们仍然在寻找作为不同民族、不同文化圈的图腾。从成年仪式历史功能的意义上来说,原始社会图腾信仰虽然有社会文化和教育的功能,但主要是宗教信仰功能。

集体图腾的获取方式与个人图腾的获取方式不同,集体图腾多是在季节庆典上、宗教仪式上获得的,它不强化图腾同体,而是强调图腾偶像的崇拜。集体图腾是一个徽标、一个标记,是以一种动物或植物作为一个部落氏族的徽号和标志。图腾从语源上说是指村庄和家族群体的居住地。易洛魁人把图腾动物的皮铺在每一座棚屋上,作为氏族的标志。③ 奥马哈人一般

①　爱弥尔·涂尔干著.宗教生活的基本形式.渠东,汲喆译.上海人民出版社,2006 年,第 101 页.

②　爱弥尔·涂尔干著.宗教生活的基本形式.渠东,汲喆译.上海人民出版社,2006 年,第 100—103 页.

③　史密斯.易洛魁人的神话.载于美国民族学会的第二次年度报告,第 28 页.

把图腾画在帐篷上。① 总之集体图腾是外在于人的事物,图腾常常出现在房屋上、武器上、生产工具上、日用品上和葬礼上。

第三节 青春礼的仪式崇拜及功能

青春礼由自然崇拜到偶像崇拜,反映了原始宗教的形成和发展过程,从偶像崇拜发展到仪式崇拜,既体现了宗教的发展也反映了文明的进化。青春礼仪式的古今变化伴随着其社会功能的历史变迁,由对人的自然保护功能,逐步演化出社会教育功能、宗教信仰功能、文化认同功能等。研究青春礼的宗教特征及仪式仪轨对揭示成年仪式的社会功能具有重要的意义。

一、青春礼的象征符号与仪式崇拜

按照涂尔干对于宗教内涵的界定,宗教可以是有神的宗教,也可以是没有神的宗教,他认为世界上有许多宗教是没有神的,宗教的最主要特征是仪式信仰。按照这一观点进行考察,青春礼中有图腾崇拜,有个人保护神和集体保护神,因此青春礼是有神的宗教,但青春礼的初级形式生殖崇拜和青春礼的高级形式仪式崇拜却是无神的宗教,虽然这些青春礼没有偶像神崇拜,但却有非常复杂神秘的符号仪式,因此,我们说它们也是一种宗教仪式。

象征人类学派的重要代表人物、符号和仪式过程专家维克多·特纳将仪式符号的研究与人们的宗教信仰紧密联系起来,特纳将仪式定义为"适合于与神秘物质或力量相关的信仰的特殊场合的、不运用技术程序的规定性正式行为"②。

从涂尔干和特纳的观点去理解,宗教和仪式是紧密联系的,没有仪式就没有宗教,宗教就是一种仪式崇拜。从仪式象征符号的内容、仪式过程、仪式表现上去认识青春礼的宗教信仰功能是成年礼研究的重要途径。当然仪式并非宗教活动所专有,有许多仪式活动是世俗的活动,就是这些世俗的仪式活动也具有日常活动所不具有的社会功能。宗教仪式活动具有神奇的功能,以至出现了许多仪式崇拜的信仰,而世俗的仪式活动则没有这种仪式崇拜信仰。

---

① 多尔西.奥马哈社会学.载于美国民族学会的第三次年度报告,第 229,240,248 页.

② Turner,V. The Forest of Symbols: Aspects of Ndembu Ritual, p. 19. Ithaca: Cornell University Press, 1967.

仪式是在一定的场域中,由一系列象征符号的不同组合、依据不同的原则程序、表达某种指涉意义,从而对人们的思想观念产生重要影响,对人的行为给以规范的活动。从这一定义出发,我们对仪式活动应有以下几个方面的把握。(1)仪式活动是由不同文化、亚文化实体参加的,由复杂的社会关系组成的,由有丰富社会意蕴的场域背景中发生的。(2)仪式活动的过程是一系列象征符号的不同组合的过程。特纳认为,这些象征符号具有多重意义价值整合的浓缩性;象征符号具有指涉一系列社会控制和消解意义的统一性,象征符号具有"感觉极"和"理念极"的二级性,"感觉极"具有唤起人们最底层的、自然欲望和感受的功能,"理念极"具有通过秩序和价值引导人的功能。(3)仪式活动遵循一定的原则,表现出特定的仪轨,具有重复性、模塑化,强化思想观念、规范行为方式的作用。

如果说,仪式活动有深刻的社会意蕴,有象征符号的神秘组合方式,有模塑思想、规范行为的强大功能,那么,青春礼作为更原始的宗教形式,有更加复杂的仪式活动,有更加神秘的场域背景,有多重的社会意蕴,仪式象征符号被神圣化、有灵化,不同的仪式形式还会有许多神奇的功能,所以在青春礼产生的时代,出现宗教仪式崇拜是很自然的事情。

原始青春礼的最终结果是一个精神生命的再生,按照我们今天的说法,就是确立一个人的信仰。由于原始人的认识能力限制,他们的信仰不可能建立在对自然、社会、思维诸方面历史发展总和的科学认识基础之上,他们只能通过某些神秘的方式和仪式性的活动以寻找自己的精神寄托。

具有宗教特征的青春礼就是通过象征仪式符号作用,使人们建立起不同的精神信仰。从宗教的观点来看,所有人类的生活都充满了象征体系,它使我们心灵的感觉信号条理化。人们的感觉、情感、心理活动从幼年开始都被塑造成各种模式。任何人都不可避免地受到象征化作用,它把生活体验组织成有意义的认识,在仪式活动中赋予某种具体的事物以终级的价值,即崇拜某种事物。无论是哪一民族的成人仪式都会帮助成年者整理日常生活经验。一旦参加者被置于与神圣实在的联系之中,世俗世界就会发生变化。即使这一时间是短暂的,仪式也使参加者有一种得到净化和再生的感觉。

在仪式活动中,人们运用符号不仅整理日常生活经验,而且还会使日常生活物质神圣化。按照特纳的观点,在整理日常生活经验的符号化过程中,符号会被浓缩化、简约化。日常事物有多重象征意义,但随着有灵化的发展,会逐步集中在某一特定事物的独特的特征上,它将成为支配性象征符号,如"储灵珈"或"牛吼器"等。在整理日常生活经验过程中还会出现"感觉极"和"理念极"的二级反映,例如,在青春礼上,"恩登布象征符号,在他们的意义感觉极,表示血、男性和女性生殖器、精液、小便等主题。同样的这些象征符号,在它们意义的理念极,则代表各种社会群体——初级群体和社会群体,家庭群体和政治群体——的团结和延续"①。特纳对仪式特点的概括是精到的,但他的论述并没有涉及仪式活动的本质,也没有论及青春仪式的宗教本质。

二、宗教形式的青春礼及其功能

从青春礼的多种图腾崇拜发展到完备宗教形式的偶像神崇拜,是由于仪式符号浓缩化、简约化的结果,仪式符号强大的功能在许多宗教活动中表现得最为明显。在现代社会,以宗教形式举行的成年仪式来标示一个人的成年也是比较多见的。

在具有青春礼特征的宗教仪式中,更多使用象征符号的仍是语言。一个犹太教男孩过了 13 岁生日后,就要在第一个礼拜日去犹太会堂诵读《律法书》。这个仪式主要通过诵读律法书的过程,用语言的意义以象征这男孩已经成年,并表明他成为这个团体的一名正式成员。当举行庆祝成年的仪式时,在安息日的早礼拜中还要由拉比(负责执行教规、教律和主持宗教仪式的人)进行一次特别的布道。布道强调这孩子从此应承担的责任,要求他终身遵守《律法书》的戒律,并且把他的律法知识传授给他的子孙。这在犹太人的家庭生活中是一件重要的大事,因为它将确立这个新教徒的宗教信仰。

宗教仪式活动在确立青年人信仰方面意义最为重大,宗教组织利用一些圣礼活动,把现实社会的一些事物表现为神圣的实在。这种礼仪活动不同于原始状态下的幻觉经验所带来的神秘体验,礼仪活动使符号象征物向神圣实在转变,宗教形式的成年仪式是人精神生命的再生,因此,这不是个人经验生活的体验。圣礼、圣典、圣地、寺庙、神圣的节日、祭祀和神职人员等都是在利用象征的手段把物质的世界神圣化,在特定的时间和地点,通过特别的仪式和神话故事,建立神圣王国。人们通过圣洁的语言和行为的仪

① 维克多·特纳著.象征之林,恩登布人仪式散论.商务印书馆,2006 年,第 28 页.

式性活动了解生活的意义、乐趣和希望,确立人生的信仰。

无论是哪一种宗教,都会极力神化本教的经文、教义,让它代表神圣的力量。穆斯林的圣典《古兰经》就是叙述安拉(神)通过天使加百列向穆罕默德传达教谕的。几个世纪以来,这一圣典都未从阿拉伯原文中译出,因为正统的穆斯林觉得这些言词中有一种神圣的力量,因为它们是以穆罕默德的语言表述出来的,这种语言大概也是安拉的语言。

从日常经验中我们知道,恶语会伤人,而好言相慰能驱除惊恐,因为语言在说者和听者之间建立起一种个人联系。在日常使用中,言词具有心理上的力量。但是,一句祝福(赐福),一个诅咒,圣礼上使用的语气,基督教的《福音书》讲述上帝拯救犹太人的神圣历史,在参与者看来,都具有神秘的力量,因为它们体现了神圣王国的意义。

宗教仪式的语言在说者和听者间建立起一种神秘的联系,宗教试图表达最终的、不可表述的实在。当一个教徒把赞歌、祝福、诅咒或神话作为仪式使用时,所产生的力量不是来源于个人的要求,而是来源于它的神圣性。在宗教看来,神圣的言词有安排人类生活和依照永恒、神圣的原则改造日常生活的力量。比如,正统印度教的婆罗门祭司认为,古代吠陀的梵文诗歌本身就具有力量。然而,这种力量有赖于准确地用原文背诵这些诗歌,连语音、语调都不可以改变。如果把这种诗歌译为其他语言,就会使它失去祭祀的作用,原来的语调会荡然无存,其神圣的力量也会丧失殆尽。

宗教礼仪不同于原始青春礼依据人们幻觉经验而确立信仰的形式,但它却吸纳了青春礼中的一些神秘的东西,通过象征符号的意义使人们产生更加神秘的感觉。宗教在确立人们的神秘信仰方面,更加重视仪式活动的作用。

现代文明社会已很少见到古老的青春礼,但宗教礼仪还存在,青年参加各种宗教组织团体,还是要举行各种神秘的礼仪形式。如果说现代青年参加各种宗教组织团体也还有成人仪式的特征,那么这些仪式活动所包含的社会意义和历史功能也早已发生了深刻的变化。

最早的成年仪式是一种青春礼,是由于人们无法认识自然界和自身生理变化的特点而寻求个人的保护神和图腾信仰的一种宗教活动,而后来出现的带有青春礼特点的宗教礼仪也很多,这些礼仪活动的目的是一种现实的逃脱。在施礼者和受礼者看来,各种混乱纷争、人欲横流、肮脏污秽的世俗世界中,人们是无法认识自己和社会的真实情况,而进入一个圣洁世界的宗教活动才可以使心灵得以安宁,而宗教仪式活动的主要功能就是对人之心灵的净化。

现代社会的许多宗教活动都带有净化仪式的特点。在圣团(圣餐)仪式中,罗马天主教神父把圣饼撕成碎片,放进葡萄酒中,然后祈祷说:"愿我主耶稣基督的血肉使我们获得永生。"罗马天主教徒入教之前必须忏悔他们的罪恶,并表现出悔悟之情。通过忏悔和赦罪,一个人会以纯洁的状态加入教团。通过宗教净化仪式,人们不洁的身体和尘俗的行为就会被纳入神圣范围之内,因为他们已经变得洁净了。在一般的世俗存在中,生活的力量被一些紧张的压力和污秽的事物所扼制,失去了它们本来的力量,生活失去新鲜感和活力,变得混乱不堪。为了改变这些,宗教仪式按照实在的神圣模式使生活重新恢复生机。

无论是青春礼所产生的幻觉体验,还是宗教仪式的象征意义,都是为了净化人的心灵以取得与神灵的沟通,因此这些仪式对于一个人的成年都具有重要的功能。按照一般性的理解,成年仪式的原始意义就是一个新生命的产生,一个得到净化心灵的再生。当然,青春礼除了确立人的宗教信仰,标示人的成年的基本功能以外,还有许多其他社会功能。

三、青春礼的苦行仪式及其功能

青春礼是一种原始宗教的仪式,具有确立人们宗教信仰的功能,但这并不是说,青春礼中一些来源于宗教的仪式活动就不具有其他世俗的社会功能。苦行仪式是现代人关注最多的青春礼。社会学家、教育学家给了苦行仪式以很高的评价,甚至通过具有苦行性质的生存锻炼方式对现代青年实施教育,但是,许多人并不了解苦行仪式产生的原因及其对人的精神提升的重要价值。

涂尔干认为苦行仪式是一种消极膜拜,是人们建立宗教信仰的仪式活动。人们可以通过"涂油礼、净身礼、感恩礼"等积极膜拜的形式逐步接近神圣世界,也可以通过"禁食、守夜、静修、缄默"等消极膜拜形式摆脱凡俗世界的活动,逐步接近神圣世界。但以献祭为主的积极膜拜形式更接近神的世界,而以禁忌为主的消极膜拜形式则与世俗世界有更多的联系。"事实上,从所有禁忌中,我们都可以发现某种程度的苦行性质,人们只有受到外部约束或进行自我克制,才能抛弃那些有功用的东西,抛弃那些寻常的、针对某些人类需要的行为方式。"①人类生活在世俗世界中,我们人类的本性(感觉、知觉、理性)都依附着世俗世界,如果我们不对人类自然本性施暴,就不可能超凡脱俗,进入神圣世界。"一个人倘若不去掉自己所有的凡俗东西,就不能同神圣事物建立起亲密的关系。如果他没有或多或少地从凡俗生活摆脱出来,他就没有一点可能过上宗教生活。"②青春礼强调的隔离状态是将世俗世界和神圣世界区分开来,这种区分越明显越好,青春礼使用的火烧、烟熏、鞭打、针刺、割礼等苦行仪式就是对人的自然本性的施虐,以期尽可能的脱离凡俗。

我国广西瑶族男子年满十五六岁时,都要举行一种叫"度戒"的仪式。度戒需要经过复杂的程序,还要经过许多种苦行的考验,如:(1)高台法,从一丈多高的"高台"上跳下;(2)刀山法,赤足爬上扎有十二把或五把利刃的刀梯;(3)盐埠法,以生盐放入眼里,并以七枚细针穿背;(4)勒床法,睡在布满利刺的床上;(5)火砖法,用脚踏烧红了的砖块;(6)犁头法,口含烧红了的犁头;(7)油锅法,用手伸入煮滚了的油锅摸物;(8)岩堂法,赤足走过长丈余的炽热火堆等。③ 这些酷似刑法的苦行仪式主要目的是为了受戒后进入神圣世界,并非现实生活中需要的技能。但这并不是说这种苦行仪式就没有现实的意义。苦行仪式所内含的意志品质的坚强精神在现实世界则是非常需要的。人们生活在难以与之抗衡的自然世界里,生活在复杂、多变,又常常扼杀个性的社会环境中,人们需要不断地向自己自然本性施暴,不断超越自己,来完成自己的社会责任。正如涂尔干所说的:"苦行主义是一切社会生活所内在的固有的,即使在所有神话和教义都破灭以后它仍会留存,它是一切人类文化必不可少的部分。"④由此可见,研究古老的青春期仪式、苦行仪式的社会功能还是有很重要的社会意义。首先,青春礼的苦行主义仪式对于青年具有锻炼意志品质的功能,在超越自己身体极限的状态下可以升华一个人的思想,提升人们的思想境界,反省自己的生活,培养参加者积极的生活态度;第二,苦行主义仪式具有培养青年人艰苦朴素、吃苦耐劳精神的功能,可以让受礼者体验到不同的生活状态,改变受礼者的不良生活习

---

① 爱弥尔·涂尔干著.宗教生活的基本形式.渠东,汲喆译.上海人民出版社,2006年,第294页.
② 爱弥尔·涂尔干著.宗教生活的基本形式.渠东,汲喆译.上海人民出版社,2006年,第292页.
③ 参阅杨成志.广西瑶族社会历史调查.第6册.广西民族出版社,1987年,第633页.
④ 爱弥尔·涂尔干著.宗教生活的基本形式.渠东,汲喆译.上海人民出版社,2006年,第298页.

惯;第三,苦行主义仪式还具有发掘个人潜能,达到自我实现的功能,苦行主义仪式从许多方面挑战人们的感觉、知觉等心理、生理极限,为创造更有意义的人生开辟了广阔的空间;另外有些苦行主义仪式也具有生理强化的功能,割礼、割阳,拔掉头发、胡子,敲掉牙齿等青春仪式不仅可以获得宗教上的神秘力量,而且可以强化人的某些方面的生理功能,使人的某些器官变得强壮起来。

　　总之,青春礼苦行主义仪式的基本功能是为了确立宗教信仰,而以信守禁忌为主的消极膜拜的苦行主义在确立人们宗教信仰过程中必然会有人的自然本性的脱离,这种脱离自然本性而向神性的过渡,其实就是向人的社会本性的回归,因为神的本质就是人的本质。所以,青春礼中的苦行主义表现的神秘力量就是人的自强不息的精神,苦行主义仪式所具有的宗教信仰功能中也自然会有社会教育的功能。

四、青春礼的补充仪式及其功能

　　青春礼的苦行仪式是消极膜拜的宗教仪式,而青春礼的补充仪式则是积极膜拜的宗教仪式。青春礼的补充仪式就是通过献祭等宗教仪式获取一定社会职位和权力的仪式活动。青春礼赋予了青年以宗教信仰、群体资格和婚姻性生活的权利,进入一个新的年龄等级,但是青年作为一个拥有一定社会地位和社会权利群体仍是不被承认的。如果一个青年人要拥有长者的权力和部族首领的权力就必须经过更加严格的考验和特定的仪式活动,就是要成为有一定地位的巫师、巫医和神职人员也要经过一定的补充成年礼。

　　在原始人的思维中,捕获猎物、医治病人等工作只有通过一些神秘方法才能实现。要掌握这些神秘的方法,获取某一方面的职能,只有建立一种神秘的联系。只有在猎人和猎物之间建立了神秘的联系,狩猎才是可能的,那些为此目的而举行的仪式的整个系统也就由此而产生;疾病是由神灵造成的,因此,只有“医生”与这个神灵确立了某种神秘的联系,才能在必要时候驱逐它和赶走它。举行补充成年礼就是为了建立这种神秘的联系。

　　在我们所知的大多数原始民族中间,巫师、巫医等这一类的人物在他们青春期也要举行一般的青春礼,但是,为了能够胜任他们将要担负的重要职务,他们还必须经历一个见习期的考验,进行补充的成年仪式。在几个月,甚至几年的时间里,他们要在自己的师傅,亦即执行巫师或巫医的监视下经受某种考验。巫师或巫医的成年仪式与部族的一般成年仪式很相似。但是,一般的成年仪式所有人必须遵守,相比较而言具有公开的性质,而且每隔相当长一段时期才举行。相反巫师、巫医的成年仪式只适用于有某些"使命"的人物,它是秘密举行的,而且只是在有这样的人物时才举行。

在列维-布留尔著的《原始思维》中提到,在巫师和巫医举行成年仪式时,根本就不让他们休息,只让他们站着或走着,直到疲惫不堪,差不多是懵懵懂懂,不知自己身在何处。不给他们一滴水喝,禁止他们吃任何东西。他们事实上变得昏昏沉沉不省人事了。① 当这种状态达到顶点,则可以说他们是死人的状态。换句话说,那些指导着成年礼的神杀死了他们,然后又让他们再生。据说,在黎明时,某一神灵就会来到洞口,发现这个人睡着了,他用一枝看不见的矛刺他,从脖子后面穿过去,刺穿舌头,在舌头上留下一个大孔,从口里刺出来⋯⋯另一枝矛刺穿脑袋,把两只耳朵刺个对穿,牺牲者倒下去死了,立刻把他抬进洞的深处(那里居住着众神)。神在洞里从这人的身体中掏出所有的内脏,把它们全都换成新的,这以后,仪式成功地结束了,现在他再生了,但是他仍处在一种精神错乱的状态中⋯⋯在几天内,他的举止仍然有些异样,直到有一天早晨人们发现,他横过鼻梁用炭灰掺油画了一条宽带。这时,精神错乱的一切症状都消失了,大家立刻公认一个新的巫医出现了。②

巫师、巫医、神职人员等补充成年礼仪式或者秘密社团成员的入会礼仪式,不论是在一般程序上,还是在礼仪细节上,都与少年们在达到青春期时所必须举行的公开的成年仪式相仿。但是,这些成人仪式的目的是十分清楚的,它们是要使参加者与某些神灵确立某种联系。因为巫师、巫医或社团中一些职位的人的力量正是来源于他所掌握的一种神秘特权。这种特权需要经过与神灵的沟通才能获得。在这种最原始的补充成年仪式中,人们是通过这种方式取得了部族中的"完全的"成员的资格,因为部族的秘密已经被他们掌握了。从这时候起,这些完全的成员、这些完全的男人就是社会集体所有的一切最神圣的东西的保管人了。此后他们将永不背弃他们的这种责任感。他们的生活可以说是被分割成两部分,一方面是一切男人和妇女共有的普通生活,另一方面是献给秘密的或神圣的东西的那一部分生活,而

---

① Spencerand Gillen, The Northern Tribeso Central Australia, p. 485.

② 列维-布留尔著. 原始思维. 丁由译. 商务印书馆,1981 年.

这后一种生活对他们的意义越来越大。随着他们年龄的增长,他们在社团中的地位越来越高,权力越来越大。

由此可见,在原始社会,处于青春期和青年期的青年,或者说经过最初青春仪式的青年在他们的社团中并没有真正的权力和地位,只有经过补充成年礼的人在社区中才拥有了神秘的地位和权力。研究补充成年仪式的功能对我们有很多启发:首先,成年仪式的社会功能有基本功能和附属功能、潜在功能和表现功能的区分。青春礼的补充仪式具有确立宗教信仰,确定一个人神职地位的潜在功能和基本功能,但在巫师、巫医、猎人等权力地位确定以后,他们承担更多的是人们日常生活、生产中的社会服务功能,而这些在日常生活中表现出来的功能就是附属功能和表现功能。其次,成年仪式的社会功能需要在不断强化中才能真正实现。青春礼与补充成年仪式举行时间上前后相继,形式与内容上基本相同,在强化人们的宗教信仰、神职地位和社会功能的作用方面是一致的,这充分说明仪式活动具有不断强化某种社会功能的价值。另外,成年仪式社会功能的实现需要对社会现实、受礼者进行彻底的批判。仪式环境与现实环境有强烈的反差才能充分发挥仪式活动的功能,这就要求对受礼者进行洗心革面式的仪式教育,所以补充成年仪式对受礼者实施了"死亡"等极端的仪式活动。

综合本章所述,青春礼就是一种宗教仪式,它主要有形成一个人宗教信仰的功能,当然也具有教育和社会文化的其他功能。我们可以从以下三个方面理解青春礼的功能。

第一,青春礼具有生殖崇拜及其功能。青春礼起源于生殖崇拜,青春礼的主要功能就是使一个生物的个体变成一个具有宗教特性的神秘人格的社会成员。当然,割礼、生殖崇拜等青春礼也具有生理保护功能,心理调适和教育功能,如果深入分析,还会发现青春礼的社会功能,即与原始社会制度的要求相适应,表现为乱伦禁忌、外婚制等社会规范制度。

第二,青春礼具有图腾崇拜及其功能。图腾崇拜是在生殖崇拜基础上逐步发展起来的一种宗教仪式。图腾崇拜是自然崇拜的仪式性表现,生殖崇拜也是一种自然崇拜,因此,生殖崇拜是联系自然崇拜和图腾崇拜的重要纽带。笔者分析了个人图腾及其个体保护功能,赋予个性特征功能和强化宗教信仰的功能;分析了集体图腾及其个体保护功能、部落族群共同体强化的功能,使青年取得宗教生活权利的功能等。

第三,青春礼具有仪式崇拜及其功能。青春礼由生殖崇拜到自然崇拜,由自然崇拜到偶像崇拜,由偶像崇拜再到仪式崇拜的过程,体现了成年仪式的历史发展过程。青春礼的仪式崇拜是确立人的宗教信仰的基本形式,它不仅对古代社会确立青年人的宗教信仰具有重要意义,而且对现代社会确立青年人的信仰更具有重要意义。青春礼的仪式崇拜还有一些独特的形式,如苦行仪式、补充成年礼的宗教功能和世俗功能。

第五章　成人礼的宗法教育功能

　　成人礼是有较长过渡时期和宗法教育内容的成年仪式活动,它是随着原始社会过渡到奴隶和封建社会以后出现的一种成年仪式活动。成人礼是在青春礼基础上发展起来的一种成年仪式,它反映了青年宗法文化的适应过程和人们对青年本质认识的深化。如果说青春礼是对青春期以前人的社会本质的否认,那么成人礼就是对过渡状态青年的社会本质的一种认可;如果说青春礼的主要功能是宗教信仰功能,那么成人礼的主要功能就是宗法教育功能。

第一节　成人礼的宗法特征

　　成人礼和青春礼的本质区别在于他们的结构特征不同,青春礼主要结构特征是隔离结构,成人礼的主要结构特征是过渡结构。成人礼有比较长的过渡状态,结构要素有不同的组合形式。较长时期的过渡仪式活动可以赋予成人礼以更丰富的教育内容,更具实效的教育方法,更加复杂的仪式结构功能。从成人礼的结构功能上去分析它的阈限状态特征,从成人礼的历史功能上去分析它的宗法教育特征,从成人礼的现实功能上去分析它的社会教育特征,这将有助于更加全面地进行成年仪式的社会功能分析。

一、从青春礼到成人礼

　　成人礼是在青春礼基础上发展起来的一种成年仪式。从成年仪式发展的历史过程上来说,成人礼是青春礼发展成今天成年礼的一个中间形态;从一个完整的成年仪式需要经过隔离、过渡、接纳三个阶段的逻辑过程来说,成人礼是成年仪式完整形式的一个中间环节。由此可见,成年仪式的发展体现了历史与逻辑的统一。成人礼与青春礼既有联系也有区别,主要表现在以下几个方面：

首先,青春礼从本质上来说是一种青春祭礼,是一种出于生殖崇拜的原始宗教的祭祀仪式,而成人礼是一种社会文化教育的古老形式。青春礼是为了寻求个人的保护神或者寻求与祖神或图腾的神秘同一的宗教活动,而成人礼虽然还保留着一些神秘的形式,但已具有了在宗族范围内对青年人进行社会文化教育的内容。

其次,青春礼是人类对自身生理状态不能科学认识的最原始反映,所以,那些形式表现得十分严酷、神秘。随着人类社会的不断进步,人们似乎对自身的生理变化、人的社会意义有了一些了解,所以就产生了比较文明的、有一定社会文化寓意、具有一定宗法教育内容的成人礼。

另外,青春礼是对青年状态的否定,而成人礼则肯定了青年作为社会上的一个特殊的、具有过渡性质的年龄群体。成人礼比最原始的青春礼举行的时间晚得多,一般来说,青春礼大都在十四五岁的时候举行,有的还要早,而成人礼大都发生在二十上下。成人礼不仅从起始时间上推迟,而且过渡时间也有所延长。在长达几年过渡时期内,青年们要学习本族的历史传统、风俗习惯以及耕作、狩猎等技艺才能参加正式的成人礼。

青春礼是原始社会人们对青年的一种否定,对成年人的一种认可。按照原始人类的看法,孩子不过是一个处于过渡阶段的不成熟的生物个体,而且自身是不能成熟的,他们需要借助外在神秘的异己的手段,如隔离,隔离期间学习一些巫术,在举行接纳礼仪式时割掉包皮和阴符等,才能使他们成熟。另外孩子是否成熟,还要经过一些严格的考验,如打掉牙齿、穿耳洞、用烟熏、用鞭打等,如果经不住这些严酷的考验,他们就不能获得成人的资格。所以早期的青春礼都是比较严酷的和神秘的。随着成年宗法仪式的产生,青年作为一个社会的年龄群体逐步被社会所承认,成人礼也具有了比较文明简单的形式。

在如今仍然保留青春礼古老形式的一些原始民族中,他们的成年仪式可能既带有原始青春礼的痕迹,也带有成人礼的特点。由于历史文化发展的过程不同,各民族风俗习惯不同,成年仪式会演化出许多不同形式,这是完全正常的现象。成人礼与青春礼不同,不仅表现在青年过渡时期的起始时间不同、过渡时期的长短不同等外在形式上,而且还表现在过渡仪式的形式、内容、风格的深刻变化上。

巴哈马群岛加勒比人的女孩在青春期来临的时候,她的母亲就要为她搭一座小茅屋,让她在里面幽禁八天。应该说这仍然是一种青春隔离仪式,但是,这种青春期的隔离已经不同于最原始状态下的具有宗教意义的青春仪式。在这种幽禁隔离期间,青年们主要不是获得巫法的技能,而是要独自学习纺织等社会生活知识。八天期满之后,她的母亲还会为她请来一位勤劳、正直、德高望重的老人为其主持仪典。仪典开始,老婆婆交给女孩一团棉花,接着把它燃烧。女孩必须两手飞快地交替,直到燃完。老公公端来一只装着毒蚂蚁的大碗,将女孩的双手放在碗中,任蚂蚁叮咬。据说,这些仪式都有一番意思:"在茅屋里呆上八天,意思是要她修身养性,学会当家理事;两手来回轻抛燃烧着的棉花团,暗示她在纺纱时要眼疾手快,提高效率;把手放在碗里,被蚂蚁咬得发痛,则是告诫她在生活的各个方面都要有吃苦的准备。"①巴哈马群岛加勒比人女孩的这种礼仪形式也是一种青春礼仪,但它已经不同于原始状态的青春祭祀仪式,仅就其仪式形式来说,已经确认青年是一种过渡的状态。无论这种过渡状态的时间是长是短,过渡仪式是否还具有神秘的形式,但承认青年是一种过渡的年龄群体,重视成年仪式的社会教育内容,这无疑是人类文明的一大进步。

二、成人礼的阈限(过渡)状态特征

如前所述,阈限状态就是特征不清晰的状态,他既不在门槛之内也不在门槛之外。对于接受成人礼的人来说,这种阈限状态是对仪式状态的一种主观感受。无论什么时代的青年,这种阈限状态的感受都是与青年的生理、心理特点相联系的。青年的生理成熟早于心理成熟,青年人对自己的自然性状不能做出合理的解释,对宗教、社会、文化也不可能有正确的认知,早熟的生理要求心理与之相适应,而心理的发展又不能满足生理发展的要求,这一切都强化了青年人这种茫然、无助、无识的阈限感受。

从成年仪式的实施者来说,这种阈限状态是组织者有意创造的一种使受礼者产生不同感受的仪式状态。与受礼者的主观阈限状态感受不同,仪式活动的阈限状态在不同时期有不同的特征。成人礼的阈限状态与青春礼的阈限状态有以下几个方面的不同:

首先,成人礼的阈限状态是一种世俗生活状态,青春礼的阈限状态是一

---

① 英语文摘.江苏教育出版社,1986 年第 7 期.

种神秘状态。青春礼的目标是通过一连串的仪式活动将受礼者引入宗教生活,因此,它所创造的仪式活动一定是具有神秘性质的宗教活动,青春礼的阈限状态是人神浑然不清的阈限状态。而成人礼的阈限状态是一种世俗生活状态,它通过一系列仪式活动将受礼者引入宗法社会生活,因此,成人礼的仪式活动不具有神圣性质,只是日常生活的程序化、仪典化、规范化的表现,成人礼的阈限状态是人与社会浑然不清的阈限状态。

其次,成人礼的阈限状态主要是一种过渡状态,青春礼的阈限状态主要是一种隔离状态。青春礼区分出神圣世界和世俗世界,这种区分主要不在于它的等级性,而在于它的异质性,即两个世界的理想、信念、善恶标准不同,从世俗世界进入神圣世界是同一性的断裂,所以阈限状态就是一种与世俗世界的隔离状态。而成人礼没有区分圣俗两种世界,而是区分出成人世界和青年世界,成人世界和青年世界的区分不在于它的异质性,而在于它的同质性。成人礼的阈限状态主要不是一种隔离状态,而是青年世界向成人世界不断过渡的状态。

第三,成人礼的阈限状态是宗法关系的再建构状态,青春礼的阈限状态是人神关系的再建构状态。成年仪式的本质是对人的社会关系的仪式性再现,但这种仪式性再现不是对社会关系的直接的、模拟性的反映,而是以神秘的、神圣庄严的形式,曲折地反映社会关系的现实。青春礼的阈限状态是以神秘的形式反映现实生活中人与神的关系,成人礼的阈限状态是以曲折的形式反映青年与成人社会地位的等级关系、等级逆转关系,重新建构青年与家庭、家族、民族、国家的关系。

成人礼的阈限状态是理想的青年教育状态。成人礼对世俗生活的仪式化整合,较长时期的过渡阶段,对现实社会关系的再建构这些阈限状态对宗法社会的青年教育是极其重要的。

成人礼对世俗生活的仪式化整合是将世俗生活规范化、程序化、仪典化的过程,这一过程具有宗法社会教育的功能。在人类蒙昧时期,世俗生活是杂乱无章的,人同动物一样以自然生理的本能适应自然,人们通过青春期仪式活动对人类简单的社会生活进行整合,从而体悟强大、神圣的自然力,因此,人们在进入宗教生活和社会生活的阈限状态主要不是靠教育而是靠直觉、靠体悟。随着人类认识自然和改造自然能力的提高,劳动产品出现剩余,阶级利益群体出现,人们需要以更大的社会性进行生活,也就需要以更强大的仪式活动整合现实生活,实施对社会成员的再教育,这就使成人礼得以产生并具有更强大的社会教育功能。

三、成人礼的宗法文化特征

成人礼是适应宗法社会需要而产生的一种仪式性活动。宗法社会是阶级社会,人们将奴隶社会、封建社会称为宗法社会。宗法社会是基于人的自然(血缘)关系而组成的社会,家庭、宗族、民族、国家都不过是在宗法关系基础上建立起来的社会。由血缘关系组成家庭,由家庭这一社会细胞进而构成民族、国家乃至整个社会,这种社会的合理性需要某种方式得以强化,在没有法制保证的条件下,社会的统治者利用各种仪式活动强化自己的统治地位是一个重要的选择。成人礼作为宗法社会关系的再建构方式也会引起统治者的重视,并赋予了许多宗法教育的内容。中国奴隶社会产生的礼乐文化充分体现了成人礼的宗法文化特征,礼乐文化是中国家庭宗法成人教育的主要内容。

礼乐文化产生于原始宗教中自然崇拜、图腾崇拜和巫术信仰,在进入阶级社会以后则为统治者的政治伦理服务。中国礼乐文化作为政治规范、道德伦理在西周政治、经济、外交、战争和日常生活中都有着重要的作用,承担着维持宗法社会秩序、调整人们的相互关系的重要功能。从一定意义上说,礼乐文化与成人礼文化本质上是一致的,都具有培养人们的伦理道德素质,进行宗法社会文明教育的作用。

西周的礼乐文化集中反映了西周的宗法制度。周代的宗法制度是在父权氏族的基础上不断扩大和发展起来的。父权家长世代占有土地所有权和分配财产、消费品的权力,在原始公社经济结构的基础上,父权氏族逐步蜕变为以血缘关系为纽带的宗族组织。依照周王朝宗法制度的组织形式,周王是全体姬姓宗族的"大宗",即最大的族长,他是普天下最高的统治者,他主持宗庙祭祀,掌握全国最高的政权和族权。周王的王位由嫡长子继承,世代保持天下"大宗"的地位。国王的其他诸子受封为诸侯,他们分别在自己的封地内建立宗庙、政权,成为"小宗"。"小宗"又可以进一步细分,建立各自的父权家长制,这就是所谓:"天子建国,诸侯立家,卿置侧室,大夫有贰宗,士有隶子弟,庶人、工、商各有分亲,皆有等衰。"(《左传·桓公二年》)①

---

① 杨伯峻编著.春秋左传注.中华书局,2005年,第94页.

这种层层归宗的宗法制度,使人与人之间的血缘关系和政治关系结合起来,家族同缘、家国同构,原来氏族家庭的宗族礼仪就成了整个社会的礼仪。《礼记·经解》中说:"故朝觐之礼,所以明君臣之义也。聘问之礼,所以使诸侯相尊敬也。丧祭之礼,所以明臣子之恩也。乡饮酒之礼,所以明长幼之序也。昏姻之礼,所以明男女之别也。"①

宗法制度要求宗法伦理与之相适应,以维护血缘关系为纽带的宗族国家的繁荣昌盛为目的。宗法制度规范和伦理道德要成为宗族社会成员的自觉行为,只有通过社会教育的方式来实现,而在当时的历史条件下,通过礼仪活动的形式是最好的社会教育方式。周礼中冠、婚、丧祭之礼中都有宗法教育的内容。士冠礼是贵族男子 20 岁时所举行的成人礼,是其成年的标志,士冠礼通过修懿德以继宗族的教育,使受礼者具有继承宗族生活和参与社会政治活动的权利。士婚礼是成年男女成亲时举行的仪式,通过上事宗庙,下继后世的教育,以达到合二性之好,使宗族繁衍昌盛的目的,也使受礼者获得一些新的权利和义务。丧祭礼是对宗族成员死后的丧事处理的仪式,丧祭礼通过亲疏远近的等级名分的伦理教育,以达到巩固宗族地位稳定的目的,也使参加礼仪的人更加明确自己在宗族中的身份和地位。

在传统社会的宗法教育中,成人礼具有独特的教育内容和教育方式,西周社会中的士冠礼、士婚礼都是一种成人礼,都具有宗法教育的特征,但具有宗法教育特征的成人礼活动远不止这些,家塾、宗庙、学校也都有一些青年仪式活动承载着宗法文化教育的内容。

第二节 "冠礼"与"婚礼"的宗法教育功能

如前所述,成人礼不是一种神秘的宗教活动,而是一种世俗的文化教育活动;成人礼具有较长过渡时期,其阈限状态特征和宗法文化特征都非常有利于实现对青年的宗法教育功能。在宗法社会成人礼有许多典型的形式,如冠礼、婚礼和一些家庭礼仪等,它们都承担着不同的宗法教育功能。

一、"冠笄礼"与宗法教育

成人礼最典型的形式是"冠礼",这是一种最早出现在家庭的礼仪教育

① 陈戎国点校.周礼·仪礼·礼记.岳麓书社,2006 年,第 409 页。

形式,是最具有宗法文化特征的青年过渡仪式。中国古代男子到了 20 岁,就进入"弱冠之年",要举行加冠礼。行礼前,先要由巫师(专门负责以蓍草占卦的人)卜问吉日佳期。占卜仪式通常在家庙门外举行。在卜问时,冠者的家长身着朝服,站在庙门东面,门外西堂上的席子上摆放着占卜工具,巫师根据家长选定的日期(通常是二月的某一天)占卜凶吉。若结果不吉利,就得另择日子卜卦,但须要 10 天以后;若占卜结果吉利,就由主人宣布正式日期。①

冠礼也在家庙中举行。当天早晨,冠者之家把仪式上所用的器物一一陈列妥当,称为"冠日陈服"。参加冠礼者有冠者家长、受冠者,还有亲戚朋友等来宾。主人要从来宾中选定一个赞者,即司仪;一个在仪式上为冠者亲自加冠的人,即大宾。冠者身着以彩色大花纹的锦缎为料子的童子服首先出场,朝南站立。宾主互相施礼揖让后,受冠者走到东阶的主位上。阶上已铺好坐席,放有一幅六尺长的缁丽(黑绸布)、两只象骨的笄(后世所说的簪)和一把木梳。大宾向冠者一揖,冠者便跪坐在席上。跪坐在一旁的赞者,把冠者的发式梳理成成年人的式样,并用黑绸带将发髻包起来。这时,大宾放声祝愿道:"在今天这个良辰吉日,为你加冠。从此,你就是一个成年人了。你要摈弃幼年习气,成就你的德性。祝您福如东海、寿比南山。"说完,大宾为冠者戴上缁布冠——一种用黑麻布制作的帽子。接着,冠者到家庙的厢房换上与帽子相配的衣裳、鞋子,向所有参加典礼的人致意,表示自己在外表和举止行为上已是一个标准的成年人了。

初加冠礼仪式后,还要再加、三加礼。三次加冠后,冠者要到家庙门口拜见母亲,再返回来接受大宾的赐字。西周以后,成年人除了名以外,还有字。有字是成年的一种标志。一般在自称或称呼下辈时用"名",称呼尊长时用"字"。冠礼后取字,是便于别人尊敬他时好称呼。这是促进青年人自尊自重、真正成人的一种方法。命字后,冠者依次拜见兄弟姑姐和当地尊长。主人则向来宾敬酒,赠送礼品。至此,冠者便步入成年,得到了社会的承认。②

冠礼虽然还带有原始社会青春礼的神秘形式,需要占卜起卦,但毕竟已

---

① 参阅徐经泽主编.中华魂丛书(礼仪卷).山东人民出版社,1992 年.
② 参阅徐经泽主编.中华魂丛书(礼仪卷).山东人民出版社,1992 年.

演化为一种很现实的家庭礼仪。这种家庭礼仪反映了对在过渡时期青年人的一种封建礼法的家庭教育。

行冠礼的首要条件就是要在成人之前懂得宗族礼法的规矩，与男子冠礼相同的成年礼是女子"及笄"礼。古代女子 16 岁行"及笄"礼。笄是古代妇女盘头发用的簪子，女子及笄，即够资格用这种簪子，标志着已经成年。青年女子在及笄及出嫁前要受到严格的家教礼仪训练。中国古代早在奴隶制时期就形成了一套礼教规范，古代社会要求女子要以柔顺为生活标准，在家庭中要学习事父母之道、事公婆之道、事丈夫之道。在儒家经典《礼记》中，对于女子在青年时期的家教规范已经规定得相当清楚和严格。

《礼记·曲礼》中记载："听于无声，视于无形；不登高，不临深，不苟訾，不苟笑。"①如果能按以上所说的去做，然后嫁到人家，就可以做好媳妇了。

关于女子怎样侍候公婆，《礼记·内则》提出："妇事舅姑，如事父母。鸡初鸣，咸盥漱、栉、縰、笄、总、衣绅；左佩纷帨、刀、砺、小觿、金燧，右佩箴、管、线、纩、施繫袠、大觿、木燧、衿缨、綦屦。以适父母舅姑之所。及所，下气怡声，问衣燠寒，疾痛苛痒，而敬抑搔之；出入则或先或后而敬仰扶持之。进盥，少者奉槃，长者奉水，请沃盥；盥卒，授巾。问所欲而敬进之，柔色以温之。"②

冠笄之礼体现了宗法教育的功能。首先，在宗法教育目标上，冠笄之礼体现了宗法教育的本质。冠笄之礼是一种成人礼，与青春礼相比，虽然它也有以礼仪形式别于动物的一般功能以外，但从根本上来说它具有强化宗法社会秩序，实现修身、齐家、治国、平天下的伦理政治教育的目的。《礼记·冠义》中讲："礼义之始，在于正容体、齐颜色、顺辞令。…… 故冠而后服备，服备而后容体正、颜色齐、辞令顺。故曰：冠者，礼之始也；是故古者圣王重冠。"《礼记·冠义》中还讲："古者冠礼，筮日筮宾，所以敬冠事；敬冠事所以重礼；重礼所以为国本也……"③

其次，冠笄之礼体现了宗法教育的基本内容。宗法教育就是家庭、家族、民族关系的教育，就是宗法等级观念的教育以及宗法社会伦理规范的教育，这些内容在冠笄之礼中都有体现。《礼记·冠义》中讲："三加弥尊，加有

---

① 陈戎国点校.周礼·仪礼·礼记.岳麓书社,2006年,第 240 页.
② 陈戎国点校.周礼·仪礼·礼记.岳麓书社,2006年,第 331 页.
③ 陈戎国点校.周礼·仪礼·礼记.岳麓书社,2006年,第 458 页.

成也；已冠而字之，成人之道也。见于母，母拜之；见于兄弟，兄弟拜之——成人而与为礼也。玄冠玄端，奠挚于君，遂以挚见于卿（《仪礼》作'乡'）大夫、卿先生，以成人见也。成人之者，将责成人之礼焉。责成人之礼焉者将责为人子、为人弟、为人臣、为人少者之礼行焉。将责四者之行于人，其礼可不重与？故孝弟忠顺之行立，而后可以为人。可以为人，而后可以治人也。故圣王重礼。故曰：'冠者，礼之始也。'嘉事之重者也。是故古者重冠，重冠故行之于庙。行之于庙者，所以尊重事，尊重事而不敢擅重事。不敢擅重事，所以自卑而尊先祖也。"①由此可见，在宗庙中举行冠礼强化了宗族关系，冠礼上的君臣兄弟及事父母之礼体现了等级关系，冠者孝悌忠顺的行为体现了宗法伦理的道德规范。对于女子的笄礼也体现了宗法教育的内容。《大戴礼记·保溥》上讲："束发而就大学，学大艺焉，履大节焉。"这就是说，行"及笄"礼的目的就是学习古代的宗族礼法。

　　另外，冠笄之礼体现了宗法教育的基本方式。宗法教育是靠血缘关系维系的族群内的教育，教育方式虽然不像青春礼一样具有各种神秘的形式，但是冠礼也有极烦琐严格的礼仪形式。冠礼在宗庙内举行仪式，举行冠礼前也要占卜吉凶，加冠仪式非常庄重，加冠后还要再加冠、第三次加冠，冠礼后还要冠名取字等，这些仪式活动集中体现了宗法教育的方式。

　　宗法成人礼肯定了青年是一个有一定过渡阶段的年龄群体，是一个应接受社会教育的群体，这是文明进步的表现，但是，青年群体仍是一个被动的受教育的客体，而其受教育的内容主要是家庭和家族的宗法规范，这又充分反映了青年过渡时期的宗法特性。

　　二、结婚礼仪与宗法教育

　　结婚礼仪是一个人青春期和青年期阶段在成年过程中举行的仪式活动，因此也是一种成年仪式，具体而言它应是成人礼的一种典型方式。大量的民俗学材料证明，成年仪式就是关于婚姻和性关系的一种习俗，最早出现的青春礼反映出原始人类对青年性行为和婚恋行为的一种态度。青春礼本质上就是获得一个保护神，一个新生命的再生。青春礼除了获得一个神秘人格，也是获得现实人社会资格的必要形式。一个进入青春期的青少年，经过一些神秘的考验，拥有了部落成员的资格，也就拥有了婚姻和性关系的权

---

①　陈戎国点校. 周礼·仪礼·礼记. 岳麓书社，2006 年，第 458 页.

利。最原始的青春礼实际上就有现代婚礼的萌芽。进入青春期的青少年经过隔离、过渡、接纳等复杂的形式,就可以拥有了性行为的权利,这是人类对自身的自然生理行为的一种社会控制,一种制度化的社会礼仪,这是人类文明的最初表现。

在人类社会生活中,婚姻是男女两性结合的社会形式,是在一定社会制度中确认夫妻关系的礼仪形式。随着社会生产力水平的发展,开始以家庭为单位进行生产,私有制和私有观念的产生,人们需要确定出自同一家庭的子女,以保障合理财产继承关系,因此,才产生了婚姻家庭的制度。原始婚姻家庭制度的最基本的功能就是对男女性行为的控制,而最初对性行为的制度化措施就是青春礼,即经过"割礼",经过隔离、过渡、接纳等神秘礼仪形式,才能获得性行为和婚姻的权利。随着人类文明的进步,婚礼和青春礼、成人礼才逐步分为前后联系又有区别的礼俗形式。婚礼是成人礼的一种典型形式,从婚礼存在的诸多礼仪形式来说也有着复杂的社会功能。

青春礼和成人礼举行的时间比较早,在成人礼以后和正式进行婚姻家庭生活之前都有一个很长的青年过渡时期,青年有充分的时间在获得成人资格以后和成立婚姻家庭之前,以试婚和婚前性生活的方式选择自己理想的配偶。成人礼是一种过渡性礼仪,试婚和婚前性生活是成年过渡礼仪中的重要内容。对青少年性行为发生很早的现象,古代社会采取非常宽容的态度。青少年婚前性行为使他们受到社会文化适应的教育,没有出现我们现代社会的青春期危机问题。如著名的人类学家马林诺斯基曾花了四年的时间,对南太平洋拉美西亚的特罗布里恩德岛人作了详细的文化人类学考察。在这个岛上对青少年性的事情予以默认的态度。成人允许孩子讲性的事情,男孩十到十二岁、女孩六到八岁左右,就开始在灌木丛中发生性行为或模拟性行为。成人认为孩子干这种事情只是一种纯真无邪的游戏而已,不必大惊小怪。在十二三岁的时候,由于部落的禁忌,兄弟姐妹不能再居家同住,男子晚上要到那些单身汉家里投宿,女子则要到孀居的母亲亲戚家里住下。刚开始时,恋爱伙伴不能在单身汉家里同居,而是偷偷在外面幽会。随着少男少女长大,恋人们就可以在单身汉家里一起过夜了,这就是布克马图拉(Bukumatule)家庭。

在布克马图拉家庭我们可以看到原始文明中的"试婚"的现象。在人类学和民俗学的研究中我们经常发现许多地方有这种"试婚"的现象,这一原始的婚恋仪俗也许是具有原始风俗部落的青年婚后家庭生活比较和谐的一个重要原因。

试婚有点像我们现代社会青年人的婚前恋爱,古代人不过是把这种婚前恋爱制度化、规范化、礼仪化、实质化。试婚是在青春期向青年期过渡阶段发生的,它也是成人礼的一种独特形式,在这期间青年人不仅可以学到婚姻和性生活的知识,而且还会学到与人交往、家族生活常识、民族历史文化知识等,因此,试婚也具有宗法教育的功能。

从古代社会婚礼仪式的考察中,可以看到千奇百怪的礼仪形式,尽管年代久远,但在一些古老的民族中,我们还是可以看到一些具有成年礼仪特点的婚礼形式。现代社会青年人的结婚礼仪虽然隆重华丽,但也承袭了原始婚礼的一些形式。因此,我们从社会学的角度研究原始婚礼的本来意义是很有价值的。

首先,婚礼是一种成年仪式。因为在古代社会人们婚恋的年龄都比较早,在一些民族传统里青春仪式和成年仪式是一回事,都是通过一系列的隔离、过渡、接纳等形式使青年成为一个可以成家立业、娶妻生子的社会成员。许多原始状态的结婚的礼仪大致反映了这样一个过程,也是通过试婚、婚前隔离、生子成家等多种形式进行,因此婚恋礼仪既是一种青春仪式,也是一种成年教育的形式。

其次,婚礼大都体现了对青年教育的内容。古代社会的婚礼,青年男女不仅要接受配偶双方的挑选,双方家长的同意,而且还要接受氏族、部落和家族成员测试考验。因此古代社会的一些婚礼也是通过鞭打新郎、婚前考试等类似的形式以体现一种对青年人的教育和要求。

另外,古代社会的婚礼是以一种特殊仪式来强化"女权主义"的社会文化现象。在古代历史的发展过程中,父权制代替母权制是历史的必然,但是其发展过程则不可能是一帆风顺的,原始状态的婚礼活动中出现的"哭嫁"、"不落夫家"、"坐家"等习俗正是妇女为了维护母权制的一种表现。现代文明中的婚礼形式也体现了对妇女的重视,如果从本源上来说,还是源于由母权制向父权制转变过程中妇女不断斗争的结果。

结婚礼仪从形式上看,它是一系列的程式和步骤,但从文化人类学和社会学的角度上来看,一组象征符号和程序内含着深刻的社会意义。婚姻礼仪是个人合法地进入社会再生产的程序。中国封建社会以家庭为基本单位,而家庭纵向的传宗接代、宗法关系的建立和横向的社会联系都是依赖婚姻而实现的,因此,婚姻是中国人纵横交错的社会网络的连接点,在宗法社会,人们宗族关系、宗亲关系,宗法文化,社会文明的再生产都需要通过婚姻的成人仪式来完成。所以,《礼记·昏义》对此早就有明确的论断:"昏礼者,将合二姓之好,上以事宗庙而下以继后世也,故君子重之。"①中国人重视婚姻,并在千百年的时间里发展出了丰富的婚姻礼仪和习俗。从历史发展过程上看,宗法婚姻礼仪是与古老青春礼和成人礼联系在一起的,所以在中国人的婚礼仪式中就表现得更加神秘和复杂。

中国古代的礼制规定男三十而娶,女二十而嫁,可是民间历来有早婚的习俗,这也许就与青春礼有关。有的地区十二岁为成年,也有的以十五六岁为成年,民间的成年也就是谈婚论嫁的时机。近世民间以六至十二岁订婚的多,以十五岁左右(十二至十八岁)结婚的多,以女大于男的多。富家多早婚,贫家多晚婚。女子的结婚年龄普遍都比男子高,十五至十八岁的最多,有早至十三岁的,少有超过二十岁的。家里贫寒的,有五六岁就送出做童养媳的。世交之家还有指腹订婚的:两个都怀孩子的人家约定,若是一男一女,就结为亲家;若都是男孩,就结成兄弟;若都是女孩,就结成姊妹。大多数人家妻子比夫年长,妻子大三四岁是很平常的,也有大到七八岁的。也有一些地方流行男大女小,不喜欢妻子比丈夫岁数大。这些礼仪风俗也都有宗法文化的特征。

结婚礼仪的程序反映的是一组象征符号的意义,其中贯穿的主旨是对美满婚姻的期盼,它们所包含的美满婚姻的内涵主要是夫妻恩爱,白头偕老;婆媳和睦;早生贵子,传宗接代,光宗耀祖,家庭生活幸福等宗法教育的内容。中国的婚姻礼仪包括婚前礼仪、迎娶礼仪、婚后礼仪等。婚前礼仪包括送日子、催妆、送嫁妆、布置新房与铺床、吃喜酒等诸多礼俗。但无论采取什么形式,婚前礼仪的宗旨主要是将赋予青年男女婚姻和性生活的权利,这同古老的成年仪式的功能是一样的。迎娶礼仪包括迎亲、拜天地、入洞房、坐正席等,但迎娶礼仪的中心环节是拜天地,因为拜天地后才真正赋予青年男女以婚姻和家庭生活的权利。婚后礼仪包括成妇礼和回门等礼仪。婚后礼仪多是对新婚之后的新娘和新郎进行成年生活教育的一些礼仪形式。

---

① 陈戎国点校.周礼.仪礼.礼记.岳麓书社,2006年,第459页.

总之,宗法婚姻礼仪对人的成年是一种现实生活的确认,它与成人礼有着千丝万缕的联系,但又有不同。随着历史的发展,婚礼才逐步发展成为一种独立于成年礼的礼仪形式。但从一个人成年所进行的仪式活动来说,婚姻礼仪的一系列的程式和步骤,其象征符号的意义除了表现了人们对美满婚姻的期盼以外,还标示着青年社会地位的取得、婚姻权利的确立以及应遵守的婚俗禁忌等。

第三节　宗法成人礼的仪式禁忌及其教育功能

成人礼是伴随着青年成长的过程,在不可逆时间的各个阶段顺序举行的礼仪,它建立在个体的生理状况以及社会变化、民俗信仰、社会信念等多重基础之上,主要具有宗法教育功能,也有调控社会平衡、保障个人社会文化适应等方面的功能。成人礼的产生有两大基础,一是生理上的,一个是社会文化上的。当人们对这两个方面的认识不够深刻,或者说不科学时,人的成长过程中的社会适应就会出现问题,因此人们才会用许多仪式禁忌而加以调节和控制。

禁忌(taboo),来自南太平洋玻利尼西亚汤加岛人的土语,意思为避免遭到惩罚,禁止用"神圣"的东西,禁止触犯和接触"不洁"的人和事。在人类社会形成的初期阶段和蒙昧时期,风雨雷电、洪水猛兽经常给人类带来毁灭性的灾难。由于生产力和智慧低下,原始人的思维相当简陋和感性,是一种本能的"纯粹畜群的意识",他们不仅不能认识自然界的各种变化,甚至于不能认识自身的自然生理特点。人类在自然面前显得无能为力,惟有匍匐在自然的脚下,崇拜这种神秘的异己力量,崇拜这种使人和动物有灵性,在人和物里发生作用并赋予它们以生命的神秘力量。随着人类文明的进步,神灵禁忌逐步发展成风俗禁忌、仪式禁忌。英国人类学家阿尔福雷德·拉德克利夫-布朗认为:"禁忌(taboo)是一个不恰当的术语,应该用'仪式性回避'(ritual avoidances)或'仪式性禁限'(ritual prohibitions)取而代之。他认为禁忌是仪式,体现了一种价值观,一个社会体系可以被看成一种价值体系,并可以作为价值体系加以研究。"[①]宗法社会的仪式禁忌很多,充分体现

---

① 王铭铭主编.西方人类学名著提要.江西人民出版社,2006 年,第 309 页.

了宗法社会的价值体系。如果说成人礼的仪式活动从正面教育人们应遵循宗法社会价值体系的规范,那么仪式禁忌则从反面教育人们不要违反宗法社会价值体系的那些规范。从宗法成人礼的历史发展过程上看,仪式禁忌的教育功能也随着尊神仪式禁忌、敬祖仪式禁忌到生活仪式禁忌的变化而不断深化。

一、尊神仪式禁忌及其宗法教育功能

成人礼的仪式禁忌起源于青春礼的生殖崇拜和图腾崇拜。原始人类在对某种自然现象和生理现象不能做出科学的解释,而这种现象又对人类的生存和发展具有神奇的力量,人们就会对其顶礼膜拜,以至成为人们敬畏的神。氏族图腾就是人们敬畏的神。人们对神的尊敬有两种仪式性表现,一个是祭献,一个是禁忌。祭献就是对受礼者正面教育的仪式,让其遵守某些价值规范,做让神高兴的事;禁忌就是对受礼者反面教育的方式,也就是仪式性回避,禁止人们违反某些行为规范,禁止做让神不高兴的事。成人礼最隆重的祭献仪式一般要在神庙上进行,为了表示对神的尊重,受礼者要沐浴或行涂油礼,要以动物、荤素食品、禾稼果品等物作为祭品。在原始风俗中还有人祭的现象,墨西哥的阿兹克特人每村一年要献十人祭神,苏丹的希克人也曾有杀死老年人祭神的习俗。在成人礼上人祭的意图是为了增进氏族部落的活力和生殖力。① 在阶级社会中,祭献礼仪具有宗法教育的意义,祭献的不平等正是阶级不平等在宗教礼仪上的一种表现,人们凭借祭献财物的多少以表示人们对神的虔诚程度,也显示自己在宗法社会中的等级地位。

"高禖之祀"是中国古代社会成年妇女祭献活动,也可看作中国女人的成人礼或婚姻礼。"高禖"在古籍中有时又写成"皋禖",皆为"媒神"之意。这个媒神就是炼石补天的女娲。在中国古代传说中,女娲创造了人类,她又为人类建立了婚姻制度,因此被作为婚姻之神受祭祀。

高禖之庙,历代皆有,通常设在都城的南郊。两汉、晋、北齐、隋、唐等朝代都是如此。闻一多认为《诗经·大雅·闷宫》这首诗中所说的闷宫也就是高禖神庙。"闷"就是深闭之意。这是一座极富神秘色彩的建筑物,平时宫门深闭,但每年到了一个特定的日子,这里就要举行隆重的仪式。按照《礼记·月令》的说法,这个特定的日子是春季第二个月里的"玄鸟至"之日。玄

---

① 参阅 P.R.桑迪著.神圣的饥饿.郑元者译.中央编译出版社,2004 年,第 251 页.

鸟即燕子,这个日子就是燕子春暖后北返之日,古人把这个日子指定为春分之日。①

到了这一天,皇帝要亲自带着一大群后妃前往高禖之庙,献上猪、牛、羊三牲。这是一个很大的排场,自汉至唐,历代帝王都大体遵照举行。进行这个仪式的目的是为了求子,一大群后妃跟着一起来,也正是这个道理。《诗经·大雅·生民》中说:"克禋克祀,以弗无子。"古人解释说:"弗,去也,去无子求有子,古者必立郊禖焉。"正是此意。

仪式禁忌是尊神的另一种方式。如果成人礼沿袭的是远古社会的风俗习惯,所尊奉的图腾信仰是某种动物或植物,那么为了表示对神所代表的神圣力量的遵从,对社会价值体系的认同,人们就会遵守对某种动植物的食用禁忌。在成人仪式典礼上,这种动植物也可能会做成圣餐,制成秘膳,但必须按照仪式禁忌的要求,分等级的、量化的、象征性的享用,以便分享某些神圣的力量。但在日常生活中,这些动植物是不能作为一般的食品,谁要是触犯了这一禁忌,谁就会大祸临头。尊神的仪式禁忌并不是通过社会或群体的外在力量对违反禁忌的人给予处罚,以达到社会教育的目的,而是通过信仰的力量达到教育的目的。仪式禁忌是使人们相信触犯禁忌规范会自动地招来死亡。"在图腾植物或动物中,始终存在着一种令人敬畏的本原,这种本原一旦进入凡俗的有机体,就必然会被扰乱或破坏。"②

伴随动植物图腾的食用禁忌会自然出现宰杀禁忌、采摘禁忌,甚至接触禁忌。"在奥马哈的驼鹿氏族里,任何人都不可以触及雄驼鹿身体的任何部分;在野牛亚氏族里,不允许触及野牛的头部,在贝专纳人中,没有人敢穿用图腾动物的皮。"③

祭献活动是积极的肯定,禁忌仪式是消极的否定;祭献活动常常是在成年仪式典礼上出现,而仪式禁忌则是在成人仪式活动期间、在日常生活中发生作用。但他们的目标都是一致的,就是取悦于神灵,通过对受礼者行为规范的要求和约束,以达到对神的敬畏和对神所代表的社会价值体系的认同。

二、敬祖仪式禁忌及其宗法教育功能

宗法成人礼的仪式禁忌主要是敬祖的仪式禁忌。敬祖的仪式禁忌比尊

---

① 陈戍国点校.周礼·仪礼·礼记.岳麓书社,2006年,第291页.
② 爱弥尔·涂尔干著.宗教生活的基本形式.渠东,汲喆译.上海人民出版社,2006年,第122页.
③ 爱弥尔·涂尔干著.宗教生活的基本形式.渠东,汲喆译.上海人民出版社,2006年,第125页.

神的仪式禁忌更接近人们的现实生活,具有更直接的社会教育功能,敬祖的仪式性禁忌主要是维护血缘关系等级规范的伦理禁忌。

宗法成人礼的仪式主要是敬祖活动,一般都是在设有列祖列宗牌位的宗庙中举行,宗庙中有宗族世系图谱,设有香案、供有祭品,重要的仪式典礼都是表示对祖宗的尊敬,强化伦理关系。对祖神的祭祀是从正面强化伦理关系,而在仪式活动中还要规定好多伦理禁忌,从反面警示人们要遵守某些伦理规范。如我国云南彝族的成年仪式上"血不倒流"的禁忌就是一种伦理教育,具有维护族群内血缘关系秩序,保证族群社会健康文明发展的意义;"近亲相奸"的禁忌就是一种道德教育,具有维护宗法社会等级制度的意义。这些仪式禁忌表现为敬祖的仪式禁忌,体现了以血缘关系为基础的宗法社会秩序的要求。

禁止具有某种血缘关系或姻缘关系的人发生性交是人类文明进步的表现,是人类和其他动物区别的显著标志之一,性禁忌表现为各种婚恋礼俗,这其中有自然生理的原因,但更重要的是社会的原因。

我国四川省凉山彝族地区在封建和奴隶社会主要实行的是等级内婚制,他们依血统关系、人身占有关系、财产关系被严格分为兹莫、黑彝、曲诺、阿加和呷西五个等级。婚姻的缔结只能在同等级内部进行,严禁不同等级青年之间通婚和发生两性关系。即使在同一等级内部不同等第之间,一般也不允许通婚和发生两性关系。兹莫、黑彝同属彝族社会的统治阶级,他们自视血统高贵、纯洁,他们宣称:"诺的一滴血,价值九两金。"[①]"诺的骨头贵如金,节的骨头贱如柴。"黑彝(或兹莫)与曲诺、阿加、呷西根本不可能建立婚姻关系,而且婚外两性关系也在严禁之列。两性关系倘发生在黑彝青年女子与曲诺青年男子之间,双方必须处死;两性关系倘发生在黑彝青年男子与其他等级的青年女子之间,女方或被处死或被远卖他方为奴,男人也要被开除出家族或受其他重罚,从而丧失其贵族身份。

曲诺、阿加和呷西虽同属被统治等级,但三者在等级阶梯上的位置毕竟有高低的不同。曲诺一般不与阿加和呷西通婚,否则将破拆散。无论经济上多么富裕的曲诺,都不可能与经济上很贫穷的黑彝(兹莫)通婚。彝谚有

---

① 王学辉.从禁忌习惯到法起源运动.法律出版社,1998 年,第 132—134 页.

云：“牛再有力气，也跳不上坎子，娃子再有钱，也爬不到诺主子的位置。”[①]

凉山彝族一方面实行同等级的内婚制，另一方面又实行家支外婚制。凉山彝族的家支是由同一祖先相传的以父子连名系谱为血缘纽带连接起来的家庭组织。黑彝严格执行家支外婚制，同一家支青年男女的两性关系是被严格禁止的，他们称同一家支异性关系为“几约”，相当于汉语中的“乱伦”。按照他们的习俗“几约”的人应被处死。黑彝家支在六七代以后就要举行“做帛”仪式，进行分家，未经过“做帛”仪式的家支中的青年男女是不可以缔结婚姻关系的。由此可见，无论是等级内婚制还是家支外婚制也都遵循着近亲相奸的禁忌。[②]

成人礼和婚姻仪式在其产生初期都是出于对于人自身自然生理变化的不解，以及寻求神灵保护的一种仪式性活动。随着文明的发展，成人礼与婚姻仪式有了明显的区别，成人礼更多地体现社会对青年进行教育，赋予青年以社会本质的仪式，而婚姻仪式则是对青年进行家庭伦理教育，并赋予青年男女以婚姻和性生活的权利的仪式活动。但是，就是在最现代化的婚姻礼仪中也仍有古老的成年仪式的痕迹，也正如最原始的成年仪式也具有给予青年人婚姻性生活权利的特点。成年仪式和婚姻礼仪中都有伦理仪式禁忌，这些仪式性回避都具有重要的社会教育功能，甚至这些敬祖和遵从祖制的仪式禁忌后来成了习惯法产生的社会基础。

三、生活仪式禁忌及其宗法教育功能

成人礼中有些仪式禁忌是对日常生活规范的一种仪式性反映。现实生活中人们需要遵守一些行为规范，这些规范对于维护宗法社会人们的相互关系和生活秩序具有重要的功能，但是宗法社会没有法律和制度等强制手段保证这些规范的实行，所以，以仪式禁忌的方式，通过神秘的力量达到教育的目的，规范人们的行为就具有重要的意义。生活仪式禁忌归属于尊神仪式禁忌和敬祖仪式禁忌，生活中的禁忌也只有通过尊神和敬祖的仪式性活动才能实现。

现实生活中的仪式禁忌在成年礼上主要表现为宗法礼教，这种仪式禁忌教育的功能就是维护宗法社会的和谐稳定。中国古代宗法社会就是由

---

① 王学辉. 从禁忌习惯到法起源运动. 法律出版社，1998 年，第 132—134 页.
② 王学辉. 从禁忌习惯到法起源运动. 法律出版社，1998 年，第 132—134 页.

"九族"制所构成的严密的血缘关系的宗族社会。血亲观念构成了家族稳定与和睦的基础。作为每一个家族为了保证血亲的纯洁,自商周开始,就制定了许多封建礼教,如禁止女人同丈夫之外的男人接触。"男女不杂坐,不同椸(枷),不同巾栉,不亲授。嫂叔不通问。诸母不漱裳。外言不入于梱,内言不出于梱。"(《礼记·曲礼》)①"为宫室,辨外内。男子居外,女子居内。深宫固门,阍寺守之;男不入,女不出。"(《礼记·内则》)②

现实生活中的接触禁忌是许多社会都存在的现象,而最早表现的就是青春期少女的接触性禁忌,当青春期的最初迹象开始出现的时候,这种接触性禁忌就表现出来,年轻的女孩子不能与其他成员相交往,甚至也不能接触其他成员所用的东西。"她不能碰触其他男人踩过的土地,也不能让阳光照射到她,因为,通过土地和阳光,她有可能接触到世界的其他部分。"③

成年仪式上整套仪式禁忌反映现实生活中的道德规范,其目的在于阻止和某个事物或某个事物抽象概念之间的任何接触,以避免接触后所造成的危险后果,因为在这类事物中存在着某种超自然的本原。如前所述,妇女的经血有的民族认为是神圣之物,有的民族认为是污秽之物,但从尊神和敬祖的禁忌考虑,从超自然的本原上考虑都是接触性禁忌。接触性禁忌的教育功能就不仅表现为维护宗法社会赖以存在的血缘关系制度,而且还表现为维护正常生产和生活行为一些道德规范。"独龙族妇女自怀孕之日起,严禁触摸男子的弩弓、箭、砍刀等物,更不能从上面跨过去。丈夫得知妻子怀孕后,亦不能再上山打猎。违反这些禁忌,就会得罪山神,影响以后的狩猎。产妇分娩不在家中进行,只能到房屋附近的山洞等处分娩,否则产妇的血会影响男人的狩猎活动。产后 100 天之内,丈夫不得与妻子同房,否则会得罪天神,导致男子的弩弓失灵,不能再猎获动物。"④

随着社会的文明进步,接触性禁忌就逐步发展为人与人交往禁忌,成为维护社会正常生产和生活秩序的道德规范。这些仪式禁忌既有对神的敬畏,也有对宗祖的尊崇,因而才具有很大道德约束力。

---

① 陈戍国点校.周礼·仪礼·礼记.岳麓书社,2006 年,第 242 页.
② 陈戍国点校.周礼·仪礼·礼记.岳麓书社,2006 年,第 336 页.
③ 爱弥尔·涂尔干著.乱伦禁忌及其起源.汲喆,付德根译,渠东,梅非校.上海人民出版社,2006 年,第 38 页.
④ 王学辉.从禁忌习惯到法起源运动.法律出版社,1998 年,第 99 页.

　　综合本章所述,成人礼是在青春礼基础上发展起来的成人仪式,主要具有宗法教育功能。成人礼主要是在奴隶和封建社会出现的成年仪式。成人礼的主要特征是阈限状态或过渡时期的宗法文化特征以及宗法文化教育功能。

　　成人礼与青春礼的不同主要表现在成人礼的阈限状态和青春礼的隔离状态的不同:首先,成人礼的阈限状态是一种世俗生活状态,它通过一系列仪式活动将受礼者引入宗法社会生活。青春礼的阈限状态是一种神秘状态,青春礼通过一连串的仪式活动将受礼者引入宗教生活。其次,成人礼的阈限状态主要是一种过渡状态,是有较长教育时期的阈限状态,成人礼的阈限状态是理想的青年教育状态。青春礼的阈限状态主要是一种隔离状态,是宗教神秘教育的状态。第三,成人礼的阈限状态是宗法关系的再建构状态,青春礼的阈限状态是人神关系的再建构状态。成人礼的阈限状态是以曲折的形式反映青年与成人社会地位的等级关系、等级逆转关系,重新建构青年与家庭、家族、民族、国家的关系。成人礼对世俗生活的仪式化整合,较长时期的过渡阶段,对现实社会关系的再建构这些阈限状态对宗法社会的青年教育是极其重要的。

　　在中国封建社会,成人礼最典型的形式是冠笄礼,这是最早出现在家庭的礼仪教育形式,是最具有宗法文化特征的青年过渡仪式。冠笄之礼的宗法教育功能主要表现在三个方面。首先,在宗法教育目标上,冠笄之礼体现了宗法教育的本质。其次,冠笄之礼体现了宗法教育的基本内容。宗法教育就是家庭、家族、民族关系的教育,就是宗法等级观念的教育以及宗法社会伦理规范的教育,这些内容在冠笄之礼中都有体现。另外,冠笄之礼还体现了家族、家庭宗法教育的基本方式。

　　从成人礼所体现的宗法教育内容上看,成人礼的仪式活动是从正面教育人们应遵循宗法社会的道德规范,那么仪式禁忌则从反面教育人们不要违反宗法社会的道德规范。本书是从成人礼的历史发展过程上分析了其宗法教育的功能,如尊神仪式禁忌、敬祖仪式禁忌和生活仪式禁忌及其宗法教育的功能。

第六章　成年礼的文化认同功能

　　近代社会以来,由于工业社会的发展、科学技术的进步,人们的社会化程度提高,原始青春礼的宗教信仰功能、封建社会成人礼的宗法教育功能已经不能适应社会发展的要求,许多古老的成年仪式逐步简化、变异、消失、重建。由于各民族文化的相互影响以及适应社会发展新的需要,一些新的成年礼仪形式开始出现。如果说青春礼是对人的成年前存在状态的否定,宗法成人礼是对青年作为一个过渡年龄群体的认可,那么,现代社会的成年礼就是对青年文化特质的肯定。研究现代社会成年礼的仪式特征、仪式过程及其社会文化功能,对于认识青年的本质,搞好青年的文化适应,进行青年教育具有很重要的意义。

　　现代社会的成年礼是一种具有教育、娱乐、节日庆典等文化认同、文化创造综合功能的成年仪式,现代成年礼的典型形式是一些民俗活动的成年仪式和节日活动的成年仪式,现代社会的成年礼主要体现在文化的认同和接纳上。本书所研究的现代成年礼是在更广义的角度上,研究与传统青春礼、宗法成人礼有内在联系的,在一个人青春期、青年期期间,青年成长过程中的一些成年仪式。如学校教育中的入学和毕业礼仪,行业活动中的拜师礼、出师礼,加入青年社团组织以及具有节日庆典、娱乐特征的一些成年仪式活动,因为这些仪式都有社会文化和教育的功能。

第一节　现代成年礼的形成

　　成年仪式由青春礼、成人礼发展到具有现代形态的成年礼经过漫长的历史过程。现代成年礼主要是在系统社会化教育、在行业活动和民俗活动的历史发展过程中逐步形成的。

一、学校教育的成年礼

现代成年礼的发展反映了由家业世传的家庭教育向系统的社会教育转变的漫长的历史过程。中国封建社会的私塾教育、书院教育就是由家庭教育向正规的学校教育转化的一个过渡形式,其中也体现了由宗法成人礼向现代社会成年礼转变的漫长过程。在中国,私塾教育曾经有三种形式:第一种是有钱人聘请教师在家教子弟,称为教馆或坐馆;第二种是教师在自己的家里设馆教授生徒,称为家塾或私塾;第三种是地方宗族出钱聘请教师教授宗族子弟,称为义馆或义学。特别是后两种形式,使青年人能够从家庭的狭小范围内走出来接受系统的社会教育,这是青年文化适应上的重要一步,是青年社会化的重要环节。

中国古代教育的另一个典型形式就是书院,书院从形式上说要比私塾教育正规,而且在生徒学习过程中的礼仪教育也更加严格。书院的礼仪活动一方面带有成年仪式的特点,另一方面也受到宗教仪式的一些影响。中国的书院受禅林影响是很大的,书院设置的地点和讲学方式是仿效禅林的。自魏以后,佛教信徒多依山林名胜之处,勤修禅道。

书院教育带有成年礼特征的仪式主要表现在书院祀先贤的礼仪活动中,读书人入学,礼先圣、先师,由来已久。书院祀先贤,多少有点宗教意味;然就其为青年后生树立楷模以励后学,使见贤思齐、奋发自强来说,仍然有些成年礼的教育意义,但自元代仁宗以后书院学宫祀文昌帝君,媚神以求多发科第,这就带有封建迷信的色彩了。

拜师礼是一种在社会范围内的成年礼的最初形式,仍带有宗教的色彩和宗法的性质。拜师的礼仪形式很多,但主要形式就是祭祖师。祭祀先圣先师是立学之礼,在中国古代最初是以周公为先圣,孔子为先师。所载立学祀典,主要是"释奠"、"释币"、"释菜"三项。《礼记·月令》和《学记》"释奠",是设荐俎馔酌而祭。"释币",即有事之前的告祭,以币(帛)奠享。"释菜"是以菜蔬设祭,为始立学堂或学子入学的礼仪。唐宋以后一般只用"释奠"礼,既作为学礼,也是祭孔礼,仪式则日趋繁琐。现在许多地方家里还都有火庙或神龛,贴有"天、地、君、亲、师"的牌位。学校里每逢开学,学生要先跪拜孔孟牌位,再拜老师。

拜师礼的最初形式有"束脩"和"北面"之说。据说孔子在收学生时要收见面礼——束脩,脩原义为干肉,10条干肉缚在一起为束脩。束脩是古代诸侯相互馈赠的一种礼物,孔子讲学收徒时,凡请求学习的弟子,即交10条干肉做见面礼。"北面"之礼出自《礼记·学记》"当其为师,弗臣也。大学之礼,虽诏于天子,无北面,所以尊师也"①。古代社会事师如事父,就是皇帝也不能将自己的老师按一般臣下对待,老师见了君主天子免行臣下之礼。按古代礼节,臣子、卑者,见君主、尊者时要居南面北,天子、圣人则面北朝南,为师者见了曾教授过的君王则不必"北面"。相反,学生见了老师一定要行"北面"之礼。

按照现代社会学的观点,真正的成年应该是青年社会化的实现过程。一个人由一个生物的个体变成一个合格的社会成员,需要经过系统社会化的过程,而在原始状态下的青春祭祀仪式对青年状态是根本否定,它的意义仅仅在于一个神秘人格的获得,它远不是我们现代意义的青年社会化。宗法成年礼虽然对青年过渡状态给以认定,但青年人的生活被禁锢在家庭和家族的范围内,青年人无需走出这狭小的天地,就可以从父辈手中获得生产和生活的技能,因此也不是我们现代意义上的社会化。只有在有了系统的社会教育、学校教育和系统的社会化过程中,才可能产生真正意义上的社会化,才可能有真正的成年礼。

与家业世传的家庭教育相比,现代学校教育的意义是很大的,学校教育把特定年龄界限内的青年置于学校的影响之下,青年人学习的内容已不完全是巫法和宗教的礼仪,也不局限于家庭和家族里的伦理规范和世传的有关生产和生活的知识,他们学习的内容包括自然科学和社会科学的广大领域。然而,系统社会化的教育虽然对青年人的社会化有很重要的作用,但是,强化现实社会的关系结构,明确系统社会化过程中的人际关系,通过仪式场域、权力场域、力量场域进行青年文化适应的调节(本章第三节对此有专门论述),则还需要举行一些必要的仪式活动来扩大系统社会化的作用。

现代社会学校教育的开学典礼、毕业典礼和青年学生加入一些社团组织的礼仪也具有古老成年仪式的痕迹,在仪式授礼者、仪式受礼者、仪式象征物、仪式环境等结构要素的组合,仪式活动的标志的意义,仪式活动的程序、方式和内容上都可以找到原始青春礼和宗法成人礼的痕迹。但是,所不同的是,发生在现代学校教育中的仪式活动的主要特征是接纳。如入学典

---

①　陈戎国点校.周礼·仪礼·礼记.岳麓书社,2006年,第360页.

礼就是对进入某一专业和学业等级的学生给以认可和接纳。如进入某一重点大学的学生,在开学典礼戴上校徽、穿上校服、唱起校歌等一系列仪式,标志着他被这一学校文化的认同和接纳;在毕业典礼上他获得毕业证书、学位证书,获得奖励,标志着他是一个合格的大学生,将被社会接纳和认同。学校教育的系统社会化是人的成年过程中长时间的学习活动,不是仪式活动,但是系统社会化的重要环节,如学习的开始、学习的终结,也还是有一些仪式活动。在人的成年过程不可以没有仪式,特别是系统社会化过程中的仪式活动更为重要,它是社会文化教育的重要组成部分。然而,我们现代社会典型形式的成年礼已经很少,如不重视这些带有成年仪式特征的仪式活动,就不能很好地做好青年教育工作,也不能对成年仪式做出科学的有价值的研究。

二、行业教育的成年礼

在手工业的发展和初期工业不断进步的过程中,出现了城市化运动,人们的社会活动和生产活动日益复杂化。职业的专门化、教育内容在更大范围内的扩展、生活方式的变革,这一切都使青年的教育形式发生了变化,人们需要用更多的时间完成青年社会化的过程,与此相适应青年人接受社会教育的方式和成年的仪式也变得更加多样化。社会文明的发展不仅使教育方式有很大的变化,而且在教育内容上也有了更大范围的扩展。在手工业、商业及医药、戏曲等领域内的人才培养上,除世袭家传外,又多采取了收徒传艺的方式,这使青年人接受教育的天地更加广阔。与这些变化相适应的青年成人礼仪也出现了许多新的形式。

在中国古代社会,各行各业的拜师礼仪是不同的。私塾或启蒙教育中的拜师礼较为简单,如先给老师送一点见面礼,拜见老师,给老师鞠躬,由老师和家长讲一些守礼、苦学、尊师方面的勉励之词,便开始读书学习。而行业艺徒的拜师仪式要复杂一些:首先,由家长、监护人、介绍人或本人到师傅住地或工作处所陈述志愿,请求接受为徒,订立契约。然后,要选吉日,在师傅家或店业场所,设祖师的神位,供大红烛、大红香、三牲、茶果等,家长或监护人与师傅在艺徒契约上署名,介绍人、保人署名。最后还要举行拜师仪式。由师傅向祖师神位行礼,接着由学童(学徒)向祖师跪拜,然后再向师傅、师母行拜师礼,师傅训话,并介绍各有关人员,学童对师兄弟拱手作揖。

许多行业学徒出师时也要祭拜祖师,学生学成毕业也要举行典礼,这是成年礼的最终形式。学徒出师时祭拜祖师表达感谢祖师保佑自己学成出师的感激之情，并向祖师表示敬业的决心。《鲁班书》记有木匠学徒出师时祭祖师的祝文，从中可见青年成才后的一种成人仪式。祝文云："惟××国，岁在×年×月×日之吉日，班门弟子某氏，谨以香帛酒醴，庶羞不腆之仪，祝告于祖师公输夫子之神而言曰：伏以！木有根，水有源，江湖发源在昆仑。今有弟子××氏门下之×生蒙祖在天有灵，承天地相佑之功，尔三年学徒期圆满，学业亦已小成，按礼准其下山，任其放缰驰骋，兹日下放，正式成为教内之人，特告于祖师之前。善哉！先师有遗言，尔应铭在心。守吾本教宗旨！赤心于国为民，谨遵三规五戒，逢生不可胡行。发扬祖师利人之德，勿负业师教育之恩，付汝开山子一把，不能用它挣一座金山，只可在人间刻一个名字。从兹为匠，业精在于勤，愿尔记此示，有志事为成。今日谢师，敬请天地、水府、元皇、祖师及殿前千千祖师、万万师尊、当坊土地及一应神灵，前来享受馨香，共饮喜酒一盅。伏以！伏以！神其来降！谨祝以闻。"①

有的行业店铺规定，学徒开始后头两个月必须每天早晚两次给祖师上香，意在勉励自己尊师勤学。在许多情况下，如拜师、出师、店铺迁移、遇难、成功、议事等，都先举行祭祖活动

行业活动的成年礼也不是典型形式的成年仪式，而是带有原始青春礼和宗法成人礼一些特征的成年仪式。行业活动的成年礼具有青春礼宗教活动的一些仪式形式，但不具有对受礼者的隔离特征；带有宗法成人礼的教育内容和活动形式，但其成年仪式的过渡状态和阈限状态并不明显。行业活动的成年礼的主要特征也是接纳，即对进入某一行业的青年人的认同和接纳，或者是对获得某种技艺和技术等级的人的一种确认。行业活动的成年礼通过行会契约形式②或行业条规对受礼者进行教育，强化社会关系制度，进行行业道德规范教育，赋予青年人在社会活动和行业活动中的权利和

---

① 李乔.中国行业神崇拜.中国华侨出版公司,1990 年,第 185 页.
② 在公元 10 世纪,意大利、法国、英国和德国等西欧国家出现行会组织。在行会的领导下,艺徒制度成为维持生产、发展生产以及传授技艺的制度。艺徒确立是由师徒之间订立契约的仪式来实现的。所以,行会制度下成年礼表现为一种契约的形式,契约是由师傅一方及儿童的父亲监护人作为一方共同签订的。契约规定学徒必须做好师傅所派定的工作,在学徒期内(一般是 7 年)学徒不得泄露师傅要保密的一切事情,包括技术上的秘密;不得做也不得袖手旁观有损于师傅的事,并且随时要勇敢地保护其师傅。学徒要绝对服从师傅的命令,学徒期间不得擅离职守,不得嫖赌,不得勾引妇女,未经师傅同意,不能结婚等。

义务。

　　行业活动的成年礼发展到今天,在许多现代化公司、企业、事业组织中也有相应的形式,如开业典礼、新员工走上工作岗位的典礼、青年员工聘任某一职位和级别的典礼等,这些都是被管理者高度重视的管理手段。这些仪式活动具有成年礼接纳功能的特征,同时也有对员工进行职业规范、企业文化的教育功能。行业活动的成年礼与学校教育的成年礼比较不仅仅具有教育功能,而且还赋予受礼者以参与社会活动,进行生产创造活动,以及获得社会地位及其权利义务的功能。

三、社会教育的成年礼

　　成年礼由氏族部落、家庭、家族、村社青年在成人过程中的礼仪活动,最后走上社会大舞台,是伴随着封建宗法制度逐步过渡到资本主义制度而实现的。在资本主义工业社会化大生产过程中,青年进入企业、社团组织、大学都要举行一定的仪式性活动,获得职业证书、领取大学文凭、从学徒升格为师傅等,这些都是象征着一个人的成年。这些成年仪式是在更大的范围内进行的,青年作为一个有自身文化特质的实体不仅得到了社会认可,而且还发挥着影响和改变社会文化的作用。但是这些仪式活动并不是典型形式的成年礼,不是在整个国家和全社会范围内进行的成年礼,只是具有现代成年礼的主要特征。而由于民俗活动的影响和作用,原始青春礼、宗法成人礼直接发展为今天节日庆典活动和教育文化活动的成年礼才是典型形式的成年礼,它们具有鲜明的古老成年仪式的痕迹。

　　成年仪式在各民族历史发展过程经过长期传承、反复出现,广泛流行某一地域,逐步形成一种民风和民俗,特别是在现代文明社会,古老成年仪式的宗教信仰功能、宗法社会的教育功能正逐步被淡化,而民俗民风的文化认同功能却仍旧发挥着重要作用。关于民风民俗形成的理论有许多种解释,有自然风土论、社会教化论、劳动需要论、游戏论、宗教发源论等。笔者认为,成年仪式虽然在起源上有原始思维、自然崇拜、图腾崇拜、祖先崇拜等特征,但从长期的发展过程中来看,成年仪式能够保存下来,并在现代社会中还有着重要作用,则归结于成年仪式的文化传承和文化认同功能。

　　民俗成年仪式的文化认同功能深深植根于人类文明的肥沃土壤之中,它具有高度的相容性、统一性和互补性。成年仪式虽然千姿百态,表现形式各异,但它们都是各民族物质生活和精神生活发展的产物,它同一个民族所处的地理条件、政治经济体制和生产生活水平等方面密切联系,它是一个民族精神和共同心理素质的典型反映。成年仪式在今天仍发挥着重要的文化认同功能,与各国的政策、法律制度有着密切的关系。例如我国《宪法》和民族区域自治法都明文规定,各民族都有保持或者改革自己风俗习惯的自由,任何民族必须尊重其他民族的风俗习惯。我国各级政府和社团组织还通过一些有组织的活动赋予民俗活动成年礼以社会文化教育的内容。一些学校、社区、企业为年满18岁的青年举行各种形式的成年礼。

1996年4月8日,共青团中央根据中共中央《爱国主义教育实施纲要》的精神,颁布了《关于规范十八岁成人仪式教育活动的暂行意见》。意见中明确提出:十八岁成人仪式教育活动是适应改革开放和发展社会主义市场经济的要求,进行青少年公民素质教育,培育"四有"公民,推动社会主义精神文明建设的一个重要载体。意见还明确规定,十八岁成人仪式教育活动的参加者是16-18岁处在成人预备期内的青年,重点是普通中学、中等专业技术学校和各类职业学校的适龄学生。共青团中央还要求,广泛组织适龄青年参加十八岁成人仪式教育活动,力争在全国城乡普及这项活动。

十八岁成人仪式教育活动是一个系统的教育过程,其教育内容包括成人预备期教育、成人预备期志愿服务、成人宣誓仪式三个环节。成人预备期教育的主要内容是公民意识教育。旨在使青年掌握宪法和法律的有关知识,懂得宪法和法律所赋予的公民权利和义务,增强对国家、对社会、对家庭的责任感。成人预备期志愿服务的内容主要是组织16-18岁青年参加社会公益劳动,开展"一助一"长期结对服务。参加成人预备期志愿服务的时间要求在48小时以上。并且把在成人预备期内是否参与了一定时间的志愿服务,作为参加成人宣誓仪式的必要条件。十八周岁成人宣誓仪式的基本程序包括:升国旗、唱国歌、面对国旗宣誓、领导勉励、前辈祝愿、成人心声、颁发成人纪念物等。举行成人宣誓仪式的地点可以是当地举行重要政治性活动的场馆,烈士陵园,具有纪念意义的历史遗迹、遗址等。成人宣誓仪式必须按照规定的程序进行,使用统一的誓词、标志和主题歌曲。举行宣誓仪式的时间安排在每年的5月或10月。十八岁成年仪式标志造型由阿拉伯数字"18"组成了一只鸟在奋飞的形象。"18"代表成人的年龄界限,飞鸟象征青年"羽翼长成",成为成年公民,应当担负起宪法赋予的全部责任。

两翼的四羽代表争做"四有"公民。①

团中央组织的成年仪式教育活动是现代社会的典型形式的成年礼,它的主要功能是社会教育和文化认同,它吸收了传统青春礼、成人礼等一些民俗活动的形式,赋予了现代社会文化教育的内容,以文化调适、社会接纳为主要特征。但是,我们国家的成年仪式的教育活动还停留在社团组织活动的层面,并没有上升为国家法律制度的一项活动。许多国家从弘扬民族文化的角度,从民众教育娱乐和文化活动、文化创造的角度将成年仪式定为法定民族活动。日本政府已经将成年仪式定为法定的节日,每年 1 月 15 日举行成人节。② 这天,年满 20 岁的日本男女青年,都要穿上漂亮的传统和服或西装,庆祝自己的节日。成人青年的家庭,要举行家庭庆祝会。各城镇、乡村的政府,也会在这天把成人的青年集中起来,举行庆祝活动。在日本,政府规定,年满 20 岁的青年就开始享有选举权。因此,日本政府在举行成人仪式的活动中,政府官员除了祝贺、勉励青年,让他们意识到自己已经长大成人,还特别强调要珍视首次取得的选举权。③ 民俗成年仪式发挥着文化认同的功能,也正是因为有这样的功能,现代社会成年仪式才得以受到人们的广泛重视。

从学校的系统社会教育到现代社会的公德教育和社会文化教育,都是古代成年仪式的进一步延伸,也反映了人类对青年认识上的一种本质的变化。原始青春礼对人的成年的认定是神的认定,宗法成人礼对人的成年的认定是宗法家族的认定,而成年社会仪式对人的成年的认定是一种社会的认定。这种变化是历史的进步,它具有革命的意义。这种成年社会仪式意味着青年作为一个社会实体被社会所接纳,青年人不仅有自己的组织,而且有自己的生活方式。青年人在人们的经济生活、社会生活和文化生活中发挥着越来越大的作用。

---

① 团中央成人仪式专业网 http://www.18year.net.cn/18yearWeb/S_Subject/ResourceList.aspx? SubjectId=39.

② 从 2000 年开始,日本政府把成人节的日期改为每年 1 月第二周的星期一,当天全国放假。为日本各个郡、市、町、村步入 20 岁的青年男女举行成人仪式。

③ http://www.cctv.com/news/entertainment/20020118/348.html.

第二节　成年礼的文化特征

现代社会的成年礼主要具有接纳结构特征,但仅从仪式活动形式来看,成年礼也带有青春礼和成人礼的一些痕迹,因此也会有一些次要特征。从成年礼产生的文化背景、成年礼的活动内容、成年礼的社会功能方面去考察,我们可以正确地认识成年礼的文化特征。

一、成年礼接纳仪式的结构特征

现代社会的成年礼与原始青春礼和宗法成人礼比较,在仪式活动的隔离、过渡、接纳方面也都有区别,但现代成年礼的特征主要表现在接纳方面。现代社会的成年礼功能是对具有文化特质青年的认同和接纳。

隔离是青春礼的主要特征。青春期隔离仪式的重要功能是将世俗与神圣区分开来,强化世俗对图腾和神灵的认同。宗法成年礼对青年的隔离仪式已不是出于对青春期生理状态的神秘认知,而是出于宗法等级性的要求,强调青年群体与成年群体的不同,强化隔离仪式的宗法制度教育的功能。现代社会的成年礼的隔离仪式过程已经很不明显,虽然社会上还有等级地位的不同,但已将青年看作一个文化实体,在社会中发挥着一定的作用,因此,如果说现代成年礼还有隔离仪式,那么,这种隔离仪式的功能不过是强调仪式环境与现实环境的不同,通过认识这种不同,进而实现青年文化与社会文化的融合一致。

过渡是宗法成人礼的主要特征。过渡状态就是阈限状态,就是在阈限阶段实现教育目标的过程,成人礼过渡阶段的主要功能就是对青年进行宗族和宗法文化的教育。青春礼的过渡特征并不明显,它更强调阈限阶段的神秘状态,强调自我和神灵的直接同一状态。现代社会成年礼的过渡阶段是一种自我文化与社会文化的融合统一的阈限状态,但这种阈限状态的实现并不是靠过渡来完成的。现代社会青年期延长,青年有更长的时间适应社会文化生活,在成年礼上过渡仪式的阈限状态只是长期青年文化适应现状的一种表现。

接纳是现代成年礼的主要特征。现代成年礼对青年人的接纳主要表现为文化上的认同,这种文化上的认同包含两个方面的意义:一是青年对传统文化的认同,二是社会对青年作为文化实体的认同。现代社会成年接纳仪式内涵增加,外延扩大,它既包括青春隔离仪式的宗教信仰功能,也包括成人过渡仪式的宗法教育功能,更适应现代社会发展的要求,按照主流文化、传统文化的模式塑造青年的功能,这是成年接纳仪式的主要功能。成年接纳仪式另一个次要功能表现为青年文化实体的被认同,青年在有系统社会化过程中,在走出家庭、走向社会的生活中,也在创造着属于青年自己的社会生活,青年不再是年龄群体,而是社会文化的实体,青年作为一个文化实体,在成年礼的仪式活动上也会有所显现,成年接纳仪式的这一青年文化认同功能随着社会文明的进步更加彰显。原始青春礼中的接纳仪式表现为一个人被宗教文化所同化的过程,宗法成人礼中的接纳仪式表现为一个人宗族文化、家庭文化被接受的过程,而在现代成年礼接纳仪式更强调的是传统文化与青年文化的融合过程。

二、成年礼的宗教文化特征

　　原始青春礼主要具有确立人们宗教信仰的社会功能,而现代成年礼主要具有使青年适应社会文化的功能,但这并不是说现代社会的成年礼不具有宗教文化的特征。从成年仪式的历史发展过程上来看,宗教文化与成年仪式相伴而生,在成年礼发展的不同历史时期,宗教文化在其中发挥的功能是不同的。青春隔离仪式从某种意义上说就是青春祭祀仪式,是出于生殖崇拜、图腾崇拜的一种宗教活动。宗法成人礼由神灵崇拜发展为祖灵崇拜,虽然成人礼有了世俗社会的宗法教育功能,但成人礼的仪式活动形式、仪式活动过程,甚至仪式活动的内容,都带有宗教文化的特征,从宗法社会中王权神授的文化传统可以看到这方面的佐证。现代社会的成年礼不是以强化人们宗教信仰为其主要功能,但成年礼的仪式活动形式、仪式活动过程,甚至有些成年仪式,仍带有宗教文化的特征,成年礼在确立人们的理想信仰方面还有着重要作用。

　　现代社会具有宗教文化特征的成年仪式已不再是确立或弘扬神的主宰地位为其主要功能,而是反映或平衡社会结构与关系的一种文化。西方文化中的万圣节和万灵节是现代青年人喜好的节日,虽然这种节日不是纯粹的成年仪式,但是这种节日具有社会文化教育的功能,也可以将其视为带有宗教文化特征的现代成年仪式。这种节日处于基督教的复活节、圣诞节之前,青少年装扮成各种精灵和鬼怪,做他们平时想做而不敢做的事。法国神学家 M. 奥利耶(M. Olier)曾经就万圣节说过这样的话:"在某种意义上,它比复活节庆祝或基督升天庆祝还要盛大,(因为)基督在这一神秘事件中变得完美。因为,基督作为我们的头,只有在与他所有肢体和圣人(无论是被封为圣徒的,还是没有被封为圣徒的,无论是广为人知的,还是不为人所知的)联合在一起的时候,他才是纯粹的,才得以成为完美的。"①万灵节是纪念炼狱中的灵魂,是地位极其低下的地狱中灵魂和现实生活中人的精神的交融。青年人所以抱有极大的兴趣是因为青年作为弱势群体,很需要有弱者狂欢的仪式,以便在青年亚文化中获得仪式性认同。

现代成年礼的仪式程序、仪式过程不仅带有宗教文化特征,而且具有确立人们信仰的功能。信仰是人们对某种思想和主义坚决的笃信和竭诚的仰仗。马克思主义反对偶像化神的信仰主义,但不反对信仰。信仰应建立在对自然、社会、思维诸方面历史发展总和的科学认识基础之上。宗教活动强化的是信仰主义,宗教通过神秘的仪式活动强化人的信仰,宗教不可能建立科学的信仰,但宗教的仪式活动的确有巨大的功能,现代社会的成年礼对社会发展有重要的作用,其具有宗教文化特征的仪式活动功能不可忽视。

宗教通过祭献、礼拜、禁忌或修行等仪式活动确立人们的信仰,这些仪式活动在成年礼中都有表现,对仪式象征物的献花、行礼,禁止对仪式象征物亵渎的行为规范,这些都带有宗教仪式活动的特点。现代社会成年礼的宗教文化特征多表现在形式上而不表现在内容上,但青年加入宗教组织的仪式活动则从内容和形式上都体现宗教文化的特征。宗教仪式活动在今天所以有影响,这同青年心理、生理特点和现代社会生活、社会关系的结构是分不开的。

现代社会宗教形式的成年礼虽然不是成年仪式的主要形式,但在一些国家和民族中依然存在,如基督教的洗礼、婚礼、入会礼,佛教的"度诚"礼等等,但现代青年信仰宗教的原因与传统社会是不一样的。要弄清带有宗教特征的现代成年礼对受礼者的影响,需要分析现代青年皈依宗教的现实原因。

宗教仪式活动的目的是虚幻的,但人们参加宗教仪式活动的过程是现实的。一个人进入青年期,物质上的需求增多了,他们要成家、立业、创造自

---

① 维克多·特纳著.仪式过程——结构与反结构.黄剑波,柳博赟译.中国人民大学出版社,2006年,第182页.

己的生活,这一切都需要一定的物质条件。然而,社会上给每一个人的不都是丰厚的待遇。马克思、恩格斯曾经说过:"当人们还不能使自己吃喝住穿在质和量方面得到充分的供应的时候,人们就根本不能获得解放。"①青年处于社会边缘化地位,他们经济上不独立,而又精力过剩;他们对物质有极大的奢求,而又缺乏获得物质资源的现实手段。一些青年人就可能把自己的视线转向超现实的力量。他们信奉"钱能通神"的信条,开始了对物质的崇拜。他们参加宗教仪式活动并不是进行什么苦修苦练,祈求来世的幸福,而是希望得到神的保佑,赐予他们现世的幸福。譬如说,一些青年人烧香许愿是为了找到职业、爱人;还有的人是为了做生意、赚钱,使自己发财致富;个别青年甚至希望通过神职来解决职业问题。由此可见精神上的枷锁是同物质上的追求紧密相联的。

青年信仰宗教的偶像是人格化的神,因此要认识宗教的本质,就要探索人内心的"自我"世界。自我的概念是指个人对自身看法的一切方面。包括自我形象的概念、自尊概念、社会对自我的期待等。青年期危机主要反映在自我概念的认知上。随着青年期的到来,青年人自我和他我之间开始出现分化。当青年人对个人成长中遇到一些重要问题进行以自我为主体的选择时,他们常常发现自己一直所依据的人生观和价值观实际上不是自己的东西,而是从父母、师长那里沿用下来的,青年人开始摸索真正的自我。如果一个人能够自由地协调各种角色的冲突、正确处理各种矛盾,那么他们就会在自我和现实的冲突中找到真正的自我。反之,如果对升学、就业、恋爱、结婚等重大人生问题不能妥善处理,以致发生障碍,就会出现自我的困惑,即把现实的自我虚无化,把心理的自我神秘化。例如,一些青年人离开家庭、学校带着美好的理想和满腔的热情走向社会后,常常会发现一些不合理的现象,起初他们对这些现象嫉恶如仇、奋起反抗,然而在受到打击后就会无所适从,传统的自我和现实的自我发生了尖锐的冲突。在百思不得其解的情况下,他们开始寻求某种精神上的解脱——皈依宗教。在现实生活中,我们发现一些青年因升学、就业、治病、恋爱等问题无法解脱而祈求神灵护佑。可见,青年在现实生活中遇到的问题及其由此引发的对自我的困惑是青年皈依宗教的重要原因。

---

①　马克思恩格斯全集.第1版,第42卷.人民出版社,第368页.

人在社会生活中,一方面要确立自我,实现个性化,另一方面要谋求与社会的同化,走社会化的道路。个性化和社会化的均衡发展对于个人的精神健康具有重大意义。如果个性化完成不好,就会出现自我的困惑,以致把自我的本质交给神;如果社会化完成不好,就会产生社会关系的迷乱,以致把自己对社会的本质的认识也交给神。青年是整个社会关系的焦点。从历史的角度来说,青年是代际交替的中介,是与其他各代并存且发生交互关系的社会存在;从现实的角度来说,青年是社会再生产的主要力量,是与现实的政治制度、经济制度、文化价值观发生交互关系的重要部分。因此,青年人面对日益复杂的社会关系,常常会失去思想和行为的明确标准,以致陷入巨大的混乱。青年人在青年期阶段常常会遇到的一些棘手问题,如异性问题、家庭关系问题、社会关系问题等。这些问题往往产生巨大的压力,使一些情绪极不稳定的青年人对生活发生迷乱,产生怀疑、厌世的思想。他们似乎感到现实社会的各种关系以及个人所遭遇的一切都是命运的安排,要想得到解脱只有借助神的力量。马克思在《资本论》中说过,只有当实际日常生活的关系,在人们面前表现为人与人之间和人与自然之间明显合理的关系的时候,世界的宗教反映才会消失。这就是说,对社会关系的不正确认识也是宗教产生的重要原因。

青年期的危机是青年确立宗教信仰的心理原因,但宗教信仰作为一种社会现象,它的出现既有心理的原因又有社会的原因。一个青年人皈依宗教,表现为个人心理障碍和青春期危机的结果,但实际上是社会矛盾、社会冲突、社会关系结构的深刻反映。

三、成年礼的宗法文化特征

现代成年礼不仅具有宗教文化特征,还具有宗法文化特征。但现代成年礼的宗教文化特征主要表现在形式上,而宗法文化特征既表现在形式上也表现在内容上。不同历史时期的成年仪式反映了文化变迁的过程。美国人类学家玛格丽特·米德在晚年写了她的压卷之作《文化与承诺》,提出了"三喻文化"之说,这对我们理解成年礼的文化特征很有帮助。米德认为:"前喻文化、并喻文化和后喻文化是三种不同类型的文化,这一区分是人类所生活的历史阶段的真实反映。前喻文化,是指晚辈主要向长辈学习;并喻文化,是指晚辈和长辈的学习都发生在同辈人之间;而后喻文化,则是指长辈反过来向晚辈学习。原始社会和那些小的宗教与意识形态都属于最初的前喻文化,其权威来自过去。兹后,伟大的文明为了进行大规模的变化,需要发展工艺,特别需要利用同事之间、友伴之间、同学之间,以及师兄弟之间的并喻型学习。而我们今天则进入了历史上的一个全新时代,年轻一代在对神奇的未来的后喻型理解中获得了新的权威。"①

米德"三喻文化"模式为我们理解成年仪式的历史性变迁及社会功能是十分有益的,但米德所说的前喻文化是史前文化笔者不十分认同,奴隶社会、封建社会也都是典型的前喻文化。我们可以从"三喻文化"这种理解中去研究成年礼的内在功能。

原始青春礼、宗法成人礼是一种前喻文化模式的成年礼,这种成年礼反映的文化传统变化很少,由宗教和宗法成年礼仪活动所形成的文化传统具有程式化和稳定性的特征。宗教和宗法制度具有绝对的权威,年轻人要毫无疑义地接受长辈的行为规范、价值观念和礼仪准则,父母的文化传统具有社会楷模的意义。

现代社会的成年礼也还具有前喻文化的特征,即父母楷模文化的特征,也带有宗法文化的特征,他们把自己持续不变的传承文明的意识传给他们的子孙。带有成年仪式特点的基本文化训练开始的很早,这种训练难以言传,但却十分确定,孩子们是长者身体和精神上的后代,是长者土地与传统上的后代。孩子们的身份意识和命运意识都是不能改变的。即使与其他民族的不同意识的接触也无法改变这种永恒的意识,反而会加强传统的、已有的独特意识。玛格丽特·米德甚至认为:"在极端的条件下,如被迫移民,在未有海图指引的海洋中向着未定的目标进行长途跋涉,最终来到一个无人居住的岛上,也不会改变这种传统的意识,反而会加强和延续这种意识。"②

典型的前喻文化的传承常常是几代人的共同生活的影响,老一辈的成员以一言一行来传授传统的生活方式。在现代生活中,活着的曾祖辈、祖父辈代表着传统文化上的源远流长,他们是年轻人的榜样,他们的一举一动都包含着对传统生活方式的承认。前喻文化的基本特点代代相传的。它的延续既依靠老一代的期望,又依靠年轻人对老一代期望的复制。成年人能够理解养育他们的父母,正如他们以同样的方式来养育他们的子女那样。文

---

① 玛格丽特·米德著.文化与承诺.周晓虹,周怡译.河北人民出版社,1987年,第1页.
② 玛格丽特·米德著.文化与承诺.周晓虹,周怡译.河北人民出版社,1987年,第2页.

化上代代复制的一个重要标志就是在各个民族中都有的成年礼。成年礼从本质上说是前喻文化的,但现代社会成年礼的前喻文化也发生了一些变化。

首先,现代成年礼的前喻文化以及宗法文化特征已由家庭文化向社区文化过渡。青年人活动范围扩大,家庭文化影响小于乡土社区文化的影响,但从成年礼的过程、形式、内容上仍体现年轻人要向成年人学习的前喻文化的特征。

其次,现代成年礼所反映的前喻文化以及宗法文化趋势已逐步超出家族文化的限制而向民族文化传统认同,对本民族文化仍抱有一种保持终生的、绝对的信仰。现代成年礼的宗法文化仍具有独断的、狭隘的、不容异端的性质,它形成了公忠、诚实、信义、持节等古典美德。

另外,现代成年礼的前喻文化以及宗法文化的传承主要表现为无意识的特征。无意识的行为是理所当然地、毫无疑义地、潜移默化地接受一种文化,主要靠习惯、风俗、美德和礼仪等不成文的规范和行为模式所维持。而原始青春礼的宗教文化和封建成人礼的宗法文化虽然也依靠无意识的文化传承,但更依靠有意识传教式的宗教活动和宗族的祖制等规范性活动给以仪式性强化。

四、成年礼的社会文化特征

现代社会的成年礼虽然仍带有宗教文化特征和宗法文化特征,但已发生根本性的变化,现代社会的成年礼主要体现了现代社会的文化特征。现代社会的文化特征主要是多元文化的特征,是在传统文化与现代文化、外来文化与本土文化、青年文化与老年文化、宗教文化与世俗文化、宗法文化与社区文化的交流融合中形成的。现代成年礼是在宗教文化和宗法文化等前喻文化的形式和内容的基础上形成的,但已更多表现并喻文化和后喻文化的一种成年仪式活动,它具有使现代青年实现社会文化适应的社会功能。

并喻文化是同代人互相学习的文化,这种文化模式没有存在几代人以上的,它的产生总是伴随着巨大的历史变迁或文化迁移。在并喻文化中,年轻一代的经验与他们的父母、祖辈成员的经验显著不同。在一个移民群体中或在巨大的文化变迁中,不管年轻人是土生土长的,还是在新的宗教团体、政治团体、文化团体中,他们的师长、父辈们都不可能提供与他们年龄相适应的生活模式。年轻人必须根据自己的经验发展新的形式,并向同代人提供榜样。

　　并喻文化是一种开放的体系,它的最明显特征就是文化吸收,即兼容并蓄地接受各种新的事物,以便更好地适应它所面临的新的境遇,这在移民社区中表现得最为明显,祖辈人物在共同生活的范围内已经不存在了,因此并喻文化时期的成年礼仪形式表现在家庭向学校活动的转变中。并喻文化在家庭中显现也主要是核心家庭中,如带有成年礼特征的新型婚礼、集体婚礼、西式婚礼等。核心家庭是一种具有高度易变性的社会团体,它的各种成年礼仪活动更适合于大部分青年人,相互更替的各代人都必须学习新的生活方式,因为它更便于人们采用新的文化样式,做出新的适应。在并喻文化中,为了面对和适应新的社会环境,年轻一代必须忘记原共同体的传统言语口音和生活习惯,他们的长辈往往也在各种成年礼仪活动中鼓励他们学习新的语言、新的习惯和行为举止等。

　　并喻式行为既不是由过去,也不是由将来明确规定的。而是由一种群体或集团行为所支配的。这是因为并喻文化的传递是通过同辈之间的相互学习来进行的。长辈的权威发生了动摇。当人们来到一个城市,或来到一个大洋彼岸的国家而成为一个异邦文化的成员时,权力往往不是操在长辈手中,他们已经被弃置一边了,而是留在一个较年轻的群体手中。并喻文化群体的相互影响表现在学校成年礼仪的各种活动中,在学校活动中最容易形成"他人导向"性格。并喻文化是由于移民、社会流动、宗教信仰改变、军事征服、自然灾难和剧烈的社会变迁而引起的。从前的权威、先例和惯例均丧失或不适用了,青年人为了适应新的环境不得不注视和仿效同龄人的行为模式。于是青年人的行为方式形成了一系列风行一时的时尚,竞相仿效或遵从这些时尚成了不落伍的标志,从而出现了青年行为之间的极大一致性。在学校中风行的各种并喻文化形式对传统的宗法成人礼造成了极大的冲击,如青年人在加入自己喜好的社团组织的一些仪式活动,就常与传统文化形式截然不同。因此,青少年之间的相互仿效,只可能出现在各种以并喻行为为特征的文化之中。同时,并喻式的相互仿效还形成了以各种年龄层来划分的青年文化。美国是一个并喻式仿效最典型的社会(因而其"他人导向"的社会性格也最明显)。在美国,并喻关系的文化效果于19世纪初被人们直接感受到了,孩子们开始自己树立行为准则。①

---

　　①　玛格丽特·米德著.文化与承诺.周晓虹,周怡译.河北人民出版社,1987年,第14页.

现代社会许多成年礼已经发展成为节日庆典式的、文化娱乐式的成年礼,这些成年礼不仅具有并喻文化的特征,还具有后喻文化的特征。后喻文化的代表不是父母和祖父母,而是代表未来的孩子们。在后喻文化中,过去与其说是强制的,不如说是有帮助作用的。玛格丽特·米德认为:"如果我们要建立一个后喻文化,那么我们必须改变未来和位置。"正像年轻人所说的"未来即是现在"①。

1945年之后,世界上出现了一系列史无前例的独特情境:人类首次掌握了可以毁灭整个人类的核武器;人造卫星进入了太空,到其他星球上旅行已由神话变成了现实;电子计算机和人工智能大有取代人的趋势;医学革命使人的期望寿命大大延长,人口猛增。此外,绿色革命和生态危机也是人类前所未闻的。所有这些事件对人类历史的意义都可以与火和弓箭的发明的意义相比拟。它们大都集中发生在20世纪60年代。这些接踵而至的巨变使人类历史进入了一个全新的时代。新的时代年长者在有些高科技和大众文化方面并不具有经验上的优势,青年人也不需要知道更多的民族风俗、礼仪、经验。父母们不再是向导,而且根本就不存在向导。在这样一种情境下,后喻文化时期的成年礼仪形式反映了新的时代特征。

20世纪60年代,世界性的"代沟"形成,使青年人在"代沟"的一侧形成了自己的各种娱乐性、仪式性的活动。1964年在美国的伍德斯托克,由嬉皮士组织的摇滚音乐节,1994年由雅皮士组织的摇滚音乐节,以及英国出现的"朋克"青年活动,都可以称为现代社会的"成年礼"。

现代社会的成年礼所表现的文化特征还可以概括为:前喻文化中传统价值规范的传递主要是连续性的,那么在后喻文化中文化传递的主要特征就是间断性、跳跃性的了。前喻文化中的价值取向是绝对的、终生的,并喻文化中的价值取向不是绝对的,但还是较为固定的。现代社会各种古老的成年仪式教育功能正逐步减弱,代之而起的则是青年们喜闻乐见的各种文化仪式活动的产生,这也昭示着后喻文化的到来。

第三节　成年礼的场域结构分析

现代成年礼是以前喻文化为基础,以并喻文化和后喻文化等新的社会

---

① 玛格丽特·米德著.文化与承诺.周晓虹,周怡译.河北人民出版社,1987年,第28页.

文化环境为背景,以实现青年人的文化适应功能为目的成年仪式活动。在文化的广阔背景下,成年礼的仪式结构出现了明显的变化。如前所述,成年礼的结构是由仪式施礼者、仪式受礼者、仪式象征物、仪式环境等要素组成,它们在仪式活动中有相对稳定的地位和作用,仪式要素的有机组合构成了一定的仪式场域,对此,仪式研究专家维克多·特纳在对恩登布人的割礼仪式穆坎达(Mukanda)的分析中就做了深入的分析。特纳区分了仪式场域(ritual field)与社会场域(society field)的不同,权力场域(power field)和力量场域(force field)的不同,但他并没有从社会历史的发展过程中分析成年仪式的场域结构,特别是没有分析现代成年礼的场域结构功能。

一、成年礼的仪式场域

应当看到宗教青春礼和宗法成年礼的仪式结构、程序、形式、内容都十分复杂,而现代成年礼相比较而言都很简单。但仪式活动和实际生活不同,按照人类学家的说法就是仪式场域和社会场域不同。如果我们把仪式活动看成现实社会的仪式性反映,我们对很多问题就好理解了。成年仪式都是以社会场域为背景,从这个意义上说,传统成年仪式与现代成年仪式有许多相同之处;但从不同文化条件的社会场域为背景分析仪式活动,就可以分清传统成年仪式和现代成年仪式之间的区别。总之,弄清成年仪式场域和社会场域的联系和区别是成年礼社会功能研究的关键。

特纳在考察恩登布人的割礼仪式中发现:"每一个穆坎达仪式举行之前,都会有争夺主办权的派系之争。每一个重要的头人都设法利用他的宗族、姻亲关系和与其他村落成员的友谊来增加他的党羽。他也许还会试图赢得他所在之地的酋长的青睐,这个酋长必须仪式性地举行穆坎达仪式的开始典礼。这个斗争的结果决定了仪式角色的具体分配,因为最重要的角色往往落到了胜利了的那个派系的成员手中。"①特纳认为:"在给仪式场域划界的时候,我们还应考虑村庄的结构和村庄内部关系的模式。村庄是村落群中主要的地方性亚单位,我们必须考虑它们与更大的群体之间的相互关系,以及它们在其中的自主程度。进而,考察它们之间的互相依赖性和自主性,也就是说,它们与结构上相等的群体之间的关系。"这就是说,仪式场域和社会场域密切相关。

①　维克多·特纳著.象征之林,恩登布人仪式散论.商务印书馆,2006年,第270页.

　　现代成年礼与传统成人礼的仪式活动都是以现实社会场域为背景的，都是反映现实社会关系、价值取向的仪式活动，但是，现代成年礼的社会场域与传统成人礼的社会场域已经大相径庭，因而它们的仪式场域也根本不同。首先，宗教青春礼和宗法成人礼是以典型的前喻文化的社会场域为背景的，而现代成年礼形式上是以前喻文化社会场域为背景的，但是已经有许多并喻文化和后喻文化内涵。传统穆坎达仪式毋庸置疑地强化的是酋长、年长者、男人、割礼者的文化强势，而平凡人、孩子、女人、未受割礼者则是文化上的弱势。现代成年礼（入学礼、拜师礼、行业礼）等仪式活动，从形式上看青年人仍然是文化上的弱势，但是青年在社会生活中已经有同龄文化的影响，越是接近现代社会，青年在有些方面越能成为文化上的强势。其次，传统成年礼的仪式场域的空间界限狭小，而现代成年礼的仪式场域空间日益扩大。穆坎达仪式"所有要接受割礼的孩子都来自这个村落群，多数祭师也来自这个区域"，"对于大多数仪式来说，仪式场域的有效边界倾向于与村落群的边界重合"①。现代成年礼的仪式场域空间界限根据仪式活动不同而有很大变化，但典型的成年礼已成为一个国家和民族的节日，如日本的成年节和德国的成年节等。另外，传统成人礼的仪式场域是对社会关系结构进行高层次的二元抽象，而现代成年礼的仪式场域则是较低层次的多元抽象。仪式活动是对现实生活的抽象，原始社会人们没有法律和丰富的精神生活，因此会赋予仪式活动以更深层的意义。特纳还认为，恩登布社会持续结构的一个方面在这种仪式场域里显示出被拔高了的意义——穆坎达仪式具有这么一个突出特征：它的象征符号和角色模式表达的是——普遍存在的各种类别，如男人、女人、年长者、孩子、已婚的、未婚的等等——这种分类关系，在对立着的一对对范畴中（男人和女人，老人和年轻人，受过割礼的和没有受过割礼的等等）被仪式化，通过这种方法，合作群体之间的斗争被转换成社会类别的两极化。② 现代社会政治、经济、文化、法律活动丰富，人们的仪式活动是对这些丰富社会生活的仪式性反映，但这些多数是表层文化和多元文化的反映。开学典礼上领导、教师、新老学生代表的讲话多是礼节上的，而赋予的意义也是多视角和多元的。

---

① 维克多·特纳著.象征之林.恩登布人仪式散论.商务印书馆,2006年,第270页.
② 维克多·特纳著.象征之林.恩登布人仪式散论.商务印书馆,2006年,第271页.

二、成年礼的权力场域

成年礼的仪式场域也是一种权力场域,是对现实社会场域中权力结构的反映,但这种反映是一种曲折的反映。在这里,场域里的权力概念是指:"'一定数量的对另一个人或群体的劝诱力量的可能性。'它并不是指集团 A 能真正给集团 B 施加压力。"①换句话说,权力场域就是指现实社会中人们的社会位置在仪式活动中变化、调整及其相互诱导的情况。特纳曾深入分析了穆坎达仪式对父、母和孩子三者之间及其他们所处社会权力地位关系调整情况。现代成年礼与原始青春礼和宗法成年礼比较,可以发现已经失去了一些仪式功能,当然这与成年仪式的权力场域的结构变化有关。

首先,现代成年礼权力场域只是简单地、直接地反映了现实社会的权力结构关系。出席成年礼的长者、贵宾和受礼者的权力地位关系是现实社会关系的仪式性再现,因此现代成年礼具有在文化上的强化功能,也具有文化诱导和调节功能,但是不具有权力结构的强制转变功能。而古老青春礼和成人礼的权力场域与现实社会的权力场域不同的是,"穆坎达仪式的目的之一……就是修正母亲和儿子,父亲和儿子之间的关系。作为由于与他们的母亲和其他女人的不断接触而部分地被女性化了的'不干净'的孩子,男孩子们被仪式的神秘效力转换成男性道德群体中的纯洁一员,能够开始参与恩登布社会的法律、政治和仪式事件的处理"②。现代社会,青年人根据年龄的变化,不需要经过成年仪式活动就可以获得社会权力,而古代社会必须通过成年仪式活动才可以获得社会权力。

其次,现代成年礼的权力场域不会对现实社会权力场域构成威胁。成年礼的仪式活动对现实社会权力关系反作用不大,只能是强化现实社会的权力关系。而古老的青春礼和成人礼经过仪式活动会对现实社会的权力关系进行调整。经过穆坎达仪式以后,"这些影响不仅再塑了初级家庭的结构,即,父母和孩子的连接模式,还再塑了母系世系和父亲一方的联系这类家庭外部关系。因为一个男孩子是通过与父母双方的联系来与不同的合作团体发生关系的:通过他的母亲,他和村落里的母系核心联系起来;通过他的父亲,他不仅仅是和另外一个村庄联系起来,而且其联系还延伸到更广的

---

① 维克多·特纳著.象征之林,恩登布人仪式散论.商务印书馆,2006 年,第 272 页.

② 维克多·特纳著.象征之林,恩登布人仪式散论.商务印书馆,2006 年,第 272 页.

社会单元:村落群,酋邦,部落"①。

再有,现代成年礼仪式的权力场域只能使青年适应现实社会的权力制度文化,而不能改变现实社会的制度结构。而古老的青年礼和成人礼的权力场域不仅可以改变一个人的文化信仰,而且也可以改变现实社会的制度结构。特纳认为:"穆坎达仪式增强了广泛的忠诚,减弱了狭隘的忠诚。母系继嗣制是控制狭窄的地方小单元历经时代而延续的原则。它是恩登布社会中最首要的原则,并在许多仪式场合中被仪式化了。然而,在穆坎达仪式中,重点被放在男人的团结上,而不考虑他们的母系关联。父——子纽带呈现出特殊的优先性,几乎被认为是统辖最广泛的恩登布社区关系的价值和规范的代表。它是将地方群体与部落联结起来的纽带。"②

现代成年礼的权力场域虽然没有原始青春礼、宗法成人礼强大的社会功能,但是以后喻文化为基础,以同喻文化、前喻文化为背景的成年仪式,在发挥文化适应功能方面还是有不可低估的作用。

三、成年礼的力量场域

成年礼不仅通过权力场域改变社会关系的结构,而且还会通过力量场域改变社会不同阶层的力量对比,进而改变社会的道德风俗。特纳认为,力量是事物"移动的趋向","力量是指目标的,而且目标决定了特定的力量场域的结构"。成年仪式的目标不仅是通过获得仪式角色而赢得威望,使权力结构得到改变,而且使社会中各种力量最终实现协调平衡。"穆坎达仪式是一个控制论、习俗导向的'机制',恢复由于大量男孩子的长大而被干扰了的恩登布社会一个地区里各个关键的结构部分之间的动态平衡。"

原始青春礼、宗法成人礼存在的这种力量场域对原始部落和族群的各种力量平衡和风俗传承非常重要。如果恩登布男性长期不举行穆坎达仪式,就会有大量不洁的、不成熟的男孩子长期和女人们在一起,这在某种程度上加强了母系世系的力量,而没有足够的男子加入成人队伍,就会弱化父系世系的力量,导致母系社会与父系社会之间力量的不平衡,所以穆坎达仪式是一个主要的社会力量控制机制,绝不是可有可无的机制,也不是一个补充机制,而是一个推动社会发展,维护社会正常运转的平衡机制。

---

① 维克多·特纳著.象征之林,恩登布人仪式散论.商务印书馆,2006年,272页.
② 维克多·特纳著.象征之林,恩登布人仪式散论.商务印书馆,2006年,272页.

现代成年礼的仪式活动也存在着力量场域,只不过这种力量场域不是一个社会力量平衡的主要机制,而是一个补充机制。现代社会力量平衡的机制已经由政党、议会等社会组织和法律制度来代替。但是现代成年礼作为社会运行的补充机制,也会对社会各种力量进行仪式性调节,如社会地位逆转仪式、社会地位提升仪式等。

现代成年礼作为社会文化冲突平衡的补充机制也不是以一种典型的、单一的、不断重复的仪式(穆坎达仪式)来完成的,现代成年礼是以系统社会化教育、行业成年礼和各种社会活动、民俗活动成年礼等多种形式来实现对社会力量进行协调平衡。尽管成年仪式不是唯一的和必须的社会控制机制,但是通过仪式活动不断强化知识阶层、各行各业、社会民众的分层分类,也是在协调各方面的力量平衡,只不过现代成年礼不是必需的形式而已。

现代成年礼与传统成人礼的力量场域都会对社会风俗的传承、改变产生影响,只是这种影响的程度和内容不同。在恩登布社区,人们"不对未经过割礼的孩子发号施令或者实施惩罚。人们认为祖灵不会因为这些男孩子的不端行为而使他们得病或遭厄运,因为他们还不被认为是能负责任的人。孩子们没有受难的资格。但是这些男孩子可能会因为他们母亲的有失检点的行为而遭受折磨,因为他们被认为是他们母亲的社会人格的一部分。男孩子通过穆坎达仪式成为一个被净化了的,实施了手术的'男人'后,他们必须遵从长辈、履行亲属关系的各类规范、会因为不听话而被任何年长于他们的男性惩罚。他们也会作为独立的个人或恩登布社会的亚群体结构的代表被祖灵纠缠困扰"[①]。现代社会,人们对未成年的社会责任要求与成年人的社会责任要求也是不同的,人们也试图通过成年仪式活动强化一个人的社会责任意识,但是由于并喻文化与后喻文化的影响,这种社会责任意识被强化程度和包含的内容已经有很大程度的不同。

第四节　成年礼的仪式形式及其文化调适功能

现代成年礼也具有仪式场域、权力场域和力量场域的复杂结构,但无论其结构如何复杂,社会控制力如何有效,其主要功能就是对青年文化与社会

---

① 维克多·特纳著.象征之林,恩登布人仪式散论.商务印书馆,2006年,第272页.

文化的冲突和不平衡进行调适。综合以上成年仪式的诸多类型,可以从成年仪式目标取向上分为地位提升仪式和地位逆转仪式①两种基本形式,进而研究它们的文化调适功能。

一、地位提升的成年仪式及其功能

无论是原始社会的青春礼、传统社会的成人礼,还是现代社会的成年礼,都是地位提升仪式。青春礼将一个无知无识的个体提升为在氏族部落中有神灵地位的个体,成人礼将家庭和家族中青年提升为在宗族、宗法社会具有一定宗法地位的个体,现代成年礼将处于青春期和青年期的个体提升为具有一定社会地位的个体,这些都反映了成年仪式的基本功能。按照人类学家的分类,人在生命活动的转折时期和一些就职活动中都存在着地位提升仪式。一个人在出生、青春期、青年期、成年期、结婚、生子等不同生命转折时期都要通过仪式化活动提升人们的社会地位。在取得政治职务、职业资格、加入社团组织等就职活动中也要通过仪式化活动提升人们的社会地位。在制度化、等级化的社会体系之中,成年仪式活动不断地将参加礼仪的受礼者提升为高一层的社会地位上,能够使社会权力结构实现动态的平衡,因此地位提升的成年仪式首要功能就是平衡社会的制度结构。

原始青春礼、宗法成人礼是社会控制的主要机制,人们地位的提升对于自然调节社会制度结构、权力结构平衡至关重要,同时对进入社会不同等级体系中的人们也提出不同的政治、道德、法律规范的要求,因此传统成年仪式对于社会文化传承也至关重要。现代成年礼不是社会结构控制的主要机制,而是补充机制,它对人们的地位提升、平衡社会中的制度结构和权力结构不是必要的形式,但是,现代成年礼的地位提升仪式在传承文明,强化人们的思想、道德、法律观念,规范人们的角色行为方面仍是必要的形式。因此,成年仪式通过确立人们的信仰、进行道德教育和文化传承等方式集中体现社会文化的调节功能。

现代成年礼的地位提升仪式是成年仪式的基本形式,而且主要承担着社会文化的调节功能。现代社会是后喻文化、并喻文化、前喻文化交织在一起的文化,文化冲突比原始社会、宗法社会要明显的多,因此通过仪式活动

---

① 维克多·特纳著.仪式过程——结构与反结构.黄剑波,柳博赟译.中国人民大学出版社,2006年,第166页.

进行调节是社会平衡发展所需要的。成年礼将某些群体和个体提升到一个较高的位置上，承担着重要的社会责任，从长期的自然交替的角度上来说，是实现整个社会的动态平衡，但从短期的人们等级关系上看则是不平衡、不平等的。因此，伴随着地位提升仪式也需要短暂的地位逆转仪式相协调，以解决人们因地位不平等造成的冲突。在这里，地位提升仪式是基本仪式，地位逆转仪式是补充仪式，都是为了解决不同等级人们之间文化冲突的仪式。地位提升仪式是从长期的动态发展中调节整个社会制度结构、权力结构的不平衡和文化风俗上的冲突，地位逆转仪式是从心理层面调整由于某个人和群体地位提升而造成的人们心理上的不平衡。在非洲加蓬湾国王的就职中有这样的记述：

"他们把新国王紧紧围住，然后就把他淹没在辱骂和击打之中，其行为是最凶狠的暴徒都想象不出来的。有的人把痰吐在他的脸上，有的人用拳头揍他，有的人用脚踢他，有的人把令人恶心的东西扔在他的身上。而那些不走运的只能站在人群外面的人，就只能用言语才能攻击到他。他们激烈地咒骂他、他的父亲、他的母亲、他的兄弟姐妹，以及他所有的祖先，直到最遥远的一代。如果在那里的是一个陌生人的话，那么就算是把即将加冕的这位国王的职位白送给他，他都不会要的。

就在这嘈杂的声音和混乱的争闹之中，我听到了能够为我解释这一切的话语，因为每过几分钟，一个打得最狠踢得最准的家伙就会大声吼叫：'你现在还不是国王哩；眼下这一会儿，我们想把你怎么样就把你怎么样。过不了多久，我们就得听你使唤啦。'Njogoni 的表现像个男子汉，也与未来的国王的身份相称。他控制住了自己的脾气，脸上挂着微笑，忍受了所有的辱骂和痛打。在持续了差不多半个小时之后，他们把他带到了老国王的房子里。在那里，他再一次成为他的臣民的辱骂对象，辱骂又进行了一段时间。然后就是一片寂静。臣民中的长老站起身来，脸色肃穆地说道（众位臣民重复着他们的话）：'现在，我们拣选你来担任我们的国王；我们将会听你的命令，并且服从你。'接下去又是一片寂静，这时王族的标志（一顶丝绸的帽子）被送了上来，然后扣在了 Njogoni 的头上。此时，人们为他披上红色的长袍，而他接受了所有臣民满怀尊敬的欢呼——就在几分钟之前，这些人还在对他辱骂和痛打。"①

　　维克多·特纳认为,就职仪式是一种复合性仪式,"仪式里边,既包含地位的提升的诸方面,又包含地位的逆转的诸方面。在第一个方面,个人永久的结构性提升得到了强调。在第二个方面,强调的重点放在了统治者和被统治者地位的暂时性转换上。个人的地位不可逆转地改变了,但是他的臣民的集体性地位仍然保持现状,没有改变"②。以地位提升仪式为基础,以暂时性的地位逆转仪式为补充,旨在调节地位不同者之间的文化冲突。

　　二、地位逆转的成年仪式及其功能

　　在地位提升仪式中有暂时性地位逆转,这是为了缓解文化冲突,使社会地位低下者取得心理上的平衡。地位逆转仪式对文化的调节不仅限于一些人因地位提升将带来的不平衡,对于社会中已经存在,并长期存在的不平等和文化冲突,也可以通过年度性仪式或危机仪式加以调节。有些周期性、年度性地位逆转仪式已成为一种民俗活动,对整个社会文化调适非常重要。青年在社会中属于边缘群众,社会地位得不到认可,文化特质得不到表现,他们需要通过某些周期性、年度性、民俗性的仪式活动表现自己的文化本质。

　　如前所述,在现代社会里,青年人对万圣节、万灵节非常感兴趣,因为在这样的节日里青年人的地位都会得到了逆转,青年在文化上得到广泛的认同。在这些风俗节日里,"处于结构中低下位置的人的力量"青少年的文化得到了表现。③

　　类似的例子在现代社会中可以发现很多。如"在圣诞节那一天,英国陆军中的下等兵们会吃一顿大餐,而在一旁侍立的都是军官和军士们。在这一仪式结束之后,下等兵的地位仍然是不变的。实际上,军士长可能还会对他们变本加厉地破口大骂,因为他们居然会支使他跑来跑去地端火鸡"。地位提升仪式中地位逆转仪式只是暂时的,其根本作用还是对社会结构稳定性、长期性的肯定。正如特纳所说,"这一仪式对群体的社会性定义做出了十分

---

① 转引自维克多·特纳著.仪式过程——结构与反结构.黄剑波,柳博赟译.中国人民大学出版社,2006年,第173页.

② 维克多·特纳著.仪式过程——结构与反结构.黄剑波,柳博赟译.中国人民大学出版社,2006年,第174页.

③ 维克多·特纳著.仪式过程——结构与反结构.黄剑波,柳博赟译.中国人民大学出版社,2006年,第174页.

重要的强调,而这一强调具有长期的效用"①。而年节性地位逆转仪式旨在强调某个群体文化的重要性,以调节其长期处于文化边缘所带来的冲突。

古代具有地位提升功能的青春礼、成人礼已发展为今天具有地位逆转功能的成年节。作为季节性、周期性、民俗性的成年节已经不是暂时性的地位逆转,而是对青年的文化特质充分肯定的庆祝活动,当然也具有对现代社会中青年边缘化地位的一种仪式化逆转。

前面谈到的日本成人节就是由地位提升式的成年仪式发展成今天地位逆转的成年仪式。日本现代的成年节来源于元明天皇七年(公元741年)的"元服式"成人礼,但其形式和内容与现在的成人节差别甚大。"元服式"成人礼是典型的地位提升仪式,成年的穿戴需要严格的等级要求。据记载,"元服式"盛行于奈良和平安时代,而且主要是在天皇家族和贵族之间举行。凡经参加"元服式"的13—16岁男子、12—16岁的女子,从此便可名正言顺地束起成人的发型,穿上成人的服装,正式进入成年期。到了武家时代,"元服式"变为专指男子的节日。"元服式"时穿戴的等级差别也很严格,戴冠的是贵族,戴一般礼帽的是一般武士。从室町时代起,"元服式"的标志是剃掉在头顶束着的一绺长发,直到江户时代,这种发型仍在农民和商人间流行。

现代成人节始于1948年(昭和二十三年),每到这一天,市、区、町、村中的年满20岁的青年,都要被邀到公会堂或区民会馆等处参加成人节。现代成人节与过去的成人礼不同,它不仅标示青年的成熟,应担负起青年的责任义务,更重要的是标示青年已经不是社会的边缘群体,他们是具有自己文化特质的社会实体。

在现代成年节上,青年人会仪式性地展示自己现在地位与过去的不同,现代成年节就是具有地位逆转功能的仪式活动。青年们高声宣誓,踏入成人行列,举行丰富多彩的庆祝活动,如举办自己的歌咏会和音乐会,演奏自己谱写的乐曲,做些有益于社会的事,如植树、去医院献血等。当然这种地位逆转仪式也是地位提升,只不过这种地位逆转仪式中的地位提升是长久的、根本性的改变,所以节庆式的成年仪式功能对边缘文化与主流文化冲突的调节是现代社会的重要文化调节手段。与此相反,地位提升仪式中的地位逆转是仪式中的暂时性逆转(如就职提升过程中的降卑),它只是地位不

---

① 维克多·特纳著.仪式过程——结构与反结构.中国人民大学出版社,2006年,第166页。

同的个人和群体文化冲突的仪式性调节手段,而且只是仪式活动调节手段中的补充手段,所以我们更应该重视各种周期性、年度性、民俗性成年节等地位逆转仪式对文化调节功能作用的发挥。

在今天,德国成年节也具有仪式性地位逆转的特点。按照德国的传统习惯,一个人长到 14 岁,就算长大成人了,要举行成人仪式。成年节的上午,少男少女穿戴一新,由家长、亲友陪同集合在当地的文化之家。首先由地方政府负责人或社会名流致词;然后师长、亲友和低年级小朋友向他们表示祝贺,并赠送礼物和鲜花;到了中午全家聚餐以示庆祝;晚上,大人为他们举办舞会,时间还可以破例延长至晚上 10 点。为迎接人生中这一重要阶段的开始,有关部门一般要对 8 年级的孩子做思想准备工作,如让他们会见各界人士和老工人,组织他们游览山川河流,瞻仰名胜古迹,参加音乐会等。

综合本章所述可以得出以下结论,现代社会的成年礼是一种主要具有接纳结构特征,具有教育、娱乐、节日庆典等文化认同、文化创造功能的成年仪式。本书是从广义的角度定义现代成年礼的。它不仅包括一些民俗活动的成年仪式和节日活动的成年仪式,还包括与原始青春礼、宗法成人礼有内在联系的,在一个人青春期、青年期间,青年成长过程中的一些成年仪式。如学校教育中的入学和毕业礼仪,行业活动中的拜师礼、出师礼,加入青年社团组织,以及具有节日庆典、娱乐特征的一些成年仪式活动。

从历史发展过程中可以梳理出现代成年礼的三种形态,即系统社会化的成年礼、行业活动的成年礼和民俗活动的成年礼。现代成年礼主要特征是文化的认同和接纳。现代成年礼虽然也具有宗教文化特征、宗法文化特征,但主要还是表现为社会文化的特征。运用米德的"三喻文化"理论分析现代成年礼的特征,可以发现,现代成年礼是在宗教文化和宗法文化等前喻文化的形式和内容基础上形成的,但更多表现的是并喻文化和后喻文化的一种成年仪式活动,它具有使现代青年实现社会文化适应的社会功能。

在维克多·特纳对原始青春礼仪式场域、社会场域、权力场域和力量场域分析的基础上,专门分析现代成年礼与原始青春礼、宗法成人礼场域结构功能的不同,可以发现原始青春礼和宗法成人礼是协调平衡宗教制度、宗法制度的主要社会机制,而现代成年礼则是平衡社会文化冲突的一种补充机制。不仅如此,从成年仪式目标取向上分析了地位提升仪式和地位逆转仪式,进而可以研究它们的文化调适功能。

第七章　成年仪式与
##　　　青年理想信仰教育

从教育人类学的观点来看,各种各样的成人仪式作为古老的教育手段和模式,在帮助青年树立理想信仰方面起着重要的作用。在现代社会我们并没很好地解决青年人的信仰问题,反而出现了各种各样的信仰危机,这在一定程度上同我们失去了许多行之有效的仪式教育的手段,又没有很好地解决现代社会宗教信仰问题和人生理想问题是有关系的。

第一节　现代社会的理想信仰危机及仪式性缺失

现代社会的理想信仰危机是世界性的,有来自基督教、伊斯兰教、佛教等宗教信仰危机,有来自社会制度和社会文化的理想危机,这些危机的产生使人们精神困惑、信念动摇、幸福感降低,使人们怀旧感、复古情绪强烈,这些情况的产生与现代人仪式活动的缺失不无关系。

一、现代社会的宗教信仰及其仪式改革

伴随着宗教世俗化发展,逐步产生了现代社会人们的宗教信仰问题。世界宗教信仰问题表现在不同的文化背景下,但最突出的表现就是基督教文化影响力的衰落和宗教多元化发展。公元 1054 年基督教出现第一次大分裂,天主教会和东正教会相互发表绝罚令,将对方开除出基督教。天主教也称公教,以罗马为中心,采用以教皇为首的正统统治制度。东正教也称正教,以君士坦丁堡为中心,采用在普世牧首之下的相对松散的制度。从此以后以基督教为代表的宗教势力就日趋分散。在 16 世纪上半叶的宗教改革运动以后,从天主教会中分离出了很多新的教派。这些教派发展迅速,逐步适应社会发展的要求。在罗马天主教会极力推崇的新托马斯主义神学教派以外,西方一些新教流派对人们的信仰领域产生巨大影响。其中柏格森直

觉主义、有神论的存在主义、人格主义和过程哲学就是影响较大的几个新教教派。这些教派的发展逐步适应了自由资本主义的发展。韦伯认为,新教伦理和资本主义精神是相通的,人们重要的不是到教堂从事礼仪活动,尽一个教徒的"天职",而是要尽世俗的义务,通过艰辛的劳动,创造新的生活,才能得到"神宠",这无疑冲击了现代人的宗教信仰活动。

近现代以来,哲学上的唯物论、无神论、怀疑论强烈冲击着宗教神学和哲学,自然科学的进步和社会革命运动也对宗教信仰造成巨大威胁。世俗化已经成为一股不可阻挡的历史潮流。在这样的社会背景中,基督教神学经历了由超验神、自由神、人道神向过程神、多元神、世俗神转变的过程。在这一发展过程中,正统的天主教会也不得不进行礼仪改革,以至出现了仪式性变化的现象。从 19 世纪 60 年代到 20 世纪 60 年代的两次基督教大公会议的对比中,我们可以看到仪式性改变的事实。

1869 年 12 月 8 日基督教会召开的第 20 次大公会议,也是第一届梵蒂冈大公会议。当时为了规范宗教信仰教义,整肃仪规,曾先后通过了两个文件,第一个是《神子》宪章,第二个是《永恒牧人》宪章。主要是严厉谴责无神论、怀疑论、泛神论、理神论、自由主义等异端邪说,阐述教皇的首席性和在训导权上的永无谬误性,以此来维护教皇以及罗马天主教会的权威,达到维护天主教信仰和权威的目的。

时隔近一个世纪,1962 年的 10 月 11 日,在教皇约翰二十三世主持下,第二届梵蒂冈大公会议开幕。在三年中经过几个阶段的会议,最后在教皇保罗六世的主持下于 1965 年 12 月闭幕。这次大公会议没有判决和处罚异端,而是致力于罗马天主教会自身的改革。对于教皇的首席性和在训导权上的永无谬误性,进行了激烈的辩论,最后通过了一个妥协的方案:承认上届大会通过的《神子》和《永恒牧人》宪章对教皇权威的规定,同时又依据圣经宣布,主教有治理所辖教区的全权,以全体主教为成员的主教团对教会享有最高权力,主教们集体对信道进行的论断也享有永无谬误的特权。这样,就在礼仪形式上制约了教皇的集权专断。在教会体制上,虽然按照教皇、主教、神父、教友来排列等级顺序,但却强调,"教会是天主子民",允许普通教徒可以执行传教使命,个别经过选择的教徒甚至可以参加主持部分圣事和礼仪。

第二届梵蒂冈大公会议还进行了宗教礼仪的改革。过去,宗教礼仪强调规范统一，礼仪形式一律是拉丁化的，不仅强调使用拉丁语，而且礼仪过程等级森严，繁琐冗长。这次会议通过的《礼仪》宪章，将改革的重点放在让信众主动参与、简化礼仪、采用民族语言、采纳民族形式和民族风格、允许信徒兼领圣体圣血。从宗教信仰的仪式性改革的过程来看，成年仪式作为最早的一种宗教形式，其仪式性变化也有同样的社会原因，经历了同样的过程，也都是由于适应社会发展的新要求而出现的必然趋势。

二、理想信念的危机及其仪式性回归

人类对美好社会理想的追求是由来已久的，但产生巨大社会影响，形成世界范围内的社会运动还是近代工业革命以后的事情。人们追求美好的社会主义理想，形成社会主义运动是从"乌托邦社会主义"开始的。

公元1516年，英国空想社会主义者莫尔创作了一部文学作品，描绘了大海上的一个孤岛建立的一个理想社会，该书被命名为"乌托邦"。与莫尔同时代的意大利思想家康帕内拉也写了一本乌托邦社会主义著作《太阳城》。当时人们的理想信仰也只是一种原始社会状态下的仪式性空想。在《太阳城》里描述了一个游历者的经历：

"再往前走，进入太阳城的中心。一所巍峨的教堂，矗立在广场的两边，面向东方的是两座尖塔，塔尖刺向天空，尖顶上用黄金做成的十字架，在阳光下闪闪发光。

'你们都信仰宗教吗？'游历者随口问道。

一个青年人说：'是的。上帝使我们心地纯正。'

'你们有政府吗？'

'有，这就是政府大厦。'

游历者随着青年所指的方向望去，广场东边有一所圆柱大厦，占地面积很广，看来能容纳许许多多人。

'你们政府的办公人员很多吧？'

'不！政府的官员很少。这大厅是民众的聚会场所。我们这里，管理人员都由人民选举。如果做得不好，就由人民去撤换。最高领袖也是人民选举的。他是一位很有智慧和才能的人。他既是宗教的主教，又是哲学的思想家。最高领袖有三个助手，一个管"爱"，一个管"力"，一个管"智慧"。'"

由此可见，人们最初的社会主义理想不过是一个具有宗教仪式性特色的社会空想。16、17世纪的空想社会主义莫尔、闵采尔等提出了实现人类理想的基本原则是建立公有制、人人劳动、按需分配等,但并没有真正进行实现这些理想的社会活动。

19世纪初期的空想社会主义者圣西门、傅立叶和欧文等批判资本主义社会现实,并在一定范围内将社会主义理想进行了实验,如1824年欧文在美国印第安纳州买下1214公顷土地,开始新的和谐移民区实验,但实验最终以失败告终。人类的社会理想由宗教式空想变成科学实践还是出于无产阶级的革命导师马克思和恩格斯的伟大贡献。

马克思和恩格斯亲自参加工人阶级对资产阶级的斗争,在总结人类社会文明成果的基础上,创立了无产阶级的世界观——辩证唯物主义和历史唯物主义,并运用这一科学武器,把自然规律、思维规律运用到社会历史领域,第一次发现了剩余价值,揭露了资本主义剥削的秘密,从而得出了资本主义必然灭亡和社会主义、共产主义必然胜利的科学结论。马克思和恩格斯不仅使整个人类社会建立起了真正的社会理想,而且形成了为实现这一社会理想而进行的国际共产主义运动。

国际共产主义运动,就是由世界各国共产党领导的,为在各国实现共产主义理想的群众性运动。据统计,在全世界五大洲中,曾在195个国家中有130多个共产党组织,约8800万党员,都在为实现共产主义理想而奋斗。然而,20世纪80年代末90年代初,苏联解体、东欧剧变,国际共产主义运动遭受了空前的重大挫折,人们的理想信仰出现了危机。

实现共产主义理想的国际共产主义运动始终伴随着仪式性的信仰和《国际歌》的旋律,"一个幽灵,共产主义的幽灵,在欧洲游荡"——马克思在1848年的《共产党宣言》中如是说。现代解构主义大师德里达在其《往返莫斯科》一书中说道,迄今他只要一听到国际歌,依然是心潮澎湃,不能自已。① 德里达在《马克思的幽灵》一书中指出,随着苏联东欧的剧变,马克思主义、共产主义的幽灵似乎消失了,但这仅仅是"似乎消失"而已,实际上,这幽灵因苏联东欧的剧变而开始呈现多样性的姿态。显然,多样性姿态的出现并不标志着其死亡而说明其新生命力的

---

① 转引自陆扬.政治和解构——德里达的几本新书.载马克思和现实,1998年第6期,第35页.

开始。① 总之,信仰危机、理想危机的产生伴随着仪式性的衰落,信仰的重建、理想的确立当然也需要仪式性的回归。

第二节　成年仪式的理想提升功能及其形式

解决现代社会的信仰和理想危机不能依靠宗教仪式化的力量,而应依靠人类共同智慧和理性的力量,然而,成年仪式作为一种有影响力的社会文化活动,仍然具有提升人们的理想信仰的功能。

一、成年仪式的理想信仰提升功能

信仰是人类特有的一种精神现象,它是指人们对某种物质、精神、思想、主义、学说的信服和仰慕,并且以此作为自己的精神寄托和行动指南。信仰是一个人的精神支柱,是维系一个民族和社会的稳定性、统一性与持续性的基本要素之一,也是构成国风、民风和民族性格的重要因素。在人类历史上,信仰是一个社会文明状态的重要标志,在现代社会信仰表现为一种社会理想信念,是对社会发展普遍规律性、必然性的认识。树立社会理想信念不同于确立宗教信仰,它更需要现实的生活基础和对社会文明发展的认知和感悟。

成年仪式最原始的形式青春礼具有宗教信仰的教育功能,但是成年仪式在其发展过程中并没有成为纯粹的宗教活动,而逐渐演变为一种民俗文化形式,在确立民族的理想信仰方面有重要的功能。宗教礼仪与成年仪式在确立人的信仰方面的功能是不同的。成年仪式的仪式环境虽然与生活环境不同,但仪式环境是生活环境的升华,或者说仪式环境与人们日常生活环境紧密相连。而宗教活动要在特殊的宗教场所进行,是专门的偶像崇拜形式,宗教仪式环境是神圣的环境,而人们日常生活环境是世俗的环境。成年仪式的参加者是氏族部落的酋长、社区的长者、各界名流、受礼者的亲戚朋友等日常生活中的人,而宗教仪式的参加者则是各种神职人员。成年仪式各种礼仪程序与人类日常生活相联系,具有更多的生活理想、社会信念,赋予个人生活权利义务的内容,而宗教仪式程序更多的与宗教教条相联系,具有更多的神秘理想、宗教信仰和赋予个人宗教

---

① 陈学明,马拥军.走近马克思.东方出版社,2002年,第61页.

权利义务的内容。相比较而言,成年仪式和宗教仪式虽然都是通过仪式活动形式和程序确立人们的精神信仰,但是成年仪式较宗教仪式在确立人们的理想信念方面有更现实的基础和更积极的作用。

成年仪式和宗教仪式一样都是通过礼仪形式确定人们的理想信仰,但是在现代青年教育中,成年仪式的一些礼仪形式仍然能够成为可以借鉴的教育方式,而带有宗教特征的、神秘的礼仪形式则是应该去除的。

成年仪式和宗教仪式都有对祖先、神明、仪式象征物表示敬畏的祭献活动,祭献活动也有多种形式,如以动物、荤素食品、禾稼果品等物作为祭品。在原始宗教中还有人祭的现象,墨西哥的阿兹克特人每村一年要献十人祭神,苏丹的希克人也曾有杀死老年人祭神的习俗。人祭的意图或是为了增进部落的活力和生殖力,或为复仇而安慰死者的亡灵。在阶级社会中祭献礼仪有深刻的阶级含义,祭献的不平等正是阶级不平等在宗教礼仪上的一种表现,人们凭借祭献财物的多少以显示人们对神的虔诚程度。祭献活动是一种十分腐朽的宗教礼仪,它的主要功能是培养宗教感情,就是在文明发展的今天这种祭献仪式对信徒也有巨大影响,祭献礼仪对感情单纯的青年更具有极大的威慑作用。祭献礼仪可以通过威慑作用强化神的绝对权威,培养对神的绝对感情。宗教仪式和原始青春礼中一些腐朽、落后、残忍的祭礼对确立人生信仰具有巨大作用,但是,随着文明的进步,这些祭礼逐步被人类所唾弃,当然一些比较文明的祭祀活动也还是必要的。

礼拜也是神学宗教和成人礼中的一种程序性、规范性的礼仪活动。各种不同的宗教都有自己规范的礼拜动作和礼仪活动,如佛教中的屈膝、长跪、手膝居地、五轮俱屈、五体投地;基督教中的祈祷、读经、唱诗、讲道;伊斯兰教的晨礼、响礼、哺礼、昏礼和宵礼等。这些宗教礼仪的社会功能主要是强化宗教和社区的群体意识,增强群体的内聚力。礼拜仪式较之于祭献仪式是一种进步。世界三大宗教之所以吸引了大量青年教徒,其中一个主要原因就是这些宗教群体减轻了宗教礼仪的物质负担,而通过程序性的仪式活动增强了群体的凝聚力。礼拜活动的功能也是通过精神性的活动强化青年的宗教意识,培养宗教信仰。宗教礼拜活动的形式和内容具有针对性、通俗性、趣味性。如青年人初入基督教堂时教友们会热情相迎,平等相待,使青年人产生平等温暖的感情。教士们还会主动提供座位、赠送《圣经》和《赞美诗》，牧师讲道也很迎合青年人的口味，这些形式都是我们对现代青年进行理想信念教育应当借鉴的。

仪式活动具有确立信仰的功能可以从符号学的意义上去理解。祭献和礼拜等仪式活动都表现出对仪式符号的敬畏和景仰，仪式过程中的象征符号不仅仅是对现实物体的升华，而且是人类创造文化意义的载体。许多符号学专家都认为，仪式中的象征符号不仅包括仪式语境中的物质、空间、人们的行为活动，还包括人们共享的价值观念，甚至是语言难以表达的意义。维克多·特纳在对恩登布人的仪式研究中发现，有些象征符号是支配性的。特纳认为："支配性象征符号在许多不同的语境中出现，有时候支配着整个过程，有时候支配着某些特殊阶段。支配性象征符号能够统合迥然不同的符号所指，其意义内容在整个象征系统中具有高度的持续性和一致性。"①正是因为成年仪式也运用支配性象征符号，并通过支配性象征符号控制仪式过程，浓缩各种文化符号的意义，才达到确立人们理想信仰的目的。

特纳认为，精神分析学家对象征符号给以比现实更多的社会意义的解释，而"把最本土的诠释看成不重要的东西，这导致了一种天真的、单向的研究路径"。而"那些仅仅认为本土解释才是有意义的人类学家也同样是单向度的"。精神分析学家和人类学家"仅仅在文化和结构的这两个框架内来考察象征符号。这种方法本质是静态的，它并不处理社会关系中牵涉到时间变化的过程"。我们应从社会动力学的角度，在仪式场域背景中分析符号发起的社会行动，分析符号具有的对个人和群体产生的巨大影响"力量"。我们应从"感觉极"和"理念极"②分析信仰的确立，前者唤起人们底层的、自然的欲望和感受，后者通过价值和道德引导控制人的精神，极端对立的两极通过浓缩性、统一性的象征符号实现人的思想观念的价值转变，这就是仪式具有确立人生信仰功能的秘密所在。在现代社会的青年教育中，我们应学会利用各种仪式活动，制造独特的仪式场域背景，特别是发挥仪式象征符号激发人的感觉、提升人们思想精神的作用，最终确立人们的理想信仰。

---

① 维克多·特纳著.象征之林.恩登布人仪式散论.商务印书馆，2006年，第31页.
② 维克多·特纳著.象征之林.恩登布人仪式散论.商务印书馆，2006年，第28页.

二、成年仪式的权力场域及其理想信仰教育

英国仪式研究专家维克多·特纳对成年仪式的场域类型的划分（参见第六章第三节）使我们对成年仪式功能的分析得以深化，但是特纳的分析只限定在原始部落的仪式活动形式及其功能的范围，并没有考量这一仪式类型划分不同时期的历史意义和现代意义，本书以此为基础对原始青春礼、农业社会的成人礼和现代社会的成年礼做了历史的比较分析，提出现代成年仪式场域功能的一些见解。如下表：

成年仪式类型 场域结构形式	青春礼	成人礼	成年礼
仪式场域 ritual field	特殊场域、神秘场域、隔离场域、宗教活动场域，场域狭小。	阈限场域、过渡场域、生活场域。	文化活动场域、学习工作场域、节庆活动场域，场域扩大。
权力场域 power field	原始制度、氏族部落、宗教神权、人神关系的仪式性反映。	奴隶封建制度、宗族制度、宗法关系的仪式性表现。	现代社会制度、社会结构、权力关系、社会关系的仪式性表现。
力量场域 force field	前喻文化为主，不承认青年群体的存在，只强调是成人和非成人的区别，父系社会和母系社会的力量调整。	前喻文化为主导，承认青年是特殊年龄群体、过渡群体、受教育的群体，强调等级关系，强化宗法力量。	在前喻文化主导下，有并喻文化、后喻文化的影响，承认青年是一个文化实体，有特殊的社会地位作用。
仪式功能的变化	社会制度结构的主要控制机制——社会文化调节平衡的补充机制		

成年仪式提升人们理想信仰的功能是通过一定的场域形式实现的。具体来说，成年仪式是以制度文化为核心，在创造权力场域的过程中，确立人们的理想信仰。成年仪式与一般的仪式活动不同，它不仅是一种民俗文化，而且还是一种制度文化。如前所述，原始社会的成人礼是对父系制度、母系制度和未成年人三者之间所拥有的社会权力地位关系进行调整的仪式性活动，从某种意义上说它就是传统社会的一种制度文化。成年礼就是通过这种制度文化的形式，创造一种权力场域，实现社会地位关系和生活观念的再调整，从而确立一种社会的制度理想和生活信仰。

现代社会的权力场域是对现实社会中法律制度关系和权力结构的仪式性反映，但这种反映是一种曲折的反映。在这里权力概念是指一定数量个人或群体对另一个人或群体的劝诱力量的可能性。在仪典活动中，通过现

实社会的权力结构和制度结构的仪式性反映,通过这种权力场域可以实现受礼者、参加者对制度文化及其所代表的社会理想的认同功能。仪典活动的权力场域也是对国家权力关系的反映。在仪典活动中,通过现实社会的权力结构和制度结构的仪式性反映,可以实现受礼者、参加者对政治制度文化的敬畏和接受,以实现确立人们理想信念的德育功能。

　　"仪式与象征是最能体现人类本质特征的行为与符号表述,是现代社会中政治权力的实践工具。"①国家权力是一种特殊的政治权力,是指反映统治阶级意志的,并作为社会整体代表的,以强制力保障实施的,管理社会公共事务的权力。例如,在学校仪典教育的场域中,国家权力对学生理想信仰的形成和发展具有主导性、支配性、规范性和塑造性作用。国家权力观念是通过各种法律制度实现的,《中华人民共和国宪法》、《中华人民共和国国旗法》、《中华人民共和国教育法》、《中华人民共和国教师法》、《中华人民共和国学位条例》等国家法律制度,在学校的各项仪典活动中具有重大的作用,学校的各种仪式活动必须以国家的法律制度为依据,必须充分体现国家法律制度的精神。通过仪式活动进行社会政治制度、法律制度、经济制度的教育具有独特的德育功能。首先,学校仪式活动让受礼者、参加者直接观察教育目标,确立理想信念。国家权力和法律制度主导着仪式活动道德教育的目标要求。在学校仪式活动中对培养什么样的人,怎样培养人,为谁培养人都要充分体现国家教育方针的要求。仪典德育是国家德育实践的一个方面,仪典德育的方向要在国家教育方针指导下进行,要通过仪典的实践活动来实现,同时仪典德育也在一定程度上促进和推动国家教育目标的实现,也使受教育者明确今后的努力方向。其次,学校仪式活动让受礼者、参加者直接观察社会生活的制度安排,规范自己的思想和行为。国家权力和法律制度主导着仪式活动道德教育的规范要求。国家权力关系在仪式活动中的象征性分配对人们思想和行为有巨大影响。学校的仪式活动由仪式主体、仪式环境、仪式程序、仪式象征物等组成。在这个多维度的框架中,教育主体、客体的座次安排,严肃神圣的环境氛围,严格的一丝不苟的仪式程序,国旗、党旗、徽标等仪式象征物,无不体现着明确严格的权力关系和社会制度安

----

① 李志清.乡土中国的仪式性少数民族体育——以桂北侗乡抢花炮为个案的研究.中国社会科学出版社,2008年,第23页.

排,明确地规范着受教育者的思想和行为。解决当前社会的理想信仰危机,重塑共产主义理想,也需要发挥各种仪式活动的德育功能,特别是各种形式的成年仪式具有重要的青年理想信仰教育的价值,应当引起各级青年教育工作者的重视。

第八章 成年仪式与
青年伦理道德教育

在青年成长过程中,通过一系列礼仪形式,强化社会纲常和伦理观念,整合青年道德行为规范,是传统社会对青年进行教育的主要方式。现代社会伦理道德教育不完全依赖仪式活动,但在人们成长过程中,通过必要的仪式活动强化人的伦理观念,规范人们的道德行为,仍是提高整个社会道德文明水平的必要途径。

第一节 现代社会的伦理道德失范及
礼仪活动中存在的问题

伦理观念是在人伦纲常基础上形成的宗法观念,道德规范是在因循天地自然社会规律基础上形成的行为规范,伦理道德规范在传统社会是依据礼仪制度得以发挥功能,维护社会的统一和稳定。现代社会仪式活动日益贫乏,人们的伦理道德观念缺乏必要的培养机制,因此可以说仪式活动的缺失是伦理道德失范现象产生的原因之一。

一、现代社会伦理道德的失范及仪式性缺失

考察世界历史的发展使一些西方学者惊异的发现,统治中国几千年封建社会的力量主要不是靠宗教,也不是靠法律,竟是靠以礼仪文化为核心的伦理道德,礼仪文化维系了中国社会的生存、延续、发展和统一,成就了中国礼仪之邦的美称。

在中国古代社会,礼仪一方面是统治阶级的政治工具,法律和典章制度,一种礼制;另一方面也是一种道德上的规范,做人的要求,一种礼教。"道德仁义,非礼不成。教训正俗,非礼不备。分争辩讼,非礼不决。君臣上下、父子兄弟,非礼不定。宦学事师,非礼不亲。班朝治军、莅官行法,非礼

威仪不行。祷祠祭祀、供给鬼神,非礼不诚不庄。"(《礼记·曲礼上》)"饮食、衣服、宫室、器皿、夫妇、父子、长幼、君臣、上下、师友、宾客、死丧、祭祀,礼之本也。曰乐、曰政、曰刑,礼之支也。曰仁、曰义、曰智、曰信,礼之别名也。是七者,盖皆礼也。"(《李觏集》卷一《礼论》第一)

最早记载中国古代礼文化的著作有三部:《周礼》、《仪礼》和《礼记》,统称为"三礼"。其中《周礼》主要记载古代的典章制度,《仪礼》主要规定人们的行为规范,《礼记》主要介绍古代社会具体的礼仪。"三礼"对中国古代礼的阐述最为全面。《礼记》涉及的范围异常广泛,大到国家的班爵、授禄、宗法、祭礼、巡守、朝觐、田猎、刑政、学校、养老,小到日常生活中的语言、容貌、饮食、洒扫、应对、进退以及闺房婆媳之事,皆有比较详实的阐释。根据《周礼·春官·大宗伯》的记载,当时人们把礼分为五大类,即吉礼、凶礼、军礼、宾礼、嘉礼,称为"五礼"。吉礼是祭祖的典礼,居五礼之首。凶礼主要指丧礼。军礼主要指战事,其中包括田猎、筑城等活动。宾礼指诸侯对王朝的觐见、各诸侯间聘问和会盟时的礼节。嘉礼内容比较复杂,大体包括饮食、婚冠、宾射、飨燕、贺庆等内容。由此可以看到,"五礼"涵盖了整个社会政治和生活的各个方面,它实际上发挥着规范社会和个人的作用,在社会政治、道德秩序建构中起着重要作用。①

现代社会礼仪文化在社会发展中的核心作用已大大减弱,仪式活动在人们日常生活中的形式、种类也日益减少。人们在家庭生活中已不大讲究那些宗族礼仪,不再传承古老的家训和规矩,只是靠习俗和传统维持由血缘关系形成的亲情关系;人们在社会交往中也不再讲究那些繁文缛节,也反对宗法社会中那些强化尊卑高下等级制度的仪式文化,只是靠习惯和传统维持着人们的社会关系;在学校教育中人们学到更多的是科学知识和工作的技能,而很少习得礼仪规范,甚至连学校生活中的各种仪式活动也变得越来越少。现代社会的管理者也没有刻意地推行和倡导某种礼文化,而近现代以来,逐步形成的法律文化、政治文化、经济文化已经成为今天社会文明发展和人们生活道德秩序建构的主要推动力量。

然而,随着市场经济的发展、科学技术水平的进一步提高、经济全球化和信息社会的到来,对传统的伦理道德构成了新挑战,甚至出现了全世界范

---

① 温克勤,薛炎文主编.做合格公民.百花文艺出版社,2002年,第46页.

围内的伦理道德失范现象。仅以中国社会近现代以来发展变化来看,至少有以下四个方面的情况对社会的伦理道德产生了巨大影响。

第一,社会变迁和经济转型是社会伦理道德变革的根本原因。1949 年中华人民共和国的成立是中国社会历史变迁的重要标志,中国社会实现了从几千年封建专制制度向社会主义制度的跨越,彻底结束了旧中国半殖民地半封建社会的历史,使中国传统社会赖以生存的旧的伦理道德基础受到根本性影响。解放初期,社会主义新道德风尚在共产主义思想的熏陶中,在社会主义建设初级阶段的建设中孕育发展,可是时间不长,由于“无产阶级文化大革命”的冲击,新的社会主义道德就受到十年浩劫的严重摧残。

20 世纪 80 年代,中国实行改革开放,进行经济体制和政治体制改革,社会结构和生活发生重大转变,社会经历着从传统向现代的重大转型。在社会主义市场经济的改革中,社会的活力增强,社会发展迅速,取得令世界瞩目的巨大成就。但是,由于商品经济的生产和现代社会对外开放的特征,市场观念、竞争思想、科技理性和新的价值观念没有很好地与社会主义道德和法律相融合,而市场经济道德的开放性、扩展性、渗透性的特征,也使得一些领域的传统道德失范、诚信缺失,一些社会成员人生观、价值观扭曲。

第二,全球化的发展导致社会道德文化的相互碰撞和冲突。经济全球化导致文化全球化的发展。经济全球化适应国际垄断资本利益的要求,依据新自由主义政治经济理论,在全球范围内极力推行的一种文化全球化策略。适应国际垄断资本利益诉求的经济全球化,必然将其经济、政治、道德观念强加给全世界人民,这种文化上的全球化必然会对各民族国家的传统道德产生巨大的冲击。另外,现代航空航天、交通运输、信息科学技术高度发展进一步加剧了全球化的发展,形成了文化全球化与文化多元化的冲突与碰撞,以致加剧了整个社会道德观念的混乱,极大地影响了人们的生活方式、思维方式,使整个人类社会和民族国家的政治、经济、文化发生强烈的改变。

第三,现代科学技术的高度发展对传统社会道德和人文价值产生了巨大冲击。科学技术的高度发展直接破坏了传统伦理道德赖以存在的自然基础。生物学领域里的克隆技术、无性繁殖,影响到人类以自然血缘关系为基础的伦理社会的发展;计算机领域的仿生技术和信息技术构造的虚拟社会,人类创造物的日益异化及无法控制,“黑客伦理”等新的价值观念和道德伦理对传统道德规范产生了巨大冲击。文化道德领域的现代化,是以发达的科学技术做支撑的。现代社会,技术理性正以其惊人的能量替代精神理性而成为新型的社会控制形式,造成了人与自然、人与人、人与社会之间关系的异化和扭曲,进一步改变了全社会的思想道德文化。

第四,互联网技术构成的信息社会对伦理道德文化产生的影响。互联网构成的网络虚拟世界强烈地改变着人们的生存方式、生活方式、沟通方式、交往方式。互联网已然成为现代科技中最具生机和活力、最具创新力量的现代化工具,MSN、QQ、博客、微博、微信等新技术的不断出现,不仅创造出一些新的交流平台,而且开创了许多新的网络文化形式,这不仅冲击和改变着传统的伦理道德文化,而且悄然发生着精神文化的变革,使不同文化背景的人在虚拟时空中进行异质文化的道德观、价值观交流,互网联的世界的高度渗透性、互动性、开放性、包容性、革命性、虚拟性文化特征,致使我们现代社会的文化模式、价值观念和伦理道德更加复杂多变。

传统伦理道德功能的减弱既有历史变迁、社会转型的原因,也有现代社会政治、经济、文化、科学技术发展的原因,伴随着伦理道德的失范必然会产生仪式性缺失。社会的变迁和社会的转型使具有习惯性、保守性、滞后性的礼仪文化显得跟不上时代的发展;经济全球化的发展趋势,使以乡土社会为根基的礼仪性文化不能适应文化全球化、文化多元化的需要;现代科学技术的高度发展,使以血缘关系为基础的宗法礼仪文化在生机勃勃的新技术面前显得俗气、落伍、老套;迅猛发展的互联网技术构成了人们全新的生活方式,但全然没有礼仪文化的用武之地。总之,伦理道德失范的社会现实,礼仪文化的严重缺失,使人类生活失去了许多乐趣,也失去了人类生活的尊严,似乎也失去了人类生活的意义和价值。

二、现代社会仪式活动中存在的问题

由于经济全球化、市场经济、商品生产、现代科学技术和多元文化思潮等多方面影响,人们的文明道德素质出现了下滑趋势,而文明礼仪活动也出现十分尴尬的局面,仪式活动的教育效果不佳。

现代中国的重要节日礼仪活动日益简化,形式单调,内容贫乏,缺乏新意,许多节日活动成了相互送礼,朋友聚会的机会多是以吃喝玩乐为主,对青年人缺乏吸引力,而许多年轻人则以过洋节为时尚,但他们也并不了解许多西方节日的文化内涵和承载的社会功能,而盲目地效仿和追捧。

在日常生活中也越来越缺乏必要的礼仪性活动,人们不太在意社会交往中的礼节、礼貌和礼仪,尊敬长者、礼让妇孺已不那么讲究,兄友弟恭、相敬如宾成了老套,人情冷漠,缺少交流,邻里之间、朋友之间、师徒之间、师生之间、同学之间缺少礼节性交往,甚至于拜师礼、结婚礼简单地就只成为一种纯粹的形式。

学校的文明礼仪活动也存在许多问题。我们发现有的学校文明礼仪活动的目的性不明,文明礼仪活动注重形式不注重内容,如开学典礼、毕业典礼等活动虽然十分隆重,但教育功能不强,不能通过活动使参与者和组织者都能因其营造的环境受到情感上的震动,达到一种共情和共鸣的效果。

一些学校文明礼仪活动为了获得轰动效应,也出现一些媚俗的,功利化、商业化的,甚至非法的礼仪活动,学校里出现低俗的文艺演出,商业化的运动会、同乡会和一些非法的社团活动等。还有一些文明礼仪活动出现复古倒退的现象,如"读经热",模仿一些宗教的、宗法形式的"青春礼"、"成人礼"等。一些日常礼仪活动和教育形式也十分匮乏,如上课前、下课后、进出办公室的礼仪和见面礼、握手礼等在许多学校已经很少见到。

一些学校开设的专业的礼仪课程只适应少数富有学生的需要,不能适应高等教育大众化条件下提高广大学生文明素质的要求,如有些院校开设高尔夫球、赛马、茶道、国学、穿着与高档消费等礼仪课程,只吸引了一些家庭富裕的子弟参加。另外,学校的文明礼仪活动呈现一个倒金字塔型的模式,小学生的文明礼仪水平高于中学生,中学生的文明礼仪水平高于大学生。

由此可见,加强文明礼仪教育研究,寻找适应现代社会环境的、有效的文明礼仪活动的途径和方式,提高学生的道德素质,是德育工作者的急迫任务和义不容辞的责任。

第二节　成年仪式的仪式场域及其伦理道德教育

从教育史学的角度研究伦理道德教育,可以发现由宗法教育到伦理教育,再到今天的道德教育,是一个自然历史的过程,伴随着这一过程,成年仪式的教育方式也发生了变化,即由原始社会的青春礼到传统社会的成人礼,再到现代社会的成年礼。今天我们要正确发挥成年仪式的教育功能,解决好现代社会的伦理道德危机和文明礼仪活动中存在的问题,首先需要弄清宗法、伦理、道德这些概念的区别及其现代价值,其次还要研究现代社会仪式活动的场域特征及其承载的伦理道德教育功能。

一、宗法、伦理、道德教育的现代价值

宗法、伦理、道德是三个相互联系又有区别的概念。宗法具有祖神、宗祖、宗族礼制的意思,宗法教育虽然已经有伦理教育、道德教育的内容,但主要还是原始的宗教教育。伦理教育是以血缘关系为纽带构成的人伦纲常教育。而道德教育则是建立在宗法伦理教育基础之上社会行为规范的教育。

在中国古代,成人礼中宗法教育的最初的内容就是礼教。"礼"最早为祭扫,从属于对"天"、"鬼"的宗教迷信。中国从夏代就已经有"礼"了。"殷人尊神,率民以事神,先鬼而后礼。""殷礼"包含了等级制的内容,但还没有成为人们自觉约束行为的道德规范。"周人尊礼尚施,事鬼敬神而远之;近人而忠焉。"(《礼记·表记》)"由于"近人",从而在"礼"中引进了人道的内容。周"礼"的作用就是"序民人",即确定人们的等级秩序。"礼"的这一作用后来通过各种礼节仪式表现出来。从中国宗法概念的产生的过程来看,敬神之礼始终包含着尊祖的内容,包含着"序民人"的礼节制度,因此宗法教育从本质上和形式上都应具有现代教育的价值,不应简单的摒弃。

由敬神尊祖的宗教礼仪到宗亲之法的宗族礼制,成人礼中的宗法教育就具有了伦理教育的内容。由父权制和嫡长子继承制为中心的宗亲之法严格规定了家庭中夫妻、父子、兄弟之间的伦理纲常关系。父慈、子孝、兄友、弟恭,君为臣纲、父为子纲、夫为妻纲等都是中国古代社会伦理教育的主要内容。中国古代成人礼承载了这些伦理教育的主要内容。"成人之者,将责成人之礼焉也。责成人之礼焉者,将责为人子、为人弟、为人臣、为人少者之礼行焉也。将责四者之行于人,其礼可不重与?故孝弟忠顺之行立,而后可以为人。"(《礼记·冠义》)成人礼中的伦理教育只是规定了家族和家庭教育中人们的行为规范,确定了以血缘关系为基础的伦理纲常关系。但是,没有血缘关系的人们之间社会关系如何维系,人们的行为规范如何调节则还没有解决。中国古代圣贤非常明智地将宗法伦理教育推演到整个社会,在宗法伦理教育的基础上进一步提出了道德教育,以规范整个社会人们的行为规范。中国社会的道德规范以天、地、神为依托,以人伦天理为基础,其作为现代社会的道德价值也是不言而喻的。

"德"字在商代卜辞中就已经出现,但是当时德写作"植",与"直"字通,没有底心,还没有许慎在《说文解字》中说的"外得于人,内得于己"的道德内涵。"德"作为道德规范产生于西周,并被赋予了以德治国和以道德规范个人行为的内涵。周取代商之后,要把天神夺过来作为自己统治天下的神学根据。《尚书·周书》中说,天神原是商人的祖宗神,商代原来的统治者是"有德"的,所以"天命"归于商,后来商的"王人不秉德",于是"天命"就转移了。周的先王"明植"、"敬德",所以"天命"就转移到了周。由此可见"皇天无亲,唯德是辅",道德一方面具有治国保民的作用,另一方面就是对个人道德修养的要求。

由伦理教育转为道德教育是由阶级社会的历史变迁决定的,道德规范比伦理规范对整个社会的协调作用要大。在社会关系上,不仅要求父子有亲、夫妻有爱、兄友弟恭,还要求君臣有义、长幼有序、朋友有信、男女有别。这些道德规范在一个人一生的成长过程中是要不断教化加强的,特别是在成年的过程中更需要反复强化。中国古代冠礼中有三次加冠的程序,每次都有一定的祝词,其主要目的就是强化对受礼者的道德要求。始加礼的祝词是:"令月吉日,始加元服,弃尔幼志,顺尔成德。"再加礼又祝曰:"吉月令辰,乃申尔服,敬尔威仪,淑慎尔德。"三加礼的祝词是:"以岁之正,以月之令,咸加尔服;兄弟具在,以成厥德。"(《仪礼·士冠礼》)三次加冠,对成年者的道德要求不断提高。初加冠,首先要确立一个成人者应有的道德;再加冠,应该按照礼仪、礼貌、礼节规范要求形成良好的道德;三加冠时,就应该成为兄弟们的道德楷模。

宗法、伦理教育对于我们现代社会的道德教育有许多启示:首先,道德素质教育不应是美德袋式的教育,人们的良好的道德素质应是一个不断养成的过程,成年仪式从礼仪规范入手,通过不断培养、反复强化的过程,可以不断提升人们的道德素质。其次,道德素质的养成应以人的自然伦理关系为基础,并且在此基础上不断养成良好的道德素质,进而由小到大、由内到外、由家庭到社会推而广之,不断发扬光大,成就美好的道德理想,最终实现修身、齐家、治国、平天下的个人理想和社会理想。另外,伦理道德素质教育通过仪式化规范和禁忌的形式来进行可以收到非常好的教育效果。禁忌虽然不是法律,但却具有巨大的强制力。遵守仪式性禁忌,可以养成一个人的良好道德素质。《礼记·曲礼上》讲,入境问禁、入国问俗、入门问讳。在许多仪式活动中,要求一个人入境随俗,循规蹈矩,依礼而行,自然会形成行为定势和良好的道德习惯。

二、现代成年礼的仪式场域及其道德教育

仪式场域是对社会现实生活环境的仪式性再现,仪式场域主要是仪式所举行的地点、场所和形式。从原始青春礼、宗法成人礼到现代成年礼的发展过程来看,成年仪式的仪式场域发生了三种变化:一是由独特的隔离场域向现代社会的接纳场域过渡;二是由神秘的宗教活动的仪式场域向世俗活动的仪式场域过渡;三是由过去神秘狭小的仪式环境向现代社会场域广阔的节日庆典、民俗活动仪式活动过渡(见第150页表)。

原始青春礼举行的地点与世俗的生活环境不同,原始人类由于生殖崇拜和图腾崇拜的信仰,氏族部落举行的青春礼常常是神圣的环境。与原始青春礼不同,宗法成人礼举行地点就已经不是神秘的宗教环境,而是与人们家庭生活环境密切相关的世俗环境,如中国封建社会的"冠礼"就是在族社或宗社的祠堂中举行。

现代成年礼与传统成人礼的仪式活动都是以现实社会场域为背景的,都是反映现实社会关系、价值取向的仪式活动,但是,现代成年礼的社会场域与传统成人礼的社会场域已经大相径庭,因而它们的仪式场域也根本不同。宗教青春礼和宗法成人礼是以典型的前喻文化的社会场域为背景的,而现代成年礼形式上是以前喻文化社会场域为背景的,但是已经有许多并喻文化和后喻文化内涵。传统穆坎达仪式毋庸置疑地强化的是酋长、年长者、男人、割礼者的文化强势,而平凡人、孩子、女人、未受割礼者则是文化上的弱势。现代成年礼(入学礼、拜师礼、行业礼)等仪式活动,从形式上看青年人仍然是文化上的弱势,但是青年在社会生活中已经有同龄文化的影响,越是接近现代社会,青年在有些方面越能成为文化上的强势。

传统成年礼的仪式场域的空间界限狭小,而现代成年礼的仪式场域空间日益扩大。穆坎达仪式"所有要接受割礼的孩子都来自这个村落群,多数祭师也来自这个区域","对于大多数仪式来说,仪式场域的有效边界倾向于与村落群的边界重合"[①]。现代成年礼的仪式场域空间界限根据仪式活动不同而有很大变化,但典型的成年礼已成为一个国家和民族的节日,如日本

---

① 维克多·特纳著.象征之林.恩登布人仪式散论.商务印书馆,2006年,第269页.

的成年节和德国的成年节等。

传统成人礼的仪式场域是对社会关系结构进行高层次的二元抽象,而现代成年礼的仪式场域则是较低水平的多元抽象。仪式活动是对现实生活的抽象,原始社会人们没有法律和丰富的精神生活,因此会赋予仪式活动以更深层的意义。现代社会政治、经济、文化、法律活动丰富,人们的仪式活动是对这些丰富社会生活的仪式性反映,但这些多数是表层文化和多元文化的反映。开学典礼上领导、教师、新老学生代表的讲话多是礼节上的,而赋予的意义也是多视角和多元的。

现代社会的成年仪式通过现实人们道德关系的仪式性再现,在强大的仪式场域环境中,使人们习得道德知识,强化道德情感,磨练道德品质,规范道德行为,从而提高全社会的道德水平。

成年仪式场域展示了道德知识的最基础部分。在爱国、守法、明礼、诚信、团结、友善、勤俭、自强、敬业、奉献等公民基本道德规范中,明礼是最重要的范畴;礼仪是做人最起码的、基础性的规范。"不学礼,无以立。"(《论语·季氏》)"人而无礼,焉以为德。"(扬雄《法言·问道》)不学习礼仪规范,就无法立身处世;如果不讲礼貌、礼节、礼仪,就谈不上道德修养。在成年仪式的各种礼仪活动中,人们从各种仪式场域中可以很容易习得在接人待物方面的恭敬、谦让、礼貌的态度,习得端庄、文雅、和蔼的仪表。现代社会多元文化、网络文化使道德知识有了很大的变化,人们在礼仪活动中除了习得传统道德知识,青年人也在礼仪活动中不断创新适应现代社会的道德规范,成为现代生活新道德知识的创造者和传播者。

成年仪式的活动可以营造良好的道德风尚,强化人们的道德情感。民俗活动、节日庆典是将优秀的道德传统和民族精神以仪式的形式展示出来,升国旗、奏国歌,可以升华爱国守法的道德情感,颁发证书、徽标可以升华敬业奉献的道德情感。礼仪作为一种道德精神的外在形式,可以展示人们的道德水平,从人们严肃认真的仪态和行为中,体现出对"礼"的价值的认知水平和对"礼"的遵守的修养程度,进而提高人们对道德价值的崇尚。经济全球化和社会的转型对建立在民族国家基础上的传统道德产生了巨大冲击。在这一背景下,我们既需要弘扬优秀传统道德中的民族精神,也需要建构人类共同的道德理想,而要达到这一目的,通过礼仪文化营造良好的道德风尚,强化人们的道德情感是重要的途径。

　　成年仪式场域展示的是道德规范的仪式程序,严格遵守仪式程序可以磨练人们的道德品质。礼仪作为一种操作性很强、程序性严格的道德规范,可以"保证"道德行为规范的实行,磨练人们的意志品行,可以养成人们良好的道德品质。礼仪对道德原则、内容、规范具有明确的规定性,成年礼仪可以用庄重优美的语言、文字,规范的行为举止,进行准确的描述和规定,所以具有极强的操作性。礼仪是待人接物的道德规范,也是保证道德实现的基本条件,体态端庄,面色和悦,语言流畅,行为得当的道德品行,只有通过严格的礼仪教育和训练才能形成,从而保证良好道德素质的养成。现代社会交通、信息高度发达,人们的生活方式、交往方式发生了巨大变化,人们道德意志品质得到磨练主要不是在传统的家庭和村社中实现的,因此,通过国际交流、公共交往的礼仪活动,通过节日庆典和不同国家民族的民俗活动,在更大的社区环境中磨砺人们的道德意志品质则更具有重要的价值。

　　通过成年仪式场域可以形成良好的组织气氛,规范人们的道德行为。现代社会的礼仪活动多是有组织的社会性行为,不完全是社会习俗和行为习惯。通过政治团体、公司企业、文化事业单位有组织的仪式性活动,通过日常交往中比较正式的仪式性交流,可以弘扬传统美德,可以规范人们的道德行为,提高全民族的道德水平。当然我们要抛弃那些落后于时代的繁文缛节,保留具有现代价值的礼仪习惯,吸纳具有国际意义的现代礼仪,坚持民族性、国际性和现代性的统一,进行现代社会礼仪体系的建设,把成年礼仪教育作为文化建设的一项重要任务,纳入国民教育的全过程,贯穿于终身教育的各个阶段,充分发挥礼仪的道德功能,营造道德文明的氛围,促进社会主义精神文明建设。

第九章　成年仪式与
青年的文化素质教育

　　人生的历史就是不断进行礼仪活动的历史,在一个人的一生中要经过许许多多的礼仪活动,如诞生礼、命名礼、青春礼、成年礼、婚礼、寿礼、丧礼等,这些礼仪形式对一个人的健康成长具有重要的意义。在一个生物的个体变成一个社会人的社会化过程中,最具本质意义的还是青春期前后的各种成年仪式,因为成年仪式不仅是对青年成长、成熟的认定,它还是一种有效的青年文化素质教育方式,现代社会出现许多青年文化适应方面的问题,在一定程度上来说与缺少有效的成年仪式活动有关。

第一节　现代社会青年文化适应中的困难

　　现代社会与传统社会相比,青年有更多的文化冲突和文化不适应的情况,这当然与现代社会政治、经济、文化、社会的巨大变化有关,但从教育者的立场来看,这在某种意义上说与我们今天还缺少有效的青年教育的形式有关。因此,从传统成年仪式中发掘出现代教育的价值,探究成年仪式对解决青年文化适应困难的可能性,也是我们德育工作者的责任。

一、教育中的文化不连续性与青年的文化适应

　　文化适应(enculture)是个体在社会生活过程中不断传承、濡化、统合、选择、转化、创造社会文化的过程,是个人的文化特质与各种社会文化不断协调统一,取得同一性的过程。文化适应与教育密切相关,文化适应是教育中文化连续性和不连续性的统一。教育中的文化连续性是指一个人成长过程中通过渐进的教育方式获得良好的文化适应;教育中的文化不连续性是指在教育过程中所承载的文化内涵发生中断、变异,通过阶段性飞跃的教育

方式,克服文化冲突而获得新的文化适应的过程。①

　　传统社会教育中的文化不连续性主要是由于生理年龄、心理年龄不同造成的代际文化冲突。在人生的不同年龄阶段,幼儿期、青春期、青年期、结婚、加入宗教团体、取得社会职位等人生关节点上,通过一定的仪式活动就可以获得"通过",达到良好的文化适应,实现人的社会化,所以传统社会成年仪式的社会文化教育功能非常重要。

　　传统社会的代际文化冲突主要发生在三个阶段,在不同的阶段里仪式活动承担着不同的文化教育功能。第一个阶段是婴儿期、儿童期和少年期,这一阶段的人生礼仪有断乳的礼仪、童蒙礼、入学礼,各种各样的命名礼、寄名礼②等。这一阶段的仪式活动具有人格模塑的功能,是协调代际文化冲突的初始阶段。第二阶段是青春期和青年期,这一阶段是各种社会角色的准备和训练时期。有加入年龄团体或各种社团组织的入会礼,举行冠礼、笄礼、割礼、文身、拔牙或染牙等的成人礼,丰富多彩的婚姻礼仪。通过这些礼仪手续,个人被家庭、家族、社会集团接纳为正式成员,获得家庭、社会的多重角色,树立起一定的人生观、价值观、伦理观。这一阶段的仪式活动主要具有角色培养的功能,是协调代际文化冲突的主要时期。第三个阶段是指成年以后。在传统社会里,人们的社会文化适应主要由前两个阶段完成,第三个阶段代际冲突并不明显,但是在传统社会如果要获得更多的社会职位和权利,还必须经过补充的成年礼,这一阶段的一些民俗仪式活动也承担成人群体的行为强化功能。

　　传统社会成年仪式承担着人格模塑、角色培养、行为强化等诸多功能,但从本质意义上来说,就是实现人生不同年龄阶段的良好过渡,即利用"通过仪式"活动的功能,达到代际文化的融合。维克多·特纳在1909年写成的专著《通过礼仪》对传统成年礼仪这一功能做了系统、全面的研究。特纳认为,成年仪式就是个人从一种社会地位向另一种社会地位转移的时候所举行的礼仪,这种礼仪活动保证个人顺利通过人生的这一重要关口,从而在所属集团内获得身份的变化和新的权利、义务。特纳指出,成年仪式的意义

---

　　① 冯增俊著.教育人类学.江苏教育出版社,1990年,第207页.
　　② 过去民风未开,医学常识不普及,婴儿死亡率高,因此一般民间时兴将孩子寄名给神明,以祈长寿。现代佛教徒也可以在子女弥月时,为他举行"寄名礼仪式"寄托佛祖名下,让子女从小就与佛祖结下缘分,作为将来进一步认识、信仰三宝的因缘。

在于保障"通过",既保护受礼者顺利地从一种状态转入另一种状态,也保护受礼者所在集团稳定、持续地发展。特纳成年仪式的隔离、过渡、接纳三个阶段的理论就是一种文化适应过程的理论。

传统社会发展缓慢,利用成年仪式等简单手段就可以实现青年的文化适应,但现代社会不同,现代社会教育中文化的不连续性是普遍的现象,家庭教育、学校教育、社会教育中都存在着严重的文化不连续性,文化冲突经常发生,仅仅靠成年仪式的文化教育功能不可能实现个人和社会的健康发展。现代社会出现青年文化适应困难和严重的青年问题,这与社会的迅速发展有关,也与成年仪式功能的弱化有关。

教育中的文化连续性是相对的,在一定时期通过系统社会化的方式进行同质文化的教育达到文化适应,这表明一个人正常健康的发展,但是在现实生活中人们经历更多的是异质文化、文化中断、文化冲突等文化不连续性带来的文化适应不良,并由此产生许多青年问题。许多学者认为青年问题就是青年人在成长过程中出现的偏离常态的问题,青年人偏执人格问题、心理健康问题、早恋问题、犯罪问题、行为失范问题多数是由于教育中的文化不连续性造成的。教育中的文化不连续性是绝对的,解决好教育中文化不连续性带来的文化适应不良是现代教育的关键。

青春期和青年期阶段是人一生中文化适应的最重要时期,也是教育中文化不连续性的多发时期。充分发挥成年仪式的文化教育功能就是弥补教育中文化不连续性产生的文化适应不良的有效措施。

家庭教育在较长时间内是文化连续性教育,那种传统的子承父业的文化模式对青年的文化适应是适宜的,但是家庭教育中文化不连续性是由于生理成熟、年龄增长造成的,对儿童与成年人的不同价值期待、责任要求等文化区别是青年文化适应的关键,在原始社会和封建社会仅仅靠青春礼和成人礼等形式和家庭教育就可以解决教育中的文化不连续性带来的问题,也很少有文化适应不良的青少年问题的产生。在信息发达的现代社会,家庭已不是封闭的传统文化的教育环境,家庭教育中的文化不连续性也不仅是代际文化冲突,单亲家庭生活、不良朋友接触、居住环境不同、家庭关系不和、家境贫穷、社会上的多元文化等都会造成青年教育中的文化冲突和问题青年的产生,所以仅仅靠成年仪式的教育就不够了。

学校科学知识的教育是文化的连续性教育,但是学校是社会环境、外来文化、传统文化、主流文化、先进文化、大众文化交织的场所,文化冲突在所难免,学校教育的文化不连续性应是人们关注的重点。首先,从家庭生活到学校生活的过渡,青少年就有文化冲突的问题,现代家庭中的孩子获得更多的情感和关怀,但在学校里学习上的竞争,承担了一些责任、义务,不再以自己为中心,这种文化上的不连续性,直接造成了初入学孩子们文化上的冲突。因此,入学教育、开学典礼、班会等成年仪式的变异形式就承担了很重要的文化调适功能。其次,学校教育中有传统文化与现代文化的冲突、外来文化与本土文化的冲突,这种教育中的文化不连续性随时都可能发生。昨天上历史课觉得传统文化很有道理,今天上哲学课就可能感到现代文明是历史的进步,上午学习中国文化还觉得本土文化是世界上最伟大的文化,下午学习西方思潮理论就觉得西方文明代表人类最伟大的文明。为了解决这种教育中的文化不连续性带来的不良文化适应,通过入团、入社等成年仪式活动做些文化上的调适,使个人的价值追求有所归属是十分必要的。

在更为广阔的现代社会生活中,文化冲突更是无时不在,无处不在,青年人的文化适应更加困难。现代社会教育中的文化不连续性首先表现在社会文化环境与学校文化环境的不同,青年人由学校走上社会,会感到现实的社会与在学校里老师们所讲的、自己所了解的社会有明显的不同,人们之间的关系也由同学之间相对比较简单的关系变为十分复杂、有明显利害冲突的关系,青年人的文化适应比学校里更加困难。其次,现代社会是终身学习的社会,人们需要不断更新自己的知识结构以适应急剧变化的社会。大学生在学校里所学的知识在走上工作岗位以后有的已经落后。教育中的文化中断随时都在发生,科学知识的迅猛发展对现代青年的文化适应造成了巨大困难。另外,现代社会发展迅速,企事业单位更新频繁,过去那种一个人终身从事一种职业的时代已经过去,现在青年人需要不断变换工作岗位,不断适应新的文化环境,这些必然加剧青年人文化适应上的困难。现代社会教育中的文化不连续性比任何时代表现得都更加突出,对青年的文化适应也造成了更大的困难。因此,我们应该充分运用成年仪式的文化调适功能,做好青年人的文化适应工作,例如,运用毕业典礼、获得各种资格认证典礼、任职典礼、就业典礼、上岗典礼,以及参加各种社交活动、业余学习活动、社团活动、社会工作等实现文化上的协调适应。

现代社会家庭教育、学校教育、社会教育中的文化不连续性凸显了成年仪式教育的现代价值。因为成年仪式所提供的仪式文化环境与现实文化环境是不同的,成年仪式的根本目的就是通过文化的传承、选择、融合实现受礼者文化上的认同,现代社会生活中和教育中的文化不连续性造成了青少年的文化适应不良,通过各种仪式环境的文化调适功能,可以在某种程度上解决青年的文化冲突,实现良好的文化适应。

二、青年边缘化地位与青年社会问题的产生

现代社会成年仪式的文化教育功能已经被学校的教育功能所取代。但是,学校教育这种现代社会的成年仪式对青年本质的界定并没有发生根本性的改变,也没有赋予青年更多的社会权力和地位,反而对青年的社会文化适应提出更多的要求,青年仍处在社会边缘化的地位,并存在许多青年社会问题。

青年边缘化问题是社会学家提出的一个概念,是对青年社会地位的一种界定。第二次世界大战以来,资本主义的结构性危机,给社会带来巨大灾难,工厂倒闭、工人失业、社会分配不公等一系列问题,使人民备受折磨。然而在社会中遭受打击最沉重的还是青年,失业、社会分配不公,给他们带来悲剧性的后果,生活上没有保障,政治上没有地位,文化生活十分贫乏。针对这种情况,美国社会学家塔尔科特·帕森斯把青年的年龄和性别作为各种先定的状态和角色的决定因素,从有机体系统、人格系统、社会系统和文化系统中,分析青年同社会的关系,分析青年作为一个社会群体在社会行动系统中自身的能量条件和社会信息控制机制之间的相互作用,进而揭示了青年在社会行动系统中的"边缘化"地位和社会"依附性"的本质。[①] 所谓"边缘化问题"是指青年的社会状态是模糊不清的,他们既非成人亦非儿童。他们既不能分享成人的权利,又不能停留在青春期以前不负任何社会责任的状态。他们既不能受到成人那样真正严肃的对待,又不能为成人所忽视。青年边缘化问题决定了青年社会依附性的本质,帕森斯认为,在他所在的时代青年人的状态不清,社会地位没有保障,完全被动的依附于他的社会行动系统,受到社会控制机制的限制。[②]

帕森斯在青年边缘化理论的基础上提出了青年"政治文化"的概念,他

---

① 乔纳森·H.特纳著.社会学理论的结构.吴曲辉等译.浙江人民出版社,1987年,第90页.
② 马赫列尔著.青年问题与青年学.陆象淦译.社会科学文献出版社,1986年,第79页.

认为,青年文化发展了一种价值观念,这种价值观念与成人世界的有效工作及对日常工作的责任心是相背离的,青年一直在发展他们自己的有关消费、享乐主义的安逸活动及无责任感的价值观念。帕森斯的青年文化关系到儿童们的依赖性和成年人的独立性的"桥梁"问题。处于边缘地位的青年有了自己的亚文化环境,青年人有一定的独特性,讲究对群体的忠诚,浪漫主义也在不断发展,对异性关系的关注,流行偶像崇拜等。从政治上讲,青年人支持正义和社会变革,感兴趣于行动主义,但是他们又由于被剥夺权利而丧失希望。

帕森斯青年边缘化观点是基于青年政治地位的考虑,但事实上在资本主义社会,青年的边缘化是由于青年经济地位造成的结果。青年是资本主义社会主要劳动力的边际成分,现代化的生产模式对青年的社会地位产生了直接的影响。利润的积累和机械化的运用,使得青年成为过剩的劳动力。他们被排斥在市场之外,长期的依赖性,加之于各种新的企事业机构的增加,需要更多的专业人员和有经验的成年人,所有这些都加剧了他们的边际性。稀有教育财力分配偏向的是那些由于阶级和种族的地位,已成为利益受益者的那些成年人。处于最不受宠地位的一些青年堕落了,他们在类似于经济边际化的过程中,成为学校和家庭范围的边际部分,一个典型的边际人口,他们是相对独立的、多变的、多层结构的,他们是同龄群体、中学生文化群体、街角青年和问题青年。

青年边缘化地位造成更大范围内的文化冲突,这种文化冲突已经不是简单地建立在生理、心理认知基础上的代际文化冲突,而是不同阶级、阶层在政治、经济、文化等多方面的冲突。这种文化冲突表现为青年一代反对传统文化、反对成年状态的亚文化思潮,造成青年问题的产生,如"失去的一代"、"垮掉的一代"、"嬉皮士"、"朋克"青年等。这在一定程度上也反映了传统青年教育方式——成年仪式文化教育功能的弱化。

20世纪50年代法国出现了"垮掉的一代"的年轻人,他们用吸毒、散漫的工作态度和性生活(包括同性恋)来替代以往束缚人的劳动职业和家庭生活。他们反对核心家庭以及反对人与人之间存在责任关系。"垮掉的一代"对正统社会进行抨击,对新教伦理进行批判。在美国文学中,60年代的"嬉皮士"被解释为一个"代的单位",他们反对上流文化,与统治阶级相对抗,并向传统的职业、教育和道德观念发起挑战。因为年龄相仿的一代在特定历史时期形成了他们生活、成长的共同模式,这就会使人们产生"代"的意识。

根据曼海姆的分析,他把同龄人的范围缩小到代的单位,所谓代是指那些影响社会变迁的同一年龄组成员。[①] 曼海姆的代际分析与成年仪式基于人的生理、心理年龄不同而表现的代际文化不同,代际分析既与社会变迁群体的年龄组相联系,也与他们的世界观、价值观和生活方式相联系;既同他们的年龄阶层中不同年龄组之间的关系发展相联系,也同社会内部的反抗阶级阶层之间的关系相联系。

伴随着成年礼文化教育功能逐步被学校教育所取代,并没有从根本上解决青年边缘化问题,反而产生了层出不穷的青年问题和代际文化运动。传统社会学校的启蒙教育把青年作为一个被动的受教育的客体,致使青年人处于从属的地位,而现代化的大学教育虽然教育的对象已经具有成人资格,但是大学教育并没有把学校教育中的青年看成是成年人。大学教育仍不能赋予青年像成年人一样的政治权利和个人自由的权利,学校仍起着"代父权威"(inioco parentis authority)的作用。代父权威来自于国家和社会对青年人的期待,然而代父传统却造成了大学生活里学生们的更严重的矛盾状态,学生们同时被看作成人及儿童,同时被要求独立及附属、松弛及严谨、自治及顺从。从这种意义上说,青年们仍被置于社会边缘化的地位。然而,学校生活给了学生们一定程度上的自由,使他们逐渐形成了自己的亚文化的传统。首先,青年人在观念、角色、生活方式上密切接触和认同,使他们的聪明才智、创造力、新的价值观得以形成。其次,学校生活相对于家庭和工作场所的管束要自由和轻松得多,他们不再向家长或向老板负责,而是要对自己个人负责,他们可以自主地设计自己的知识结构,可以在继续深造的过程中选择自己的专业,可以自主地选择自己的职业理想等。当然,青年人的远大理想和社会抱负在学校中还是不能得到充分展示的,学校教育与传统的成年仪式一样,既然没有赋予青年更多的社会权利,因此也就不寄希望他们会有更高的社会责任感。

现代学校中"代父权威"式的教育不能很好地解决青年的文化适应问题,而且学校还提供了青年亚文化、反文化形成的场所,学校和社会普遍存在的青年边缘化则加剧了青年问题的产生。针对这些问题,需要我们认真

---

① K.曼海姆.代的问题.科隆社会学季刊,1928年第7期,第158—187页.

研究成年仪式的文化教育的功能,研究成年仪式在解决青年文化适应问题中的作用机制和有效方法。

三、"莫拉特里姆"现象与现代青年文化素质教育的困难

随着科学技术的进步、信息社会的发展,青年期和青年社会化过程都有延长的趋势。现代社会,一方面青年人生理和心理过早地成熟,另一方面,一个青年要成为一个合格的社会成员又需要学习更多的社会文化知识,拥有更长时间的青年期。如果把"青年"定义为青春期以后未正式加入劳动力市场的人,那么,我们现代社会青年队伍是十分庞大的,在今天,16 岁至 25 岁的涉足劳动力市场的青年不会超过半数,大部分青年仍在学校里。在学校中各种文化知识学习是现代青年社会化的重要过程,古老成人仪式的原始功能都要在现代化的学校中来实现。

当代青年有一种不希望成为成人或拖延成为成人的亚文化心理。这种现象被日本精神分析学家小柴木启吾称为"莫拉特里姆"现象(莫拉特里姆,是在经济不稳定时,法定的暂缓债务支付的经济用语。在这里指作为从儿童向成人期过渡的延期)。从青年心理学意义上来说,莫拉特里姆时期就是青年从同一化(父母楷模文化)、同一性扩散(社会楷模过剩,也叫同一性过剩)到自我的确立(同龄楷模文化)的时期。在暂缓期内,青年们逐渐享受着自己所处的舒适环境和从自己价值观中解放出来的自由。青年期的亚文化生活的本质是脱离社会现实,以自我为中心的方式创造一种新的文化。

美国的一位学者霍林斯黑德曾经断言:"在现代社会中,青年试图逃避进所谓'青年社会'——个人成长的幻想空间中去,建立一个有自己特殊价值观、规范和习俗的世界,即建立一个与社会其他部分不同的'亚文化'。"① 我们应当承认,尽管社会形态有所不同,但是作为青年亚文化的现象的确存在。我们已经深切感到代沟现象的存在,感到成年人和青年人在价值取向上的明显不同。

耶鲁大学教授瑞奇提出青年一代正在形成与父辈不同意识,他称之为"第三意识"。他说:"第三意识的年轻人不费力地看出政治上的虚伪和不诚实,建筑与都市计划的丑陋和徒有其表。"② 现代青年特有的这第三意识就

---

① 马赫列尔著. 青年问题与青年学. 陆象淦译. 社会科学文献出版社,1986 年,第 76 页.
② 张猛,顾昕,张继宗编著. 人的创世纪——文化人类学的源流. 四川人民出版社,1987 年,第 151 页.

是一种亚文化的表现。现代青年受传统文化影响不深,头脑中没有框框,他们对旧事物的不合理之处最敏感,又容易接受新事物,因而在对同质文化的扬弃中和对异质文化的吸收中就会形成自己的亚文化。

现代社会成年仪式文化教育功能已逐步被人们所忽视,青年期的延长和青年社会化过程的复杂又加剧了青年教育的困难。与此相反,青年人在自己的亚文化生活中却创造出许多新的活动形式。这种巨大的变化主要是因为现代社会经济生活和物质生活条件的巨大变革,以及由此产生的一系列社会制度和社会结构变化造成的。

人类历史进入 20 世纪中叶以后,世界上出现了许多令人惊异的事件:核武器试验成功,人造卫星进入太空,电子计算机和人工智能的发展,生物学上的革命,绿色运动和生态危机的出现。所有这些事件对人类历史的意义是巨大的,20 世纪中叶前出生的人都仿佛是来到新大陆上的移民,虽然这种移民不是空间上的,但好像是从一个时代进入另一个时代的人群,在先前的时代中所掌握的经验在新的时代中似乎完全失效了,过去的成年礼仪形式也逐步失去了以往的权威。

在从前,从生长于某个文化体系中人的经验来讲,年长者还总有某些知道的比孩子们多的各种风俗、礼仪、经验。今天则没有了。不仅父母们不再是权威,而且根本就不存在权威。玛格丽特·米德曾经说过,我们必须意识到,其他任何一代人都从来不曾经验过我们所经验到的事情。从这个意义上说,我们必须承认我们并没有子孙,就像我们的孩子并没有祖先一样。

20 世纪 60 年代,世界性"代沟"的产生以及由此造成的结果,就是在"代沟"的一边形成了青年们的亚文化环境。青年们在这种文化环境中,不断创造着自己的各种文化生活。历史的巨变使长辈们成了孤立隔绝的一代,他们完全不知道晚辈们对新的世界有何了解,感受如何。在 20 世纪 60 年代的美国出现的披长发、奏摇滚乐的嬉皮士,长辈们无论如何也不能理解他们。然而他们却反映了所有二次大战以后出生的青年的共同心理:厌倦他们长辈那种对物质财富的狂热追逐,他们从所谓的"美国之梦"中惊醒过来,突然感到毫无信仰、理想和寄托,他们也不能理解长辈为什么要进行毫无意义的战争。于是所有二次大战以前出生的人和以后出生的人就像分别站在科罗拉多大峡谷的两边,在心灵上不能沟通;在峡谷的另一边,青年们正在创造着属于青年人自己的亚文化生活。"代沟"的出现、青年亚文化的产生给青年的文化素质教育造成了巨大的困难。

现代社会以来,青年文化教育上的困难主要是成年人与青年人价值观的不同。首先,成年人遵循社会主体文化价值标准。所谓社会主体文化的价值标准是指社会大多数人所遵循的思想行为的价值尺度。青年人的价值标准是青年亚文化的价值标准,是青年人理应遵循但又不一定始终遵循的思想行为的价值尺度。占社会统治地位的价值标准来源于传统的文化,是一种理论的、规范的、道德的价值标准。而青年人的价值标准常常是一种异质文化的价值标准和未来理想的价值标准。随着青年的年龄增长和文化教育水平的提高,青年的价值标准又是常常变化的。其次,成年人与青年人对价值评价也不一样。对某一社会现象做出好与坏、对与错、美与丑、合适与不合适的评价,对某一事物做出有用、无用、有害、无害等实际效用方面的评价,青年人的价值评价常常是从亚文化的角度进行价值评价。第三,在价值选择上,成年人注重纵向选择,注重从传统文化中进行价值选择。他们常常把传统文化中的一些东西当作一种普遍的道德原则来加以维护。而青年注重横向选择,注重从外来文化中进行价值选择,他们常常把异质的文化传播给自己的民族。成年人怀恋过去,常常为过去东西的丧失而慨叹。青年人向往未来,常常为未来美好的幻想而陶醉。正如毛泽东同志所说的:"一家之中,老年人多半守旧,少年人多半维新,中年人就多半半新不旧。这种年龄的原因即是时代的原因,老年人受旧制度熏染最深,同时他已行将就木,也无能力讲新,所以只得守旧。少年人受旧制度熏染浅,同时不维新没有出路,所以他们比较不顽固些。"①

成年仪式的教育模式是成年人主宰的教育模式,它代表主流文化、传统文化的价值标准、价值评价、价值选择;而现代社会的教育越来越强调受教育者选择为主教育模式的重要性,现代教育体现了科学技术文化、新文化、青年文化的价值标准、价值评价、价值选择。如果从受教育者方面来说,现代青年教育遇到的困难更多的是由青年期延长、代沟的产生、青年亚文化的出现造成的,因此,我们应该研究成年仪式教育的作用机制和教育功能的表现形式,分析传统成年仪式教育存在的缺陷和现代学校教育的不足,完成现代社会青年教育的任务。

---

① 毛泽东农村调查文集.人民出版社,1982年,第35页.

第二节 现代社会青年文化素质教育的模式

现代社会出现了大量的青年文化适应的困难、青年边缘化地位、青年亚文化等青年问题,这些问题的解决仅仅依靠学校教育难以完成青年教育的任务,我们应当认真研究传统社会成年仪式教育的目标定位、表现形式和作用机理,以弥补现代社会青年教育方法的缺陷。

一、成年仪式的文化功能与教育功能

成年仪式是一种民俗文化也是一种教育形式,分析成年仪式的文化功能与教育功能,必须弄清二者的联系与区别。成年仪式最初是一种宗教民俗文化,后来才逐步演变为一种教育模式,成年仪式是通过民俗文化的形式进行青年教育,通过青年教育活动丰富民俗文化的内容。如果仅仅看到成年仪式的教育属性,看不到其文化属性,就不能很好地发挥成年仪式的文化教育功能;如果仅仅看到成年仪式的文化属性,看不到其教育属性,也就不能很好地发挥成年仪式教育文化功能。成年仪式文化功能和教育功能的关系从本质上说就是文化与教育的关系。如果我们把成年仪式的教育功能与现代学校教育进行对比,我们就可以看到今天学校教育缺少了些什么。

文化(Culture)原意为种植、耕作,后来逐步演变为栽培、培育、培养、教养的意义。文化中内含了教育的意义,所以说,教育是文化的一部分,而且是最本质的一部分。但是教育不是文化的全部,教育的内涵和外延都要小于文化,因此教育的功能要小于文化的功能。文化决定教育,文化决定教育的目标、教育的内容甚至教育的方式。成年仪式本来是一个具有丰富文化内涵的民俗文化形式,而我们今天常常关注的只是它的教育方式,因此,不能很好地发挥其社会功能。我们今天出现青年文化适应方面的困难、青年边缘化、青年亚文化等青年问题都是由于文化冲突造成的,我们只有通过发挥文化的功能,或者说文化的教育功能才能做好青年教育工作,否则单单依靠教育本身的力量是不可能完成现代青年教育的任务。

文化人类学家认为,文化具有积累、传承、改造、选择的功能,作为文化的本质部分教育也应有上述所有功能。但是文化作为更为宽泛的范畴除了上述功能以外还应有更加复杂的功能。华南师范大学的冯增俊教授提出文化具有整合功能,它由三个方面构成:“(1)生存适应性,即文化具有使人适应环境和自身生存的功能,有很大的实用性和技术性,能使文化间相互吸收、相互同化,具有很大的扩布力……(2)群体归属性或认同,指人们在某种文化因素中表现自己属于某一群体的倾向性,语言、服饰、习俗等都能表现出强烈的文化归属感,但扩布力小。(3)创造审美性,或简称创造性,系指人们独创的,用以表现个性的评论和活动,对个人来说,是指他所希望在活动中达到的最高成就,在整体文化中,表现为该群体的文化评价水准。它反映着全人类的一种共同的文化价值和人类的共同智慧及情感。"[①]冯教授认为,文化整合强烈地作用于教育,三个方面不同的整合方式会产生不同的教育模式。用这一理论分析成年仪式文化与现代的学校教育,我们会发现成年仪式虽然是原始的青年教育模式,但它可以充分调动各方面的因素,整合生存适应、群体归属、创造审美三个层次的功能,实现完美型整合,达到和谐性教育;而现代学校教育除了具有一般文化所具有的文化积累、文明传承、文化改造、文化选择的功能以外,在文化整合方面却始终没能给以很好的解决。学校教育要么只是突出生存适应的文化功能,形成实用主义教育;要么只是突出创造审美性的文化功能,形成精英主义教育;要么突出群体归属性文化功能,形成封闭型的民族文化教育。现代学校在传播知识,培养科技人才,进行文化传承、文化创造等方面的确起了很重要的作用,但是,现代学校始终没有很好地发挥文化整合功能,形成塑造人格,培养人的整体文化素质的功能。

二、成年仪式教育功能的目标定位

成年仪式就是通过多种功能的文化整合实现教育的目的,而多种功能的文化整合所达到的教育目的并不是多元目标的实现。成年仪式从结构的角度整合了施礼者、受礼者、仪式环境、仪式象征符号等复杂结构要素,从历史的角度来说整合了宗教信仰功能、社会教育功能、文化调适功能;从社会层次角度上,整合了生存适应、群体归属、审美创造等多种功能,最终实现的是人格教育、人的全面发展教育、文化素质教育的目的。

人格是稳定的各种心理特性的总和,是具有社会意义的各种特性的统一体。它包括智力、记忆、知觉、推理、判断、想象等一般心理能力;包括知识、兴趣、态度等经验;包括兴奋或恬静、愉快或忧郁、勇敢或懦弱的气质;包

---

①　冯增俊.教育人类学.江苏教育出版社,2000年,第175页.

括坚韧或屈服、果断或犹豫的意志力；包括诚实或虚伪、公正或自私等道德品质。人格就是由以上特性紧密联系构成的有机整体，人格是相对稳定的心理倾向，人格形成是从幼年开始到成年的过程中逐步固定化、统一化、格式化的过程。塑造人格是教育的永恒目的，人格教育在某种程度上就是人的全面发展教育，就是文化素质教育。成年仪式作为一种文化教育模式始终以塑造人格为其根本目的。

原始社会的青春礼通过整合生殖崇拜、图腾崇拜、仪式崇拜等仪式结构要素，通过整合各种仪式象征符号、仪式活动程序，通过发挥苦行仪式、禳解仪式等宗教活动的功能，实现塑造敬神、信神宗教人格的目的。封建社会的成人礼通过整合宗法性、等级性、过渡性等阈限结构特性，通过发挥尊神的仪式禁忌、敬祖的仪式禁忌、生活的仪式禁忌等仪式教育功能，以实现塑造宗法人格的目的。现代社会的成人礼通过整合"仪式场域"、"权力场域"、"力量场域"等结构要素，通过发挥地位提升仪式和地位逆转仪式的功能，以实现塑造社会人格的目的。

成年仪式教育的目标定位是一元的，尽管古今中外有很大的变化，形式多种多样，但作为一种教育形式，它始终以塑造人格为目的。成年仪式紧紧围绕人的现实生活，以成为一个具有宗教、法律、经济、婚姻生活权利义务的人为其教育目的。用成年仪式的教育目标去考量现代学校的教育目标，我们发现一些学校教育目标定位并不是从人的自身实际出发，而是外在地、人为地去寻找一个教育目的。西南师范大学教育科学院的吴晓蓉博士从对摩梭人成年礼的教育人类学分析中提出了现代学校教育目标定位上的偏颇。"学校不能通过教育内容的传授达到使个体'成为一个人的目的'，相反，被异化的、急功近利的、功利主义的、机械的、强调理性忽视感情、呆板僵化的学校教育不仅没有达致学校基本教育目的的完成，反而在因其目的介入而导致摩梭人乡规民约、传统信仰、价值体系的崩溃，导致家长在教育孩子问题上权威性的丧失，导致传统文化中伦理道德规范在个体心中的逐渐瓦解与失效，导致部分摩梭人对自己传统文化的轻视与逃避，导致'崇洋媚外'观念的滋生与滋长。"①吴晓蓉博士还引用甘地对印度教育的一个批评："现代学校是一切事情，从教科书到毕业典礼，从来不会使一个学生对自己的生活环

---

① 吴晓蓉著.仪式中的教育.中国博士学位论文全文数据库,2003年,第155页.

境感到自豪。他受到的教育程度越高,就越远离自己的家乡。教育的整个目的就是使他和他的生活环境格格不入,就是使他不断地疏远这种环境。对于故乡的生活,他一点儿也不感到有诗意。村庄的一切对他来说都是那样的陌生。他自己祖祖辈辈所创造的文明在他的眼里被看成是愚蠢的、原始的和毫无用途的。他自己所受到的教育就是要使他与他的传统文化决裂。"[①]

学校的教育内容与受教育者生活和文化环境的相脱离和冲突,造成了教育上的文化不连续性,使现代教育脱离了教育最原初的目的,我们应当从成年仪式教育中寻找现代教育的出路,使教育回归本位,从而确立塑造人格,培养人的全面发展,进行素质教育为最终目标的现代教育。

三、成年仪式文化素质教育的表现形式

成年仪式在其发展过程中,对青年本质的认识有一个不断深化的过程,与此相适应对青年边缘化问题也有一个不断解决的过程。成年仪式是一种文化素质教育的形式,这种教育形式有独特的结构与功能。成年仪式的文化素质教育功能与现代学校的教育功能明显不同,在教育理念、教育制度和教育内容、方法等方面有不同的表现形式。

首先,成年仪式的文化素质教育功能表现在人本化的教育理念上。成年仪式保护人的自然生理功能的出发点,塑造具有理性精神、宗教品性、宗法特质的人的教育目标,强调主体自我建构、自主选择、自我教育的教育方式,强调知情信义行综合性、全面性的心理教育过程,都充分体现了人本化的教育理念。当然成年仪式人本化的教育理念是以扭曲化的形式表现出来的,在远古社会,人的本质体现在神的本质中,对人自身本质的实现与追求是以对神的崇拜表现出来,通过复杂的仪式活动表现出来。成年仪式文化教育功能的研究就是要发掘仪式活动所体现的人本化的教育意蕴,为现代社会的青年文化素质教育提供启迪和借鉴。

成年仪式是人类社会生活实践中创造的文化教育活动,体现了最原初的教育理念。现代学校教育也是人类在社会生活实践中创造的文化教育形式,它取代了原始的成年仪式教育。现代教育随着人类的社会实践活动发展变换不同的内容和形式,但其最根本的变化还是教育理念的变化。在长

---

① 吴晓蓉著.仪式中的教育.中国博士学位论文全文数据库,2003年,第155页。

期的历史发展过程中,教育赖以存在的社会生产实践基础发生了变化,在阶级社会中,生产劳动是个人谋生的手段,不能发挥个人潜能,实现人的本质的作用。社会生产劳动成为一种异己的力量,相伴而生的建立在这一基础上的教育也发生了异化。冯增俊教授认为,教育的异化表现在五个方面:"(1)不再是发掘人的潜能的工具,而是一种超越于人之上的力量;(2)教育成了人在生物意义上的生存手段和谋生的强迫条件,使人肉体受折磨,精神受摧残,人性受压抑,人在教育中感到的只是一种动物式的训练,教育水平越高,人就越受它的奴役,这同人的劳动产品越有价值,人本身越无价值是一致的;(3)成了割裂人性的工具,束缚人的体力、智力和德性的发展,使人分裂为不同的方面;(4)培养的是劳动者而不是劳动主体;(5)成了少数人剥削大多数人的政治工具。"①

应当承认,成年仪式在人本化的教育理念上也有异化的现象。成年仪式以保护人的自然生理功能为出发点,但却走上了生殖崇拜、图腾崇拜等信仰主义的人生归宿;它以塑造人格为教育目标,但却以确立宗教人格为根本。现代学校教育与成年仪式的原始教育相比,在背离人本主义教育理念上来说走得更远,特别是近代以来的科学教育,赋予了人改造自然的技术,赋予了人更多物化的能力,但是却淡化了人的精神追求,人格的完善。然而,发展人的理智和潜能、塑造精神人格永远是教育的永恒主题,从这个意义上说,现代教育应该从成年仪式的原始教育中寻求启迪,发挥教育的人性功能,实现教育塑造人格、复归人性的历史使命。

其次,成年仪式的文化素质教育功能还会通过不同的教育制度形式表现出来。成年仪式本身就是一种教育制度,在最原始的条件下成年仪式是为部落群体每一个将要成年的人进行的礼仪活动。这种礼仪活动就是现实社会制度、教育制度的反映。正如前面所进行的场域结构分析一样,成年礼的仪式场域是现实社会场域的反映,成年仪式的权力场域是现实社会中人们的社会位置在仪式活动中变化、调整及其相互诱导的情况。不仅如此,成年礼不仅通过权力场域改变社会关系的结构,而且还会通过力量场域改变社会不同阶层的力量对比,进而改变社会的道德风俗。成年仪式是一种社会关系再生产的制度形式,因而也就是社会教育制度的形式,虽然它也区分

① 冯增俊著.教育人类学.江苏教育出版社,2000年,第86页.

为原始社会的宗教教育制度,封建社会的宗法教育制度和现代社会文化承接、调节、创造的教育制度形式,但是,成年仪式作为民俗文化的教育形式是为社会的每一个成年人提供文化教育的支持,尽管成年仪式中也有等级地位的区分,但是并没有阶级区分,甚至在仪式活动中还有地位逆转、地位提升的文化调节的功能,而且成年仪式对于解决青年边缘化问题也具有一定的作用。而现代教育则不同,近代以来的教育从制度上常常保障为某一个阶级或阶层服务,教育不公平仍是现代教育的根本问题,我们从成年仪式所体现的教育制度形式上分析,应更多借鉴其为人的健康、全面发展服务的功能,使现代教育制度由为某一个阶级、阶层服务转向为全人类服务,由为谋生需要进行职业教育服务转向促进人的全面发展、进行人的素质教育的服务。

再次,成年仪式的文化素质教育功能还通过它承载的教育内容及教育方法表现出来。成年仪式所承载的教育内容是人类最早的教育思想,它包括人类最早的世界观、价值观和人生观。原始人类对世界的认识是神秘的、简单的,对事物价值的认识是超功利的、永恒的,对人生的认识是超我的、利他的。成年仪式所承载的教育内容是人类最早的人文主义、永恒主义教育思想。

成年礼的礼仪形式出于自然崇拜、生殖崇拜、图腾崇拜的宗教信仰,这些信仰体现出人类对自然、社会和现实生活的看法。在中国汉字里“礼”字从示从豊,反映了原始社会先人们对神的敬畏和对于物质财富的追求。《说文解字》曰:“礼,履也,所以事神致福也。从示从豊。”“豊,行礼之器,从豆,象形。”从祀神致福丰收舞蹈的原始陶画上也能看到这种礼仪教育的内容。

成年礼的生活教育和性别角色教育是其教育的基本内容。一般来说,在远古人类,一个人从出生至成年期间,完全是在家庭或族群长者教育下成长的,男孩子主要跟随舅父和男性长者学习必需的生产和生活技能,女孩则主要跟随母亲或女性长辈培养与其性别角色相应的意识和能力。在长期的生活实践中,人们会发现与未成年人和近亲通婚会生出不健康的后代,于是开始有意识地禁止不正常的婚姻关系发生。为了婚姻择偶方便,人们需要标明、区分他(她)是否成年或者是否哪一氏族的成员,这就需要举行一个仪式,在人的身上做一个标记,以适应这种婚姻制度的要求,并且在仪式举行过程中还要学习从事生产和生活的各种技能。所以,确定性别角色和学习生活技能是成年礼的基本内容。对青年人进行道德行为规范教育也是成年礼文化教育功能的基本内容。如前所述中国古代的冠礼就特别强调行为规范的教育。

成年仪式所承载的教育内容并不是通过教学式的教育方法灌输给受教育者,而是将教育内容与教育者、受教育者、教育环境、教育介体等教育因素紧密地结合起来,通过情境化的教育方法、生活化的教育方法、象征性的教育方法规范受教育者的思想和行为。

成年仪式情境化的教育方法表现出生动性、直观性、形象性等教育特点,仪式的主礼者、司礼者、施礼者、受礼者和仪式环境、仪式象征物在特定时空条件下,共同构成一定的仪式情境,让个体在兴奋、刺激、感动、期待、憧憬中思想得到升华。成年仪式是在现实生活条件下进行的仪式活动,仪式活动紧紧围绕年轻人的生活环境,根据年轻人的生理和心理特点,在生活中进行教育,使受礼者在被仪式化的日常生活环境中受到启迪、感染,学习到平时学不到知识、经验,感悟到平时悟不到的生活本质、理念和真谛。成年仪式的教育方法和现代教育相比有其自身的特点,它不是依靠教师、教材,不是逻辑化、教条化、灌输式的教育方法,不是他律式的教育方法,成年仪式教育依靠人们的感性直观,依靠受礼者自我选择、自我整合象征符号,形成有意义的社会认知,达到自我教育的最佳教育模式,我们应当从成年仪式人性化的教育方式中弥补现代教育的不足。

四、成年仪式文化素质教育功能的作用机理

成年仪式发挥文化素质教育功能有复杂的作用机理,揭示成年仪式文化素质教育功能的作用机理可以更好地做好现代青年工作,解决现代社会青年文化适应中遇到的困难。仪式教育过程同一般的教育过程相同,教育实现过程就是教育者、受教育者和教育影响三大因素的相互影响和相互作用的过程。分析成年仪式文化素质教育过程的作用机理,不仅应从成年仪式的施礼者、受礼者、仪式环境和仪式象征物等结构要素上分析其结构与功能,而且还要从这些结构要素是如何相互作用、相互影响共同产生教育影响的过程中进行分析。"教育影响是教育主体彼此作用的中介,是教育目的得以实现的途径、手段和工具。"①吴晓蓉博士认为:"据泰勒界定的文化是人

---

① 吴晓蓉著.仪式中的教育.中国博士学位论文全文数据库,2003 年,第 82 页.

类的一切生活方式的总和可以将文化视作是教育影响的基础与源泉。"①成
年仪式是一种文化活动,它自然具有文化素质教育影响的功能。"作为教育
影响资源的文化,大致可分为作为教育内容、教育工具和手段、教育组织形
式、教育活动时空关系和教育环境的文化五个方面。"②用教育影响分析成
年仪式活动的社会功能,要比用仪式环境、仪式象征物等结构要素进行分析
要全面的多。成年仪式的文化教育影响可以从两个方面四种关系上分析其
作用机理。两个方面包括仪式活动主体和仪式活动客体两个方面。四种关
系包括第一个方面仪式活动主体的两种关系,即仪式活动组织者与文化教
育影响的关系,受礼者与文化教育影响的关系;第二个方面仪式活动客体的
两种关系,即仪式活动环境与教育影响的关系,仪式活动内容、方法、工具与
教育影响的关系。

　　成年仪式活动中的文化教育影响是在仪式活动的组织者、受礼者以及
仪式环境、仪式程序、仪式象征物等因素相互作用的过程中产生的,综合作
用产生的教育影响并不是哪一方面的主客观因素可以左右的,我们要分析
仪式活动的文化教育影响的作用机理,实质上应分析一种因素与其他几种
因素相互作用的关系。

　　仪式活动的主体包括仪式活动的施礼者和受礼者,这二者之间的关系
是教育影响产生的核心,他们之间形成何种关系对教育影响有重要的作用。
对此我们可以借用主体间性的概念去理解施礼者和受礼者二者的关系。主
体间性具有哲学本体论的意义、认识论意义,也有社会学意义。从本体论上
来说,主体间性是指主体与主体之间的统一性问题,主体与主体相互联系、
相互依存是现实社会的客观现象;在认识论中,主体与主体之间相互理解、
认同,通过"移情"、"统觉"、"共识"达到普遍性的认识;在社会学中,主体间
性是指道德及情感实践中的相互关爱,在日常生活实践中的交往互动。我
们运用主体间性概念可以分别从认识论和社会学两个层面认识仪式活动的
施礼者和受礼者二者的关系,一是从认知实践中去看施礼者和受礼者之间
的认同和理解的关系,二是从道德实践中去看施礼者和受礼者相互关爱的
关系。在仪式活动中,施礼者和受礼者有良好的关系会产生较好的教育

---

① 吴晓蓉著.仪式中的教育.中国博士学位论文全文数据库,2003年,第82页.
② 吴晓蓉著.仪式中的教育.中国博士学位论文全文数据库,2003年,第82页.

影响。

仪式活动主体会对仪式活动有预期设计、设想,并亲身参与,他们会有主观感受、价值评价,他们是教育影响的直接制造者。一般来说,前喻文化条件下,仪式活动的组织者与受礼者二者关系容易协调,产生的教育影响就大;后喻文化条件下,仪式活动的组织者与受礼者关系难以协调,甚至出现反差或反向的文化适应,产生的教育影响就小。传统社会的青春礼和成人礼都会产生正向的较大的教育影响,即由仪式组织者为主导的教育影响。现代社会的成年礼有时会产生反向的教育影响,即由受礼者主导的文化教育影响。

成年仪式活动的组织者是产生教育影响的主体,它包括主礼者、施礼者、司礼者、嘉宾等,组织者之间的交往互动及其在仪式活动中的行为表现代表着主流文化和教育影响的主要内容。成年仪式活动的组织者不仅需要调动主体自身的能量发挥教育影响,还要充分利用其他因素发挥教育影响,如选择合适的场所作为仪式环境,要将日常生活环境改造为仪式环境,要正确使用仪式象征物产生正确的教育影响,不能出现误导,对仪式象征物的亵渎会产生负面的教育影响。仪式活动的司礼者要能正确掌控仪式程序和仪式语言,不符合程序、甚至不使用本民族和本土语言都不能产生预期的教育影响。

成年仪式活动的受礼者也是产生教育影响的主体,它包括已经接受、正在接受、还没有接受过成年礼的年轻人,他们之间的交往互动及其在仪式活动中的行为表现代表着某种亚文化,亚文化与主流文化交融互动情况决定着教育影响的程度。教育影响是否存在、影响的强度大小从结果上看主要是在受礼者而不在施礼者。受礼者是否认同和理解施礼者所代表的主流文化,是否接受和践行施礼者的道德关爱,形成良好的社会互动,都会直接决定教育影响的实现程度。当然,施礼者对受礼者所代表的亚文化也不会熟视无睹,对青年亚文化的理解与认可,甚至将其中的青年亚文化的内容仪式化也会决定教育影响的实现程度。

仪式活动客体包括仪式活动环境和仪式活动内容、方法、工具。仪式活动的客体应从属于仪式活动的主体,因为从某种意义上说,仪式环境也是人化的环境,仪式程序、仪式象征物、仪式活动内容都是仪式主体的人赋予的,因此仪式活动的客体也是仪式活动的潜在主体。仪式活动的客体与学校教育中的教材、教具、实验材料不同,仪式活动内容具有隐喻性,仪式象征物是人为符号化的产物,它们构成一种人文环境。教材、教具、实验材料有内在的逻辑关系,是系统化、条理化的知识教育,而仪式活动的内容、仪式象征物不具备内在的逻辑关系,是符号转化的关系,它是非系统化、条理化的文化情境教育。仪式客体的各种结构要素是潜在的主体,它需要被施礼者运用、受礼者理解和认同才有意义,因此,要产生良好的教育影响,需要在教育目标、文化价值上有相关性、一致性。文化教育比知识教育更符合人性的特点,因为它充分肯定了人的主体地位,给受教育者以很大教育内容的选择空间,给知识创新、文化创新提供了情境条件。仪式活动客体是教育影响产生的介体、载体和表现形式,没有仪式内容、程序、象征物和必要的时空环境,教育影响也是不可能产生的。

总之,成年仪式活动的文化教育功能是通过仪式活动的主体(仪式实施者、受礼者)与仪式活动的客体(仪式内容、环境、象征物)的交互作用,以至产生教育影响中实现的。仪式活动施礼者和受礼者的主体间性是我们理解教育影响产生和教育功能实现的内在机制,仪式活动的内容、仪式程序、仪式环境、仪式象征物等仪式客体的一致性是教育影响和教育功能实现的潜在机制。施礼者是教育影响产生的核心,受礼者是教育影响产生的基础,仪式环境、仪式内容、仪式象征物是教育影响产生的载体和表现形式。这些仪式结构要素与教育影响的动态适应是发挥文化教育功能的作用机理。

第十章　结　语

通过对成年仪式基础理论的研究、历史发展过程的梳理和成年仪式的青年教育功能分析,可以比较确定的说,成年仪式是由原始社会生殖崇拜、图腾崇拜发展而来,逐步相沿习习,并普遍存在于今天各民族的文化生活中,在青年成长过程中举行的,具有确立信仰、社会教育、文化认同等多种功能的仪式活动。在对成年仪式进行社会功能综合分析的基础上,总结概括出成年仪式的共同特征、主要形式和基本功能,从成年仪式的社会功能的考察中比照青年研究的理论,对青年的本质做出界定,从而最终得出成年仪式具有德育功能的基本结论,这就是本书做的一些工作。

第一节　成年仪式的共同特征

如前所述,成年仪式在不同的民族文化、区域文化、阶级文化、阶层文化中有不同的表现形式,本书虽然没有对古今中外、东西文化成年仪式的不同形式做出分类研究,但却从不同文化的诸多差异中寻求成年仪式的共性东西,这是在这一研究领域里的一点创新。成年仪式是世界各个民族都有过的社会文化活动,综合分析成年仪式的千奇百怪的形式,我们可以从成年仪式实现的过程、阶段,仪式活动的内涵以及仪式活动的功能等方面找到一些共同的特征,如成年仪式具有通过性(passage)、过渡性(transience)、过程性(process)、隔离性(separation)、阈限性(liminality)、交融性(communitas)、接纳性(reintegration)、提升性(elevation)、成长性(initiation)等特征。成年仪式的这些共同特征在一定意义上就是这些仪式活动的共同规律。对成年仪式这些共同特征的把握是我们利用成年仪式做好青年教育工作的前提。综合前面的研究,可以把握成年仪式的五个共同特征。

一、成年仪式的过渡性特征

成年仪式的一般特征表现为过渡性（transience）、过程性（process）和通过性（passage）特征，也就是说无论是青春礼、成人礼还是成年礼，都要经过一定的时空条件转化，参加仪式的主体发生本质变化的过程。说它是一个过程，就是强调时空条件的转化，举行成年仪式的人不仅经过一个由日常环境到仪式环境，再到新的日常环境空间条件的变化，而且要经过由过去日常环境到现在仪式环境，再到未来的新的环境的时间变化的过程。过去人们对成年仪式的这一特征的概括，过多强调时空的过程性、通过性、阶段性，而对通过仪式形式获得的前后变化重视不够。通过仪式过程，一个人的身份、地位、权利、义务都发生了质的变化，而且是高水平、高阶段、向上的一种变化，因此笔者认为成年仪式不是简单的通过、过渡，而是一种质性的转化仪式（transience）、向上的提升仪式（elevation）。青少年通过仪式获得了成人的资格，一个人通过仪式获得了社团中的职位，病弱的人通过仪式获得健康，邪恶事件通过仪式变为正常的生活，世俗的事物通过仪式变成神圣之物。

二、成年仪式的隔离性特征

成年仪式的过渡性、提升转化性特征是以隔离为前提的。成年仪式对举行礼仪个体的隔离包括三个方面的内容，一是与过去环境的隔离，二是与世俗事物的隔离，三是与过去自我的隔离。成年仪式新环境的选择一定是与原来个体生活环境相隔离的，并且与举行仪式的内容紧密相联系。成年仪式不仅要求与过去环境的隔离，还要求与过去世俗事物的隔离，隔离后的环境具有神圣性。本书在认真研究了神圣之物与世俗之物的区别及其与人类仪式活动的关系，认为隔离仪式在区别二类事物的不同中起了极其重要的作用，一个世俗的事物在经过某种仪式后，就具有神圣性，就与世俗事物隔离开了。成年仪式与过去环境的隔离、对世俗事物的隔离的目的就是使人的精神得到净化，进而使得到净化的人能够经过成年仪式及其仪轨而获得新生。

三、成年仪式的阈限性特征

举行成年礼的人就是处于门槛之处的人。阈限之人就是特征不清晰之人，他既不在门槛之内也不在门槛之外。阈限的实体既不在这里，也不在那里。无论是原始社会还是现代社会，处于青春期和青年期的人，其社会特征

都是含糊不清的,他们既不是儿童,也不是成人;法律、习俗既不能赋予青年
以传统的规定性,新的仪式也没有赋予青年以未来的规定性,因此,他们身
份、地位、等级不明,他们的状态就是含糊不清。这样一个既非门里也非门
外之人,就是阈限状态的人。笔者认为,阈限状态的人虽然没有身份、地位、
等级,但也并非一无所有,只是这种状态是一种过渡状态,是一种说不清的
状态。阈限状态的人及其特征对于宗教、教育、社会管理都是非常重要的。
为什么一个人的人生转折和发展都需要这样一种生存状态,他对于宗教的
意义是什么,对于教育的价值是什么,社会的法律建设又如何应对这一状态
的人,都是需要认真研究的。

四、成年仪式的交融性特征

如果说处于阈限状态的人是社会地位含糊不清的人,那么在仪式举行
状态中的人就是交融状态的人。所谓交融状态就是不同的身份、地位、等级
的交融,是神圣与世俗的交融、是社会与自我的交融。维克多·特纳认为,
交融(communitas)是一种社会共同体,在交融状态的仪式环境中表现为一
种社会共同体,"没有固定的组织结构,或仅有基本的组织结构,而且相对而
言缺乏彼此差别的社群,或社区,或者也可能是地位平等的人们结成的共同
体。在这一共同体中,大家全都服从于那些仪式长老的普遍权威"[①]。仪式
长老的普遍权威是交融状态的集中体现,是传统文化与现代文化的交融,是
宗教文化与世俗文化的交融,是社会法律制度与社区传统习俗的交融,是老
年人与青年人的交融,是地位尊贵者与地位卑下者的交融。仪式环境所以
对仪式参加者具有净化心灵、满足心理平衡、强化公平正义感等功能,就是
因为成年仪式具有交融性特征。

五、成年仪式的接纳性特征

成年仪式的最终目的就是对仪式参加者的接纳。成年仪式对个体的接
纳是区别于其他人生礼仪的重要特征。一般图腾崇拜的仪式不表示对个体
身份、地位的接纳和承认,这是一种消极膜拜,是世俗对神灵偶像的崇拜,参
加仪式的个体以期得到神灵的庇护;而禳解仪式也并不对参加仪式个体的
权利、义务给以肯定,它是一种积极的膜拜,是世俗对神灵禁忌的崇拜,以求

---

① 维克多·特纳著.仪式过程——结构与反结构.黄剑波,柳博赟译.中国人民大学出版社,
2006年,第97页.

得个体能够消灾祈福。成年仪式也有图腾崇拜的仪式,虽然成年仪式也有寻求保护的功能,但是获得归属,求得接纳为宗社的成员,则是成年仪式的基本功能;成年仪式也有许多禁忌,但是遵守禁忌是为了取得团体的认同和被接纳。成年仪式隔离、过渡、阈限和交融的最终目的就是实现对个体的接纳,前面是因,后面是果。隔离执行净化的功能,过渡实现提升的功能,阈限和交融实现身份、地位不同的人交往互动的功能,最终达到个体被宗教、族群、社区、团体的接纳。

第二节　成年仪式主要形式与基本功能

本书在对不同民族丰富多彩成年仪式进行比较鉴别的基础上,试图弄清成年仪式中具有同一类性质的仪式形式和所承载的基本功能,以期深化成年仪式的研究,这项工作在这一领域研究中具有开创性。成年仪式的形式是按相同标准划分的具有同类性质的成年仪式的各种形式。我们这里研究的就是成年仪式的主要形式和基本功能。成年仪式的主要形式就是具有共同功效和作用的成年仪式形式。成年仪式所说的功能是借用物理学上的概念,功是功用、作用,能是做功的量,是功效。功能一方面要讲有用性,另一方面要讲有用的程度。成年仪式是古老的人类文化活动形式,本书研究其功能,一个方面是研究了其在现代社会的价值,即有用性;另一个方面研究了其有用的程度,即成年仪式如何释放其做功的量,仪式形式为什么有如此大的功效。

一、成年仪式存在的主要形式

不同的成年仪式有不同的社会功能,划分成年仪式的不同形式是揭示成年仪式社会功能的前提条件。划分成年仪式形式的方法有很多,本书从以下几个方面进行成年仪式形式的划分。首先,从人类历史发展的不同时期将成年仪式划分为原始社会的青春礼、封建社会的成人礼和现代社会的成年礼,这一划分既反映了历史与逻辑的统一,也反映了时间和空间的统一。成年仪式是在世界范围内不同民族和地区出现的社会现象,但从历史发展的过程上看具有惊人的一致性,它们既有共同的社会历史功能,也有不同历史阶段的特殊功能。对成年仪式历史功能的把握可以指导我们认识青年的本质和青年教育的规律。

另外,按成年仪式的各种仪式标志不同将其划分为身体标志、衣着佩饰标志和象征性标志等不同的类型,并提出原始青春礼是以身体标志为主的仪式性活动,宗法成人礼是以衣着佩饰标志为主的成年仪式,现代成年礼是以象征符号标志为主的成年仪式。从符号学的观点来看,任何一种社会文化的意义都会试图通过某种物理现象和有机体的结合,来隐含某种社会的功能和历史、宗教的意义。从这一基本观点出发,我们努力揭示了在古老的成年仪式标志背后所隐含的社会学意义,进而揭示了各种成年仪式标志的功能。

成年仪式也可以按照仪式的结构划分为结构的成年仪式、非结构的成年仪式和反结构的成年仪式。我们可以在这种结构形式的划分中弄清成年仪式的基本功能,即人格净化功能、地位逆转与平衡功能和文化认同功能。成年仪式结构形式的划分是揭示成年仪式效能的重要方式,是社会学结构功能分析的经典做法。

与前面的分类方式不同,我们也可以从成年仪式的功能划分出成年仪式的形式,即具有信仰功能的成年仪式、具有教育功能的成年仪式和具有文化认同功能的成年仪式三种基本形式。原始社会最早出现的青春礼主要是确立宗教信仰功能的成年仪式,当然,青春礼也有考验人的意志品质,进行宗教教育、道德教育的功能,但其主要的功能仍表现为强化图腾同体化等宗教信仰的功能。宗法成人礼是具有社会教育功能的成年仪式,宗法成人礼不仅可以使成年的人受到宗法道德的教育,还会受到具有怎样权利义务的宗法规范的教育。现代社会的许多成年礼越来越强调一种文化的认同的功能,它不是通过神秘的形式强化某种宗教信仰的功能,也不是通过各种教育内容、教育手段进行道德教育,而是利用各种丰富多彩的、具有象征特点的仪式活动,寻求某种文化上的认同,进而实现人们社会适应的功能。因此,我们按照成年仪式的不同功能进行成年仪式的分类是最有价值的。

二、原始青春礼及其信仰教育功能

宗教形式的青春礼是产生较早的,在世界各个地区、各个国家和各个民族都普遍存在的一种成年仪式。宗教包含信仰和仪式两个方面,确立信仰是其主要功能,仪式活动是其主要特征,不同的信仰对象必然会有不同的仪式活动。宗教的成年仪式以确立信仰为其主要功能,那么,按照崇拜信仰的对象可以分为生殖崇拜信仰、图腾崇拜信仰和灵物崇拜信仰,以此来划分就具有青春祭礼、图腾崇拜的成年仪式和巫术信仰的成年仪式等各种复杂形式。

青春礼是最原始、最简单的宗教形式,它的表现形式就是生殖崇拜,其功能就是对整个氏族生命力延续的渴望和崇拜。在自然条件非常恶劣的环境中,人类的生存受到来自野兽、疾病、饥饿等多方面的威胁,原始人类都把人的繁衍生息看作氏族部落兴亡的头等大事。在生产力十分低下的情况下,人们通过种各种形式的青春礼以实现生命力延续的功能。考古学、人类学的研究都证明,人类曾经有过一段漫长的生殖器崇拜时期。在母系社会,由于认识能力的局限,人们错误地认为生命力的延续是女性一方面的事,所以,他们所崇拜的对象便是女性和女性生殖器。当原始人意识到了父亲在生育过程中的作用以后,随之而来就出现了男性生殖崇拜,男子的社会地位上升了,人类社会便逐渐过渡到了父系氏族社会。

由生殖崇拜的青春礼到图腾崇拜的青春礼,使成年仪式的功能有了很大范围的扩展,图腾崇拜的进一步发展就成为一种标记,每个家族都用一种动物或植物作为他们的徽号和标志,当一个人成年的时候就通过拜祭图腾的方式,实现向成人的过渡。当图腾成为一种标记和一个符号的时候,就会有泛化的图腾,就会有灵物崇拜和巫术禁忌,所以成年仪式就会有更多的形式和更多样的功能。

三、封建社会的成人礼及其宗法教育功能

封建社会的宗法成人礼是从宗教青春礼发展而来的,是脱离原始文明以后逐步形成的成年仪式。中国古代的冠礼和及笄礼都是这一时期的成年仪式,宗法成人礼是在家庭和家庭范围内进行的成年仪式,宗法成人礼在确立人们宗教信仰方面的功能开始弱化,而有意识的教育功能开始增强。成年仪式教育功能产生的特点符合所谓"自动催化模式"。社会生物学家威尔逊(E. O. Wilson)对已发现的化石进行了一系列重组复原,对原始部落进行了研究,并同现存的灵长类的发展状况作了比较,从而提出了"自动催化模式"的观点。其术语源于化学,其核心观点是:一种过程,随着由它创造的产物的数量的增加,它的催化速度也越来越快。其过程越往后发展,速度就越快。① 教育人类学家认为:"从类人猿开始地面生活起,就导致直立和手的

---

① 冯增俊著.教育人类学.江苏教育出版社,2000年,第105页。

解放,促进脑的发育和思维的发展。纯粹的自然选择使人的形成经历了1000万年,但文化作用却使人实现双轨进化:自然选择决定的遗传进化促进了文化进化的能力,而文化进化又反过来促进了那些最大限度地利用文化的人的遗传适应性。结果,仅用了1/5时间就实现原始人到现代人的转变。在文化加速度作用下,仅约三万年时间,晚期智人组成的氏族公社便崩溃了,进入文明史的社会。"①成年仪式由人的生殖崇拜的自然选择开始,逐步产生了宗教成年仪式,经过漫长的史前社会,但是,由于宗教成年仪式的作用以及文化的催化,成年仪式在更广泛的家庭和家族范围内进行,并逐步形成了以教育为主的功能。成年仪式经教育作用的加速度,则在更广泛的社会活动中展现。

宗法成人礼的教育功能虽然不是有组织的系统化教育,但已是有意识的教育活动,并且具有教育的基本过程和形式。现代社会各种各样的成年仪式已经远离了生殖崇拜、图腾崇拜等宗教形式,淡化了各种信仰的功能,而逐步强化了仪式的教育功能。

四、现代社会的成年礼及其文化认同功能

成年仪式在各民族历史发展过程中长期传承、反复出现、广泛流行某一地域,逐步形成一种民风和民俗,特别是在现代文明社会,原始青春礼的宗教信仰功能、宗法社会成人礼的教育功能已逐步被淡化,而民俗民风的文化认同功能仍旧发挥着重要作用。关于民风民俗形成的理论有许多种解释,有自然风土论、社会教化论、劳动需要论、游戏论、宗教发源论等。笔者认为,成年仪式虽然在起源上有原始思维、自然崇拜、图腾崇拜、祖先崇拜等特征,但从长期的发展过程中来看,成年仪式能够保存下来,并在现代社会中还有着重要作用,则归结于成年仪式的文化认同功能。

民俗活动的成年礼的文化认同功能深深植根于人类文明的肥沃土壤之中,它具有高度的相容性、统一性和互补性。成年仪式虽然千姿百态,表现形式各异,但它们都是各民族物质生活和精神生活发展的产物,它同一个民族所处的地理条件、政治经济体制和生产生活水平等方面密切联系,它是一个民族精神和共同的心理素质的典型反映。我国各级政府和社团组织通过一些有组织的活动赋予民俗活动成年礼以社会文化教育的内容。一些学

① 冯增俊著.教育人类学.江苏教育出版社,2000年,第105页.

校、社区、企业为年满 18 岁的青年举行各种形式的成年礼,现代社会许多国家把成年仪式定为法定的节日。民俗成年仪式发挥着文化认同的功能,也正是因为有这样的功能,现代社会的成年仪式才受到人们的广泛重视。

第三节　成年仪式功能与青年本质

在青年研究中,对青年本质的研究是比较混乱且争论较多的领域。青年的本质既与人的生理年龄变化有关,也与人的社会文化风俗有关;既与人的主体性有关,也与人的客体性有关;既与现实生活有关,也与未来社会发展有关。从成年仪式古今发展的历史变化中可以看到其社会功能的不同,也可以发现其对青年本质的界定不同;从多学科青年本质研究和成年仪式功能分析的比照中,可以比较深刻地揭示青年的本质,也可以看到青年本质的理论研究逻辑与成年仪式发展的历史逻辑的一致性,这也是本书的一个论点,是在青年基础理论研究上做的一点工作。

一、成年仪式功能与青年本质的多学科研究

从根本上说成年仪式就是对青年本质的一种界定。对成年仪式功能和青年本质的研究涉及教育学、文学、历史学、政治学、社会学、民族学、心理学等学科。对青年本质的多学科研究反映了这样一个事实:即依照心理学、社会心理学、文化人类学、社会学等学科研究的过程,不断深化了对青年本质的认识,而这一认识深化的过程与原始青春礼、宗法成人礼、现代成年礼对青年本质的历史确认是一致的。

青年心理学将青年个体作为研究的对象,研究不同年龄段的青年个体的认知、情感、意志等心理问题,这种研究首先是以青年的生理特点为根据的,这与成年仪式起源于自然生理的生殖崇拜的内在逻辑是一致的。青年本质的心理学研究主要反映在发展心理学和社会心理学的领域内。弗洛伊德的心理分析并不研究成年仪式功能问题,但他对个体生理、心理的深层本我的分析对于我们认识原始成年仪式的功能是很有启发的。弗洛伊德的心理分析法将人格分为三个层次,即"本我"、"自我"和"超我"。本我是无意识的纯粹生物本能的部分;自我是现实的层面,是可以自我意识的部分;而超我是一种意识上的理想区,是社会文化的标准在个人内心中的作用。弗洛伊德认为人格的这三个层次充满着矛盾和冲突,本我是不平静的,要向外蠢

动,但是它要和环境接近,必须通过自我,而自我知道环境和现实的危险,必须管住本我,以适应超我的要求。① 弗洛伊德在青年本质问题上的研究超越了传统的"青春期危机理论"。这主要表现在,本我深层区和超我社会规范的理想区之间的冲突决定了个体人格的本质和运动。弗洛伊德认为,在生命早期成熟阶段,幼儿以父母的完整形象为楷模的"自居作用",在一个人成年以后的文化适应中起着重要的作用。弗洛伊德使人们对青年本质的分析由"青春期危机理论",转到了"幼儿性爱"的一个全新的视角上。也就是说,要想认识一个成年人的现实的"自我",就要分析深层的"本我"和社会的"超我"的矛盾和冲突。弗洛伊德告诉我们要解决好成人的社会教育问题,就要了解他们幼儿时期的社会适应情况,这似乎也告诉我们,要解决现代文明中的成人教育问题,就要了解人类幼年时期和青春期阶段的问题。按照弗洛伊德的理论逻辑进行推理,要揭示青年的本质,就是要弄清成年仪式原始功能,即青春祭礼、生殖崇拜以及性功能的理论。

在精神分析学派研究的基础上,新精神分析学派著名代表人物埃里克森的"同一性扩散理论"涉及了现代社会青年的青春期危机问题,这些问题在原始状态下是不明显的问题,所以原始成年仪式的功能与现代社会成年仪式的功能是不同的。埃里克森在他的《儿童期与社会》一书中把"生命过程"看作生理、心理的发展同在文化上得到保障或受到限制的各种冲突和危机的产物。

埃里克森认为自我同一性危机在人的一生中也都存在,但是最突出的表现还是在青春期阶段。这种自我同一性的认同到角色混乱,或者说叫做同一性的扩散主要发生在青春期阶段,这最能反映青年的本质。② 主要表现为以下几个方面:首先,青年人不能在人际关系认识上达到自我同一,以致不能建立一个良好亲密的关系和相应的文化氛围;其次,青年人对时间观念的认识很难同一,随着时间的发展变化,青年人更加感到外在世界的复杂,内心更加充满了焦虑;另外,青年人在工作和学习方面发现自身力量的不足,自身的努力很难与社会文化环境维持一个良好的关系;最后,由于出现以上自我同一性的扩散,青年人最终将否定同一性的选择。即使对自我

① 戴维·波普诺著.社会学.刘云德,王戈译.辽宁人民出版社,1988年,第239—241页.
② 戴维·波普诺著.社会学.刘云德,王戈译.辽宁人民出版社,1988年,第242—245页.

同一性进行选择,那也会与成人或父母的要求相反,成为与传统文化模式不同的青年特有的文化模式。

埃里克森的理论是在精神分析的基础上产生的,它对青春期本质的认识反映了人类认识的深化。成年仪式的最初产生是生殖崇拜,后来是图腾崇拜,最后由人们生理上的问题逐步发展成纯粹精神性的问题。古代解决青春期阶段的"不完全状态"是依靠宗教方式的青春礼,而现代社会的"同一性混乱"则需要靠各种民俗形式的成年礼。现代社会的青年,在社会关系上、在社会文化认同中、在自我能力上出现同一性混乱是普遍性的问题,通过各种形式的成年仪式,达到社会认知上的同一,将是解决这些问题的理想方式。因此,古今成年仪式的社会功能是不一样的。埃里克森对青年本质的揭示也反映了成年仪式研究历史逻辑与理论逻辑的统一。

美国社会心理学家默顿把青年本质看成是社会自立和社会行为的复杂的社会适应过程,这对揭示成年仪式功能的深层本质和成年仪式的各种状态模式是很有帮助的。默顿看到,从儿童状态到成人状态的过渡时期(即青年时期)有许多不同的角色层次。他认为,在青年时期同时出现两个序列,一个是状态序列,一个是角色序列。一般来说,青年的某一行为状态先于角色而发生,为角色的最后确定做准备,而角色确定后的行为状态应当强化这一角色的行为,但是事实上,从时间序列来看,摆在青年人面前的有许多"角色层次"不断的出现,这些未来的角色期待在一个人现实的行为状态面前必然会发生冲突,从而影响青年的社会适应的实现。

默顿不仅区分了青年状态序列和角色序列的不同情形,角色出现前后行为状态不同的作用,分析了青年人的各种各样的角色期待所带来的心理冲突,而且还特别提出了青年"预期社会化"的问题。默顿认为,为了使状态序列和角色序列的动态平衡,现实的行为状态能够适应未来角色行为的各种要求,青年人必须在状态行为中具有一个准备的过程,这就是预期社会化的问题。① 默顿的这一青年研究的理论对我们进一步揭示成年仪式在现代社会中的过渡状态、阈限状态、交融状态、接纳状态等本质特征是十分有益的。青年人的状态序列需要通过成年仪式活动达到角色序列,为了能达到状态序列到角色序列的平衡,进行的预期社会化,正是成年仪式的任务与

---

① 马赫列尔尔著.青年问题与青年学.陆象淦译.社会科学文献出版社,1986 年,第 64 页.

功能。

　　心理学对青年本质的研究主要是从个体青年出发，可以说这种研究是整个青年本质研究的初级阶段，是最基础性的工作。心理学从生理和心理相结合的角度研究青年的本质，这一科学研究的结果无疑对整个青年研究和青年教育工作做出了巨大的贡献。但是心理学并不能从整体上认识现代意义的青年。其实，在人们心理过程发生的时候不仅表现为人们不同的兴趣、能力、气质，而且表现为不同的文化模式的承袭、文化风格的再现和变迁。发展心理学和社会心理学家也都或多或少或深或浅的涉及了这些问题。然而，心理学只涉及了文化人类学最基本的方面——各种文化要素的分析，心理学对青年的分析缺乏高度的哲学抽象，用心理学的方法分析成年仪式的功能，揭示青年的本质受到了许多局限，而这一科学研究的任务将由文化人类学家来完成。

　　文化人类学发展了生理学、心理学的研究成果，从一个全新的角度探讨青年的本质和他们的文化特质。文化人类学已不满足于心理学将青年视为特定年龄阶段发展的个体，文化人类学认为应当从"代"的发展意义上，从社会文化的规定性去认识青年。换句话来说，文化人类学从青年一代组成的多样性（属于不同阶级和社会阶层的各种青年群体）及其规定性的复杂性（包括生理的、心理的、文化的各种属性）去考察青年。

　　早在19世纪中期，文化人类学家就提出了"年龄阶级的"的概念，A.H.J.普林斯在他的《东非年龄——阶级系统：加拉、基普西基斯和基库苏部落社会等级调查》中对"年龄层"、"年龄等级"、和"年龄阶级"做了如下的区分。所谓"年龄阶级"是指"作为一个制度化的群体有着社会生活特定时期明确任务"的同龄人；所谓"年龄层"是指所有同龄人，不管担任什么任务；而"年龄等级代表着社会结构内部得到承认的地位，标志一系列明确规定的权利和义务……象征属于某个年龄阶级的那些人的特权"①。后来许多人类学家都是从这一"年龄阶级"的意义上去认识青年的。

　　从年龄层、年龄等级和年龄阶级去认识青年就是将青年看成一个群体，看成一个类，这对理解成年仪式的普遍性功能是很有价值的。奥地利学者利奥波德·罗森马耶尔特别反对那种在青年的生物或心理规定性上去认识

---

① 马赫列尔著.青年问题与青年学.陆象淦译.社会科学文献出版社,1986年,第68页.

青年的本质。罗森马耶尔指出:"仅仅在生物学的基础上或者仅仅从年龄角度去定义青年是不恰当的。"①必须通过两个方面去认识青年,一个方面是在某一确定的时期内由于经验而频繁出现的行为形式中去认识青年,另一个方面是通过成年人体验不到的个人的、社会的或经济的限制中去认识青年。换句话说,就是从青年所固有的社会状态中去认识青年。罗森马耶尔在分析了心理学关于青年年龄的各种论述方式后,阐述了这样的看法:"社会组织有可能影响生命进程,生命进程对社会组织有依存性,无论就生命期的长度或者就各个生命阶段的性质而言,都是这样。"②所以他得出结论说:必须研究"生命各个阶段的社会历史构成",要"验证将青年的不同行为与社会材料结合起来的那些关系,以勾画出一幅与各个居民阶层和群体有着丰富联系的图像"③。罗森马耶尔还为青年本质的研究提出了一个动态的概念,他认为,在青年与成人的权利和自主的可能性之间存在着明显的差距,他称这种现象为青年的"不完全状态"。罗森马耶尔对青年"不完全状态"的揭示是基于对现代青年认识得出的结论,然而,这种青年本质的特征在原始成年礼的阈限状态中就已经出现。

在联合国所主持的《发展的目的、过程和指标》的研究计划中,由巴里洛克基金会所进行的人的发展问题的研究是其中的一项,该项目研究的成果是戴尔玛·纽德勒在 1979 年所发表的论文《试论人的成长模式》。这位学者认为:除了初期成长以外,还存在着另外一种成长的可能性。与传统的成长模式不同,这种成长超越了单纯生物学的框框,也超越了心理学的性质,是人的成熟期所特有的。戴尔玛·纽德勒的研究虽然主要是成年人,但他提出的成熟化的标准确是十分有价值的。他认为,作为一个过程,成熟的标准不是功利主义的价值观所认为在社会上取得成功,而是人的天赋和心理潜在能力的全面实现,人格的深化和丰富。④ 戴尔玛·纽德勒的观点,对于我们从文化人类学上认识成年仪式对青年的接纳,认识青年和青年人怎样才算成熟是有很大帮助的。

当代著名的社会学家玛格丽特·米德对青春仪式现象做了大量的文化

---

① 马赫列尔著.青年问题与青年学.陆象淦译.社会科学文献出版社,1986 年,第 78 页.
② 马赫列尔著.青年问题与青年学.陆象淦译.社会科学文献出版社,1986 年,第 78 页.
③ 马赫列尔著.青年问题与青年学.陆象淦译.社会科学文献出版社,1986 年,第 78 页.
④ 马赫列尔著.青年问题与青年学.陆象淦译.社会科学文献出版社,1986 年,第 70 页.

人类学研究,她在《到达法定年龄的萨摩亚》一书中对青年做了一个全新的表述:"青年不再是青春期的心理学的一个内容,它首先是一个文化的实在。"这位女博士对萨摩亚岛青年的研究,证明我们所熟悉的青年,只不过是我们社会所固有的文明的产物。青年的特征取决于社会的复杂环境和他们自然生理的变化的相互作用,取决于社会不同年龄群体之间所划定的差别和一个年龄群体向另一个年龄群体的过渡的方式。由此我们不再将青年看作是心理学和生理学的一个变化的个体,而青年的本质被界定为一个文化的实体。

成人仪式是一种人类文明的产物,对这一文化现象的文化人类学研究比其他学科对成年仪式功能和青年本质的认识都要深刻。成人仪式可以使我们认识在社会复杂环境和自然生理变化相互作用下的青年的地位、特点,可以使我们认识到由一个年龄群体向社会文化群体过渡的青年队伍的成长、发展、变化的规律,全面了解青年的文化创造活动和文化适应的过程,从而深刻地发掘仪式教育的功能,做好现代社会的青年教育工作。

二、成年仪式功能与青年本质的社会学确证

社会学家将青年看作同其他社会群体和整个社会有着特殊关系的社会范畴。在心理学对青年个体生理、心理研究的基础上,在文化人类学对青年作为一个代际群体和文化实体的研究基础上,进一步分析青年的社会结构和功能。社会学认为青年的本质是社会实现再生产的一个因素,研究青年实现社会化过程和实现社会自立的方式是青年社会学的任务,而成年仪式的功能就是实现社会文化、社会关系和社会人再生产的一种形式。

涂尔干是法国科学史上最伟大和最有影响的社会学家,他的系统社会化理论是我们理解成年仪式实现社会再生产功能的一个视角。他特别反对把社会现象归结为生物现象和心理现象,他坚持用社会事实解释社会事实。涂尔干认为,现代社会、家庭及其成年仪式在社会中的整合功能已经不是很重要,家庭已经失去了"功能意义"变得不牢靠、不稳定。他在《教育与社会学》中提出了教育是使一代青年有系统地实现社会化的过程。涂尔干认为社会整合的根本出路就是个体要抑制自己的过分要求,个体要与社会群体日益一致,因为个体是群体中的一员,所以应当充分恢复社会群体的稳定性,使其能更强有力地影响个体,使个体能感到自己与群体是密不可分的关系。按照涂尔干的观点,社会应该通过各种成年仪式活动使青年同集体更

加团结,因为集体在他之前、在他之后依然存在,并且在各方面包围着他。

　　那么,使个体确立新的生活意义的群体是什么呢,涂尔干认为,不是政党或国家,因为后者虽然是最高权力的体现者,但它与其说是促进社会团结,倒不如说是促进"社会性分化"。宗教及其各种成年仪式过去是能够实现社会团结和恢复个体价值的力量,但是今天它已经不能够做到这一点,因为为数众多的学校和现代思维已经不能使那种虔诚的自信心和宗教所代表的宁静得以复归。所以涂尔干提示我们,只有通过学校的正规教育、系统社会化及其与此相关的各种正式的成年仪式来完成现代青年的社会再生产。

　　美国的社会学家塔尔博特·帕森斯用他的社会行动理论分析青年的本质,他创立了一个庞大的形而上学体系,为我们理解成年仪式活动的结构与功能提供了一个理论范式。帕森斯利用他的结构功能的分析方法,一方面把青年角色放进人格形成的社会环境中,分析青年社会化的过程;另一方面在角色与各种社会关系的考察中,深入分析青年社会再生产的机制。帕森斯通过对当代美国社会青年的社会心理状况和社会状况的考察,通过他的社会行动理论的结构功能分析,从而深刻地把握了青年的社会本质。帕森斯把青年的年龄和性别作为各种先定的状态和角色的决定因素,从有机体系统、人格系统、社会系统和文化系统中去分析青年同社会的主观关系和客观关系,分析青年作为一个社会群体在社会行动系统中自身的能量条件和社会信息控制机制之间的相互作用,进而揭示了青年在社会行动系统中的边缘化特征和社会"依附性"的特征,青年既不能像成人一样,在文化系统和社会系统中起到维护和整合的功能,也不能像儿童一样在有机体系统和人格系统中只承担适应和获取的功能。帕森斯还发现处于边缘社会地位的青年在家庭、学校等传统因素之外,同龄群体作为青年社会化的重要因素起着重要的作用。[①] 帕森斯对青年依附性特征的分析揭示了古往今来成年仪式功能的本质,他的结构功能分析方法为我们从系统、结构的角度对成年仪式进行社会功能的分析提供了方法论指导。

　　社会学没有忽略其他学科的贡献,而是在吸收和发展它们的基础上,创造出许多能够认识青年的本质和功能、能够体现青年亚文化特征的中层理论和方法。在社会学的领域,许多人赞同社会学的理论应是一种中层理论

---

① 乔纳森·H.特纳著.社会学理论的结构.吴曲辉等译.浙江人民出版社,1987年 第73—93页.

的说法。在人们的印象中,社会学既不是一种高度抽象的、体系华美但不结果实的巨型哲学理论,也不是一种零碎的不系统的经验主义的研究。社会学的中层理论是建立在抽象层次较低基础上,又与现实世界相联系,同时具有明确界定的可操作的概念系统的理论模式。中层理论实际上是以实证资料为一般取向,提出理论家必须予以考虑的各种变量类型,并借此建立一定的理论范式来描述和指导社会现象的研究。尽管青年社会学在研究青年本质方面具有重要的现实意义,也取得了巨大的成绩,但是我们还是应当承认,青年社会学是社会学最不发达的领域之一。在青年社会学过去的研究中,理论与经验材料的结合研究仍很薄弱,传统的调查方法仍占主导地位,热衷青年状态的描述,缺乏对不同历史条件下青年本质的研究,缺乏对未来青年发展方向的预测。特别是一大堆大大小小的中层理论像一个大拼盘一样展现在世人的面前,没有理论的深度和系统性。所以对青年本质的认识还需要进行更大的努力。其实从成年仪式功能古今发展变化的社会学分析中,我们就可以认识青年的本质。

在远古社会,不存在现代意义中所说的青年,人们尊敬长者,把老人看作经验和智慧的化身,而儿童和青年的地位十分低下。一个人从幼儿到成年的过渡是通过成年仪式自然地完成的。最古老的成人仪式是青春祭祀仪式,青春祭祀仪式通过隔离、过渡和接纳等方式,使一个人具有某一部落和宗教团体成员的资格。一般来说,让进入青春期的孩子同他以前的环境分开,青年被送到森林中去,在那里过着与世隔绝的生活,信守某些禁忌、斋戒,隔断同过去的任何联系,然后回到部落接受图腾仪式的教育,学习神话,最后举行典礼,获得成人的资格。在这种古老的传习仪式中青年作为一个社会实体是不存在的,也谈不到青年本质,从文化人类学和宗教学的观点来看,青春祭祀仪式不过是个人的宗教文化适应过程,是取得与部落图腾和宗教神灵统一及其成人资格的必要方式。

在以自然经济为主的传统社会中,古老的青春祭祀仪式演变为宗法成年仪式。但青年人的生活仍被禁锢在家庭和家族的范围内,青年人无需走出自己狭小的社区,就可以从父辈的手中获得生产和生活的全部技能和知识。青年的行为被限制在家庭和家族的伦理和规范中,青年人不得自由恋爱,男女授受不亲,要信守家庭和家族的一些礼仪规范,在成家立业之时才可以通过某种仪式拥有成人的权利和义务。从历史学、民俗学、文化人类学的观点来看,在血缘族群的范围内仍不存在现代意义的青年,青年人要服从传统文化的教育,服从长者无庸置疑的权威。青年通过某种传承下来的成年仪式获得了宗法文化的社会认同。但是阶级、阶层的不同,社会结构的不同,对青年的社会本质的影响仍没有得到更深刻的揭示,所以进行宗法成年仪式的社会学分析仍是十分必要的。

在现代社会,随着大机器的生产和城市化运动的出现,青年人以更大的社会性来组织自己的生活。青年人不仅要承袭传统文化,而且要不断创造自己的亚文化,青年人以自己特有的活力和创造性来丰富现代的文明。在传统文化和现代文明的撞击中,青年人的社会作用和自身的本质引起了人们的高度重视,古老的成人仪式以新的方式出现在现代社会的文明生活中。在法治社会里,对青年人的权利和义务做了法定的规定,在一个人成年的时候要接受必要的公民教育。青年在成长过程中教育是以有系统的社会化方式来进行,在加入少先队、共青团,进入学校组织、社会组织,以及参加政治、经济、军队组织时,也都有必要的仪式活动,在恋爱、婚姻、成家等个人生活方面,也都有必要的程式化的活动要进行。尽管现代化的成人仪式教育表现在方方面面,但是现代社会对青年人控制愈来愈小,相反,青年人在现代文明发展中的作用日益重要,现代社会的青年文化的一部分内容日益成为社会的楷模文化。现代文化人类学将青年的文化模式作为学科研究的基本内容,从时代发展过程中探索青年文化现象的特点,研究青年文化与社会主体文化的冲突与融合,从而寻求青年社会适应的方法,解决青年教育中存在的社会问题。但是,对现代社会成年仪式一般的人类文化行为模式的研究是远远不够的,社会学从不同种族,不同年龄群体、社会群体的仪式活动出发,研究青年的社会化和社会的青年化方式,研究现代青年更深刻的社会本质,对我们现代社会的青年教育是十分有意义的。

青年作为年龄群体、代际群体,也作为一个社会群体、阶层群体,无论其类特性还是社会本质都与古老的成年仪式有关。成年仪式的研究不仅涉及人类生理发展的人种学研究、人类文明起源的文化人类学研究,而且涉及仪式活动本身的更广泛社会学意义的研究。

青年本质的研究受心理学和文化人类学的研究影响很大。许多研究者只注重对青年表层特征的揭示而忽视对青年深层本质的认识,只注重青年类本质的揭示而忽视对青年社会本质的认识。许多研究者认为,青年是作为一代人特征的年龄层次、人口构成以及青年在生理、心理上具有过渡性这些表层的、外在的特征,而忽视青年的社会关系、阶级和阶层属性、群体特性的研究。一些研究者只注重表层的青年特征,简单地用一代人的观点去看待青年,将不同历史时期的青年分别冠以"怀疑的一代"、"垮掉的一代"、"反抗的一代",或用所谓类概念概括青年,如"新人类"、"新新人类"、"超人类"等。其实青年更多的代表的是一种社会力量,青年是一个社会范畴,具有自己的社会特征和社会本质。按照马克思主义的观点,成年仪式的意义在于人的社会关系再生产,成年仪式对青年的本质确证,反映了社会关系的本质,反映了一定阶级的规定性,没有超越历史条件只有年龄规定性的青年一代,也没有超越具体现实条件的类青年,青年总是社会关系中的一部分。青年在社会关系中是一种社会力量,他们不是消极的适应社会环境,而是还要改造社会环境,他们不是只有一种消极属性的一代青年,也不是只有抽象类本质的一类青年,应该从自然属性和社会属性相统一、群体属性与个人属性相统一、人际关系与社会关系相统一的视角去认识现代青年的本质。

第四节　成年仪式德育功能研究的基本结论

综上所论,成年仪式对青年的思想道德教育不是一种知识教育,而是一种文化教育。青春礼通过宗教文化教育,以实现宗教信仰的功能;成人礼通过宗法文化教育,以实现伦理和道德教育的功能;成年礼通过礼俗文化教育,以实现文化认同的功能。成年仪式并不是以某一文化类型实现其教育功能,而是综合运用成年仪式的物质文化、制度文化和观念文化的不同内容,实现其文化认同功能。成年仪式作为一种文化形式体现了历史和逻辑的一致性。成年仪式是一种物质文化、制度文化和观念文化相互协调发展的统一体,但在使受礼者实现文化认同功能的过程中,三种文化形态承担着不同的作用。弄清他们的相互关系及其作用,对我们今天进行青年道德教育有很大的价值。

一、成年仪式的伦理道德教育功能

成年仪式是以技术文化为手段,在创造仪式场域的过程中,实现文化认同,培养青年的伦理道德素质。技术文化是"人类控制自然(包括自然人)的信息控制系统"①,它是在人们日常生活中创造的物质文化基础上,依靠程序性、规范性、仪式性的技术手段,将社会生活场域改造为仪式活动场域的文化活动。文化形态是个性和共性,具体的、历史的统一整体。一般来说,人们首先认识个别,然后才认识一般,并且是在个别中认识一般。在日常生活中,人们创造了很多物质文化,包括自然人本身,这些物质文化个体虽然也具有了文化上的一般,但是并没有达到更高程度的文化上一般,或者说没有认识到本质属性的一般。如日常生活中的白、红、黑三种颜色就是从个别物质中概括出的一般,但是在仪式活动中通过一些程序性、规范性和神秘性的活动,使白色象征着生殖、红色象征着生命、黑色象征着死亡,所以仪式活动中分泌白色乳汁的"乳树"、割礼中红色血液的流出、割掉受礼者黑色的头发都寓意更深层次的内涵,代表事物的本质属性和价值取向。在仪式场域中,施礼者,受礼者,仪式活动的用具、物品在一系列的程序性、规范性和神秘的活动中都会发生质的变化。所有参加仪式活动的人都会取得与这些个别事物所代表的本质属性上的认同,而这在日常生活中是难以实现的。

　　从符号学的观点来看,成年仪式就是通过象征性符号处理的文化技术手段使人们取得文化上的认同。一般来说,人是符号化动物,所有人类的生活都是充满了象征符号体系,它使我们心灵的感觉信号条理化。我们的感觉、情绪、心理活动从幼年开始都被塑造成各种模式。任何人都不可避免地受到各种符号的象征化作用,它把生活经验组织成有意义的认识,但是,人们对日常生活的经验的符号化处理是不系统的、杂乱的,人们彼此之间可能是不同的,但是,在仪式活动中,象征符号被进一步规范化、条理化、仪式化,并且赋予某些事物以本质的属性,使人们产生敬畏、信仰、崇拜,从而取得认识上的一致和认同。无论是哪一民族的成人仪式都会提供或多或少的关于本民族的各种信息,但重要的是它将帮助成年者整理日常生活的经验。一旦参加者被置于与精神实在的联系之中,世俗世界就会发生变化。即使这一时间是短暂的,仪式也使参加者有一种得到净化和再生的感觉。仪式活动对人们日常生活经验的条理化处理,对象征符号的仪式化提升,对民族生活中各种信息的规范化整合,自然会极大提高所有施礼者和受礼者的伦理道德素质。

---

① 蔡俊生,陈荷清,韩林德著.文化论.人民出版社,2003年,第103页.

二、成年仪式的思想政治教育功能

成年仪式是以制度文化为核心,在创造权力场域的过程中,实现文化认同,从而培养青年的思想政治素质。成年仪式与一般的仪式活动不同,它不仅是一种民俗文化,而且还是一种制度文化。如前所述,原始社会的成人礼是对父系制度、母系制度和未成年人三者之间所拥有的社会权力地位关系进行调整的仪式性活动,从某种意义上说它就是传统社会的一种制度文化。传统成年仪式不是年节的庆典活动,也不仅是青年人成年的节日,更不仅是神灵、祖灵崇拜的宗教活动,成年仪式的核心内容是有关母系社会、父系社会权力、地位的调整,是传统社会的一种制度文化。传统成年仪式并不是每年都进行的活动,它是在几年不等的情况下将一批未成年者通过成人礼赋予他们成年资格。如果某一部落社区长期不举行成年仪式,许多年轻人长期生活在母嗣社区,那么父系社会的权力和地位就会受到挑战。成年礼就是通过这种制度文化的形式,创造一种权力场域,从而实现社会地位和关系的再调整。

中国传统社会冠礼是由嫡长子继承制为核心的制度文化,这种制度文化所制造的权力场域具有明显的地位等级性特征。如果是家中的嫡长子,在行冠礼时,须在东阶(阼阶)上举行,阼阶是帝王嗣位或祭祀时所升之阶。"主人玄端爵韠,立于阼阶上,直东序,西面。……将冠者,采衣,紒,在房中,南面。"(《仪礼·士冠礼》)① 就是说,在行礼时,主人穿着黑色礼服,系着赤而微黑的蔽膝,立在阼阶上,其位置与堂上的东墙相应,面朝西。将冠者穿着童子之服,梳着发髻,在东房中面南而立。"故冠于阼,以著代也。"(《礼记·冠义》)嫡长子加冠礼在阼阶上进行,表示父子传代的意思,儿子长大后可以代替主人的位置。"若庶子,则冠于房外,南面,遂醮焉。"(《仪礼·士冠礼》)② 庶子不同于嫡长子,行冠礼在东房外,面朝南进行;只能行醮礼,而不能行醴礼。可见,嫡长子和庶子在冠礼举行的地点、方位、聘请的宾客、使用的祭品、祝辞、服饰都有区别。不仅如此,加冠的次数也有区别,一般来说,士大夫地位较低,其冠礼可能与士冠礼相同,行三加之礼。诸侯、天子地位尊贵,其冠礼当然不会与士冠礼完全相同,所以有诸侯四加、天子五加的说

---

① 陈戎国点校.周礼·仪礼·礼记.岳麓书社,2006年,第116页.
② 陈戎国点校.周礼·仪礼·礼记.岳麓书社,2006年,第117页.

法。可见中国古代的成年礼是一种维护封建宗法制度的文化,这种制度文化需要在仪式活动中以权力场域的形式实现人们对这种文化的认同。在仪式活动中以严格的程序、直观形象的活动、等级分明的象征物制造出一种权力场域,从而强化年轻人的某种社会观念,最终实现对社会主流政治思想文化的认同,提高人们的思想政治素质。

三、成年仪式的文化素质教育功能

成年仪式是以观念文化为灵魂,在创造力量场域的过程中,实现文化认同,培养青年的文化素质。成年仪式不仅是一种技术文化、制度文化,而且是一种抽象层次更高的观念文化。成年仪式将日常生活环境改造为仪式场域,将现实社会人们的社会地位关系仪式化为权力场域,并进而将现实生活中人们的价值观、风俗、习惯模式化为一种力量场域,从而使青年人在更高层次上实现文化认同。一个社会的民族精神和时代精神是促进社会文明进步的巨大精神力量,这些精神力量需要通过一定的文化教育形式才可以代代相传,而成年仪式就是实现这种观念文化力量转移的典型教育形式。成年仪式不仅通过权力场域改变社会关系的结构,而且还会通过力量场域改变社会不同阶层的力量对比,这种力量的变化不仅是人数多少的变化,更主要的是对社会时代精神和民族精神等文化观念的认同的变化。

无论是前喻文化、并喻文化还是后喻文化形态的成年仪式,青年人与成年人的观念文化都有明显的区别,这两种文化力量的协调发展是社会进步的重要动力,传统社会的成年仪式创造了一种力量场域,使青年人的亚文化实现向成年人所代表的主流文化的转移。在成年仪式中,施礼者、参加者、仪式环境、仪式象征物营造了传播、弘扬主流文化的浓重氛围,形成了影响文化传承、转移的巨大力量。无庸置疑成年仪式的基本功能就是标志一个人的成人,举行成年仪式的人应具有一个成年人应有的权利和义务等,但是成年仪式的社会功能不仅如此,从更深层次的意义上讲,成年仪式具有传承文明,将社会价值观、风俗习惯代代相传的功能。刘向在《说苑》认为,中国冠礼的目的是为了让人"修德束躬以自申锯,所以检其邪心,守其正意也",同时"衍衍于进德修业之志","内心修德,外被礼文,所以成显令之名"。为了使年轻人继承封建宗法文化,实现其由幼稚的顽童文化向成人文化的力量转移,成年仪式不像现代教育一样通过道德说教、文化传播转变人们的价值观念,而是依靠仪式活动的力量实现这种文化的传承。《古今图书集成·

礼仪典·冠礼部总论一》对冠礼的三加礼归纳为这样几种阐释:"三加者,晓喻冠者之志,意令益大也。初加细布冠,欲其尚质重古;次加皮弁,欲其行三王之德;后加爵弁,欲其行敬事神明,是志益大。""皮弁,天子亲朝之皮弁也;爵弁,天子戎事之韦弁也;皮弁之色白,白则喻其自洁,而有所受;韦弁之色赤,赤则天道下降于南方之色,而喻其将出而与物酬醉也。以视朝之服而封于戎事之服,戎事为大,故曰三加弥尊,喻其志也。""士礼始加细布冠,不忘本也;次加皮弁,朝服也;三加爵弁,祭服。不忘本,然后能事君;能事君,然后能事神。所谓三加弥尊,喻其志者,如是而已。"成年仪式通过循序渐进、不断强化的仪式程序,使受礼者潜移默化地接受成年人文化传统,实现文化上的认同,从而达到由一种文化向另外一种文化的力量转移。

　　现代社会伴随着文化多元化的发展,文化的承载方式也更加复杂多样,人们可以运用更多的方式和手段营造更加强大的仪式活动的力量场域,提高人们的文化认同的程度。现代社会,青年亚文化与社会主流文化冲突较大,甚至出现青年亚文化成为社会楷模文化的现象。现代社会成年仪式并不是可有可无的活动,在新的历史条件下,我们可以在青年亚文化和社会主流文化的交融互动中,弘扬适应社会文明进步的先进文化,充分利用成年仪式的场域力量,实现青年与先进文化的更高程度的认同,提高青年的文化素质,吸纳青年创造的积极文化,从而提高整个社会的文明程度。

参 考 文 献

论文

[1]吴晓蓉著.仪式中的教育.中国博士学位论文全文数据库,2003.

[2]陈华文.吴越"文身"研究——兼论"文身"的本质.东南文化,1992,(06).

[3]刘咸.海南黎人文身之研究.民族研究集刊,1989,(01).

[4]吕银春.印第安人习俗.拉丁美洲丛刊,1980,(02).

[5]K.曼海姆.代的问题.科隆社会学季刊,1928,(07).

[6]遭捷.少数民族成年礼在个体社会化中的作用[J].中国社会工作,1996,(02).

[7]戴庞海.成人礼的类型与特征[J].河南科技大学学报(社会科学版),2006,(05).

[8]董海军,易勇.成人仪式:从生活教育到政治教育[J].思想战线,2003,(06).

[9]李娟.成人礼文化传承及变迁探析[J].阜阳师范学院学报(社科版),2005,(03).

[10]王海英.构建象征的意义世界——学校仪式活动的社会学分析[J].当代教育科学,2007,(14).

[11]蒋栋元,黄友明.成人礼仪考查及主题意义[J].重庆交通大学学报(社会科学版),2008,(03):65-68,72.

[12]伊力奇."成人礼"的来源、类型和意义[J].中央民族大学学报(哲学社会科学版),1986,(03).

[13]萧放.传统社会的成年礼[J].百科知识,2008,(12).

[14]朱筱新.头衣与冠礼[J].百科知识,2008,(09).

[15]宋孝忠.论传统成人仪式的生命教育意蕴[J].华北水利水电学院学报(社科版),2008,(02):9-10.

[16]赵红亚.国外成人仪式的经验及对我国的启示[J].华北水利水电学院学报(社科版),2008,(02):10-13.

[17]李中亮.18岁成人仪式教育的现状、问题与对策[J].华北水利水电学院学报(社科版),2008,(02):4-6.

[18]王振存.教育改革应加强18岁成人仪式教育的研究与实践[J].华北水利水电学院学报(社科版),2008,(02):14-16.

[19]王北生.开展18岁成人仪式教育研究的意义与价值[J].华北水利水电学院学报(社科版),2008,(02):1-3.

[20]王萍.18岁成人仪式教育的生理学、心理学基础[J].华北水利水电学院学报(社科版),2008,(02):6-8.

[21]廖先.人生礼仪的德育内涵[J].中国德育,2007,(01).

[22]宋轶兰.浅议传统人生礼仪[J].阴山学刊,2003,(06).

[23]李晓军.中西礼仪文化的差异与融合[J].内江科技,2007,(03).

[24]张昀.人生仪礼与习俗化探源[J].新疆大学学报(社会科学版),2001,(03).

[25]邓红蕾.中国古代礼仪文化的哲学思考[J].江汉论坛,2005,(01).

[26]张小玲.礼仪的文化解读[J].秘书,2003,(08).

[27]陈兴贵.壮族的人生礼仪及其文化内涵[J].广西右江民族师专学报,2005,(02).

[28]丁珊.礼仪文化与人格塑造[J].渭南师范学院学报,2000,(06).

[29]倪辉.对学校生活中仪式的道德审视[J].江苏教育研究,2008,(03).

[30]曾昭皓.论仪式教育与学风建设[J].今日南国(理论创新版),2008,(07).

[31]王松山,郭舒,刘岩.深化18岁成人仪式教育活动的思考[J].中国青年研究,2003,(04).

[32]刘萍.论仪式教育在高校思想政治工作中的作用[J].安徽农业大学学报(社会科学版),1999,(02).

[33]亢升,刘鸿武.非洲撒哈拉南部黑人的成年人仪式[J].民族艺术研究,1998,(04).

[34]杨汝福.中国古代的各种成年礼仪——现代成年礼仪构想[J].河

池师专学报，1996,(03).

[35]曹小兵.古今"成人礼"漫谈[J].兰州学刊,1999,(06).

[36]张伶俐,吉成名.论成人礼的教育功能[J].历史教学(高校版),2007,(03).

[37]李丽."成人礼"回归的现实意义[J].中国成人教育，2007,(15).

[38]阎光才.成人仪式的象征与教育日常生活[J].教育科学研究,2005,(09).

[39]郭法奇.原始社会的"成年礼"仪式及对学校教育的影响[J].华东师范大学学报(教育科学版),2007,(03).

[40]施克灿.学校教育与社会教育的契合点——试论18岁"成人礼"教育的必要性[J].高等师范教育研究,1996,(04).

[41]徐美元.成人仪式与公民教育——透视我国成人仪式中的公民教育问题[J].现代中小学教育,2006,(01).

[42]虞宁宁,张霞.先秦成人礼的历史教育意义及现代价值[J].辽宁教育行政学院学报，2007,(03).

[43]史密斯.易洛魁人的神话.载于美国民族学会的第二次年度报告,第28页.

[44]多尔西.奥马哈社会学.载于美国民族学会的第三次年度报告,第229,240,248页.

论著

[1] Emile Durkheim, Kurt Wolff, ed. , Columbus: Ohio State University Press, 1960.

[2]1965 "A Durkheim Fragment : The Conjugal Family", American Journal of Sociology.

[3]Emile Durkheim. Selected writings. Cambridge : C. U. P. ed. by A. Giddens.

[4]Emile Durkheim on Morality and Society. Chicago: University of Chicago Press. Ed. By R. N. Bellah.

[5]Durkheim on Religion. London: Routledge & Kegan Paul, ed. by W. S. F. Picketing.

[6]Emile Durkheim on Institutional Analysis. Chicago: University of

Chicago press, ed. By Mark Traugott.

[7]Essays on Morals and Education. Boston: Routledge & Kegan Paul, ed. by W. S. F. Picketing.

[8]Readings from Emile Durkheim. London: Ellis Horwood, ed. by M. A. Thompson.

[9]Ethics and Sociology of Morals. Prometheus Books.

[10]Turner, V. Schism and continuity in an African society :A study of Ndembu village life. Manchester, England: Manchester University Press.

[11]Turner, V. The forest of symbols, Aspects of Ndembu ritual. Ithaca, NY: Cornell University Press.

[12]Turner, V. The drums of affliction: a study of religious processes among the Ndembu of Zambia. Oxford: Clarendon Press.

[13]Turner, V. The ritual process: structure and anti structure. Chicago: Aldine Publishing Co.

[14]Turner, V. Dramas, fields and metaphors: Symbolic action in human society. Ithaca, NY: Cornell University Press.

[15]Turner, V. Revelation and divination in Ndembu ritual. Ithaca, NY: Cornell University Press.

[16]Turner, V. "Variations of the theme of Liminality," In Secular ritual. Ed. S. Moore & B. Myerhoff. Assen: Van Gorcum.

[17]Turner, V. Image and pilgrimage in Christian culture Anthropological perspectives. New York: Columbia University Press.

[18]Turner, V. From ritual to theater: The human seriousness of play. New York: PAJ Publications.

[19][法]爱弥尔·涂尔干.宗教生活的基本形式.渠东,汲喆译.上海人民出版社,2006年.

[20][罗]F.马赫列尔.青年问题与青年学.社会科学文献出版社,1986年.

[21][美]阿诺德·范·杰内普.过渡仪式.芝加哥,1960年.

[22]吴康宁.教育社会学.人民教育出版社,2005年.

[23]C. A. 托卡列夫等主编. 澳大利亚和大洋洲各族人民(上册). 三联书店,1980 年.

[24]王学辉. 从禁忌习惯到法起源运动. 法律出版社, 1998 年.

[25]戴平. 中国民族服饰文化研究. 上海人民出版社,1999 年.

[26]陈戎国点校. 周礼·仪礼·礼记. 岳麓书社,2006 年.

[27]维克多·特纳. 仪式过程——结构与反结构. 中国人民大学出版社,2006 年.

[28][德]古斯塔夫·施瓦布. 古希腊神话故事. 曹乃云译. 译林出版社, 1995 年.

[29][法]爱弥尔·涂尔干. 乱伦禁忌及其起源. 汲喆,付德根译. 渠东, 梅非校. 上海人民出版社,2006 年.

[30][美]玛格丽特·米德. 文化与承诺. 周晓虹,周怡译. 河北人民出版社,1987 年.

[31][英]维克多·特纳. 象征之林,恩登布人仪式散论. 商务印书馆, 2006 年.

[32]王铭铭主编. 西方人类学名著提要. 江西人民出版社,2006 年.

[33][美]P. R. 桑迪. 神圣的饥饿. 郑元者译. 中央编译出版社, 2004 年.

[34]冯增俊. 教育人类学. 江苏教育出版社,1990 年.

[35]蔡俊生,陈荷清,韩林德. 文化论. 人民出版社,2003 年.

[36][美]戴维·波普诺. 社会学. 刘云德,王戈译. 辽宁人民出版社, 1988 年.

[37][美]乔纳森·H. 特纳. 社会学理论的结构. 吴曲辉等译. 浙江人民出版社,1987 年.

[38]闻一多. 伏羲考. 上海古籍出版社,2006 年.

[39]徐一青,张鹤仙. 信念的活史:文身世界. 四川人民出版社, 1988 年.

[40]周去非. 岭外代答. 卷十. 中华书局,1999 年.

[41]段成式. 酉阳杂俎. 二十卷续十卷. 中华书局,1981 年.

[42]赵勇先,朱士骧. 世界最新趣闻——社会奇观. 新华出版社, 1995 年.

［43］岑家梧.图腾艺术史.学林出版社,1986 年.

［44］俞松年.异国风情录.科学技术文献出版社,1984 年.

［45］格罗塞.艺术的起源.商务印书馆,1987 年.

［46］乌丙安.中国民间信仰.上海人民出版社,1996 年.

［47］周秀才编著.中国家训大观(上).大连出版社,1997 年.

［48］［法］列维-布留尔著.原始思维.丁由译.商务印书馆,1981 年.

［49］吕思勉.中国民族史.中国大百科全书出版社,1987 年.

［50］许良国,曾思奇.高山族风俗志.中央民族学院出版社,1988 年.

［51］［日］绫部恒雄.文化人类学十五种理论.贵州人民出版社,
1986 年.

［52］［美］马文·哈里斯.文化人类学.东方出版社,1988 年.

［53］仲富兰.现代民俗流变.三联书店上海分店,1990 年.

［54］上海民间文艺家协会.中国民间文化(第七集).学林出版社,
1992 年.

［55］李乔.中国行业神崇拜.中国华侨出版公司,1990 年.

［56］徐经泽.中华魂丛书(礼仪卷).山东人民出版社,1992 年.

［57］德里克·弗里曼.米德与萨摩亚人的青春期.光明日报出版社,
1990 年.

［58］魏秋玲.国外青少年价值观.社会科学文献出版社,1992 年.

［59］王志远.宗教生活论.今日中国出版社,1992 年.

［60］［日］扇谷正造.怪异的一代.社会科学文献出版社,1989 年.

［61］关世雄,张念宏.世界各国成人教育.北京出版社,1986 年.

［62］文史知识编辑部.佛教与中国文化.中华书局,1988 年.

［63］邹勤译.无声的交流.西南交通大学出版社,1992 年.

［64］孙世路.外国成人教育.教育科学出版社,1982 年.

［65］李冀诚.佛教密宗仪礼窥密.大连出版社,1991 年.

［66］李保平.非洲传统文化与现代化.北京大学出版社,1997 年.

［67］理查德·弗拉克斯.青年与社会变迁.北京日报出版社,1989 年.

［68］郭齐家.中国古代学校.天津教育出版社,1991 年.

［69］新华文摘编辑部.文化教育论点选编.中国人民大学出版社,
1987 年.

[70]林传鼎.国外青少年研究文集.中国展望出版社,1986年.

[71]郭英德.世俗的祭礼.国际文化出版公司,1988年.

[72]顾晓明.有形与无形文化寻踪.上海人民出版社,1989年.

[73]付铿.文化人类的镜子.上海人民出版社,1990年.

[74]迈克尔·布雷克.越轨青年文化比较.北京理工大学出版社,1989年.

[75]杜美.德国文化教育史.北京大学出版社,1990年.

[76]崔录,李玢编.现代教育思想精粹.人民教育出版社,1990年.

[77]戴本博主编,张法琨副主编.外国教育史.人民教育出版社,1989年.

[78][美]露丝·本尼迪克.文化模式.华夏出版社,1987年.

[79][美]玛格丽特·米德.萨摩亚人的成年.浙江人民出版社,1988年.

后 记

成年仪式研究是我很早就感兴趣的课题,在攻读硕士学位期间就做了一些相关课题的研究,后来在《青年研究》、《当代中国青年》、《道德与文明》和《教育科学》上也发表了一些文章,这一课题还得到了南开大学亚洲研究中心的资助,但是由于缺乏系统的研究,所以此前许多论述还停留在描述研究阶段,缺乏深入的理论思考和创新研究。

攻读博士学位期间,成年仪式的社会功能分析有幸得到我的导师、南开大学高教所所长、周恩来政府学院王处辉教授的指导。导师在本研究的选题、写作提纲的拟订上给以悉心指导帮助,在文稿审阅和修改中又倾注了大量心血。王老师对论文的写作提出了极有价值的意见和建议,如果说该书有一点创新,那是老师指导的结果,当然我也深知论文还有许多不足之处和不规范的地方。在本研究的开题和写作过程中,南开大学周恩来政府学院的侯钧生教授、关信平教授、赵万里教授提出了很重要的指导意见,使我获益匪浅。在此,仅向我的导师王处辉教授和各位教授的指导表示感谢,并向我的同学好友,帮助我的同事和朋友,一并致以最衷心的感谢。